法律保留原则研究

Research on
the Principle of Law Reservation

张峰振　著

法律出版社
LAW PRESS·CHINA
北京

图书在版编目（CIP）数据

法律保留原则研究 / 张峰振著. -- 北京 : 法律出版社, 2025. -- ISBN 978-7-5244-0028-8

Ⅰ. D903

中国国家版本馆 CIP 数据核字第 2025G81C49 号

法律保留原则研究

FALÜ BAOLIU YUANZE YANJIU

张峰振 著

策划编辑 许 睿
责任编辑 许 睿
装帧设计 李 瞻

出版发行 法律出版社
编辑统筹 司法实务出版分社
责任校对 李慧艳
责任印制 胡晓雅
经　　销 新华书店

开本 710 毫米×1000 毫米 1/16
印张 17　**字数** 256 千
版本 2025 年 1 月第 1 版
印次 2025 年 1 月第 1 次印刷
印刷 北京建宏印刷有限公司

地址:北京市丰台区莲花池西里 7 号(100073)
网址:www.lawpress.com.cn
投稿邮箱:info@lawpress.com.cn
举报盗版邮箱:jbwq@lawpress.com.cn
销售电话:010-83938349
客服电话:010-83938350
咨询电话:010-63939796

书号:ISBN 978-7-5244-0028-8
定价:85.00 元

序　言

法律保留原则是德国行政法学大师奥托·迈耶(Otto Mayer)创立的重要公法原则。它是指对于特定领域的事项,行政行为必须根据法律的授权方能作出。该原则旨在通过代议机关的立法权控制行政机关的行政权,保障公民的基本权利免受行政权的恣意侵害。它对大陆法系国家的法治理论与实践产生了深远影响。

本书通过多种研究方法,从我国法治建设过程中的典型案例入手,阐释法律保留原则基本理论,探讨法律保留的范围,论证法律保留的强度,检讨违反法律保留原则行为的审查机制,以期澄清有关法律保留原则的原初含义,正确认识法律保留原则的各项功能,充分发挥其在全面推进依法治国、建设法治国家中的理论价值和实践意义。

第一,法律保留原则的基本理论。确定法律保留原则中"法律"的含义和范围是准确理解法律保留原则的重要前提。从法律保留原则的产生背景和制度设计初衷看,调整立法权与行政权的关系无疑是法律保留原则的本质属性。法律保留调整立法权与行政权关系的方式主要是规定某些事项只能制定法律,行政机关只有在法律的授权下才能实施相应的行为。而当某些事项的调整只能由法律予以规定时,这种规定除了有排除行政自行作用的功能外还产生了另外一种结果,即法律以下的规范性文件不得涉足这些事项(授权立法除外)。这样,法律保留原则就具有了调整不同层级立法权秩序的作用。因此,法律保留原则在限制行政权的同时,也具有间接规制其他公权力的功能,前者为法律保留原则的基本或本质功能,后者仅为其延伸和衍生功能。对特定事项予以保留的法律,是由许多规范构成的,只有能够作为行政行为具体实施根据的规范(根据规范)才是法律保留中的“法律规范”。并且,法律保留中的“法律”是形式法律,不包括法律原则或法律精神。就法规范控制行政权的角度而言,法律保留中的法律可以作扩大解释,包括宪法、法律、法规、规章。

第二,法律保留范围。它是指行政主体必须有法律的授权根据才能实施相应行为的事项范围。它反映了行政权受立法权拘束的范围。影响法律保留范围的因素主要包括:宪法架构下立法权与行政权的关系;事务的性质与重要性;对公民权利的影响。法律保留范围的决定标准不能采用以行政行为类型为划分依据的传统学说,而应采纳以对基本权利实现是否重要为标准的重要性理论。我国法律保留范围的立法存在缺陷,应明确《宪法》、单行法律中应由法律调整的事项与《立法法》中法律保留事项的关系;尽量将已经达成共识的法律保留事项明确列举出来;兜底条款应明确法律保留范围的决定标准。

第三,法律保留强度。它是指法律对某一领域事务保留的程度或深度。它有利于彰显特定事项在范围、重要性等方面的变化,为相关主体对特定事项的重视和保护提供依据;有利于明确立法权介入行政权的深度,确定行政自主的范围;有利于划定不同位阶法律规范之间的权限秩序,维护法律体系的统一。我国现行法律保留强度标准采纳的是重要性标准。该标准存在如下问题:对于影响范围限于地方的某些重要事项,地方无权采取适当的手段进行管理,不利于行政秩序的维护;国家立法机关在制定法律调整地方重要事务时,因距离地方较远、对地方事务不甚熟悉等因素,可能导致所立法律与实际脱节;地方国家机关的积极主动性无法充分发挥。我国法律保留强度的标准应在事务的重要性标准基础上,兼采影响范围标准。事务的重要程度是单一制国家划分中央与地方权限的最重要标准。而从民主自治角度来看,事务的影响范围是划分中央与地方权限的最重要标准,也是确定法律保留强度的重要参考依据。法律保留强度理论在立法上的具体要求主要有三个方面:绝对保留、下一级授权、授权明确性原则。

第四,法律保留原则的审查机制。法律保留原则对于约束行政权、维护法制统一具有重要意义。合宪性审查、合法性审查是确保法律保留原则的功能得以充分发挥的关键性监控机制。对于立法行为是否违反法律保留原则,我国采取非司法审查模式,建立了以立法机关内部监督为主的合宪性、合法性审查制度。其中,备案审查是我国合宪性、合法性审查的重要制度。对违反法律保留原则的行政行为,我国建立了行政诉讼制度。

目　录 Contents

第一章　绪　论　001

一、问题缘起　001

二、研究价值　005

三、研究现状　007

四、研究思路与研究方法　010

五、研究框架　011

第二章　法律保留原则的基本理论　013

第一节　法律保留原则的基本概念　013

一、法律保留原则的含义　013

二、法律保留原则中“法律”的概念　017

三、法律保留原则的分类　023

四、法律保留原则与相关原则的区别　026

第二节　法律保留原则的历史发展　031

一、产生背景　031

二、域外发展　034

三、中国现状　039

第三节　法律保留原则的理论依据与制度功能　044

一、法律保留原则的理论依据　044

二、法律保留原则的制度功能　053

本章小结 056

第三章　法律保留范围 058
第一节　法律保留范围界说 058
一、法律保留范围的含义 058
二、法律保留范围的影响因素 064
第二节　法律保留范围的决定标准 074
一、法律保留范围的决定标准：传统学说 074
二、法律保留范围的决定标准：现代理论 079
三、法律保留范围标准理论的评析 082
第三节　法律保留范围的中国探索 086
一、《宪法》中的法律保留事项 086
二、《立法法》中的法律保留事项 096
三、我国法律保留范围的标准 117
四、我国法律保留范围立法的检讨 120
五、我国法律保留范围立法的完善 122
本章小结 130

第四章　法律保留强度 131
第一节　法律保留强度的含义与意义 131
一、法律保留强度的含义 131
二、法律保留强度的意义 135
第二节　法律保留强度的标准 141
一、法律保留强度的标准：重要性理论 141
二、法律保留强度的标准：影响范围 146
三、法律保留强度标准的中国选择 149
第三节　法律保留强度的体系化 155
一、宪法保留的强度 155

二、法律保留的强度 171
三、行政法规保留的强度 187
四、地方性法规与规章的保留强度 191
五、保留强度层级化的立法模式 195
本章小结 200

第五章 法律保留原则的审查机制 201
第一节 法律保留原则下立法行为的审查机制 201
一、我国违反法律保留原则立法行为的形态 201
二、法律保留原则下域外立法行为的司法审查 205
三、我国立法行为司法审查的探索与障碍 208
四、法律保留原则下我国立法行为的非司法审查 211
第二节 法律保留原则下行政行为的审查机制 216
一、法律保留原则下行政行为的司法审查基准 217
二、法律保留原则作为行政诉讼裁判说理的依据 221
三、违反法律保留原则行政行为的司法救济方式 227
本章小结 236

第六章 结 论 238
第一节 法律保留原则的本质 238
第二节 法律保留原则中“法律”的形式性、层级性 239
第三节 法律保留范围的标准与立法检讨 241
第四节 法律保留强度的标准与体系化 243
第五节 法律保留原则的审查机制 246

参考文献 248

致 谢 261

第一章　绪　论

一、问题缘起

法律保留是公法的一项重要原则,主要指某些重要事项或特定领域,必须有法律的授权根据,行政机关才能作出行政行为。因体现民主、法治和人权思想,法律保留原则成为立法权制约行政权的重要依据。我国《立法法》第 11 条明确规定了只能制定法律的事项,这被视为法律保留原则的集中体现。第 12 条规定了绝对的法律保留事项。但上述条款本身存在诸多问题,并且法治建设过程中对于违反法律保留原则的行为没有建立完整、有效的监控机制,影响了法律保留原则应有功能的发挥。事实上,法律保留原则既是法治政府建设的核心要求,又与人们的生产生活息息相关。我国法治建设过程中的许多重大问题或有影响的案件,常常涉及法律保留原则。比如,赵某华非法持有枪支案引发的对枪支鉴定标准合法性的讨论;税收法定原则的范围与强度问题等。这些问题的判断依据或标准本质上都是法律保留原则。下面以这些素材为本书的讨论缘起。

(一)枪支鉴定标准由谁定

2016 年年底至 2017 年年初发生的赵某华非法持有枪支案

曾引起广泛关注。[1] 该案引发关注不仅是因为赵某华作为一名普通小摊经营者(摆设射击摊位供游客用气枪射击气球经营活动的人)的身份,更主要是因为其持有的所谓“枪支”是否能构成刑法打击的各类涉枪犯罪中的“枪支”。而在此之前,很多地方都发生过因购买、持有玩具枪、仿真枪被追究刑事责任的案件。这些案件中的玩具枪、仿真枪经过公安机关的鉴定都属于“枪支”,购买、持有这些“枪支”的行为构成刑法打击的涉枪犯罪行为。上述案件中,公安机关进行枪支鉴定所依据的是公安部于2010年修订的《公安机关涉案枪支弹药性能鉴定工作规定》,该规定明确:不能发射制式弹药的非制式枪支,当所发射弹丸的枪口比动能≥1.8焦耳/平方厘米时,一律认定为枪支。问题是,在涉及追究刑事责任的枪支鉴定标准上,谁有权制定该标准?将这个标准的制定权委诸公安机关,是否符合法律保留原则?

(二)税收法定原则的范围与强度问题

首先,关于房产税的征收依据。2011年1月27日,上海市人民政府印发了《上海市开展对部分个人住房征收房产税试点的暂行办法》。同日,重庆市也出台了《重庆市关于开展对部分个人住房征收房产税改革试点的暂行办法》。两个“办法”均规定自2011年1月28日起,在各自行政区域内开展对部分个人住房征收房产税试点。两个“办法”载明的依据均是“国务院第136次常务会议有关精神”。试点征收房产税的合法性问题立即在全国引起了热烈讨论。有人认为,地方征收房产税没有法律依据,依据《立法法》的规定,对非国有财产的征收,只能制定法律。即使尚未制定法律,也需由全国人大及其常委会授权国务院制定行政法规。而1986年国务院出台的《房产税暂行条例》针对的是营业性房产,个人所

---

〔1〕 参见天津市河北区人民法院刑事判决书,(2016)津0105刑初442号;天津市第一中级人民法院刑事判决书,(2017)津01刑终41号。

有非营业用的房产免纳房产税。[1] 有学者认为地方开征房产税并不违法。[2] 关于房产税合法性的争论，核心是征收房产税是否有法律依据，是否应该由法律规定；如果没有法律依据，是否有行政法规依据，行政法规是否有全国人大或其常委会的授权；如果有授权，授权决定是否符合《立法法》规定的授权明确性要求（明确授权的目的、事项、范围、期限以及被授权机关实施授权决定应当遵循的原则等）；根据授权制定的行政法规是否超越了授权决定的范围。这些问题主要涉及税收的法律保留范围及授权要求。

其次，关于税率应否纳入法律保留范围的争议。2014 年年底至 2015 年年初，财政部、国家税务总局在不到两个月的时间内连续三次（2014 年 11 月 28 日、2014 年 12 月 12 日、2015 年 1 月 12 日）上调成品油消费税（燃油税），引发了人们对频繁上调税率行为的合法性的质疑。[3] 2023 年修正的《立法法》第 11 条第 9 项规定，基本经济制度以及财政、海关、金融和外贸的基本制度只能制定法律。这说明税收基本制度应当由法律保留。但哪些制度属于税收基本制度，应由法律保留，值得研究。2015 年 3 月第十二届全国人民代表大会第三次会议，拟对《立法法》修改草案进行审议。税率应否写入《立法法》由法律保留，成为整个大会期间跌宕起伏、令人揪心和最具戏剧性的一幕。参加会议的代表发现，《立法法》修正案三审稿较之前二审稿有了明显变化。二审稿规定，“税种、纳税人、征税对象、计税依据、税率和税收征收管理等税收基本制度”要制定法律，但三审稿却修改为“税种的开征、停征和税收征收管理的基本制度”要制定法律。这一修改被认为是税收法定原则的一大倒退。[4] 经过学者呼吁和人大代表的努力，最后税率

---

〔1〕 参见叶石界：《房产税之问：先试点还是先立法》，载《21 世纪经济报道》2011 年 1 月 26 日，第 8 版。

〔2〕 参见欧爱民：《上海、重庆试点开征房产税何以能够通过宪法之门》，载《湘潭大学学报（哲学社会科学版）》2012 年第 1 期。

〔3〕 参见施正文：《燃油税能否想调就调》，载财新网，http://opinion.caixin.com/2014-12-13/100762697.html。

〔4〕 参见冯禹丁：《“辨法”四天：立法法“税收法定”修订逆转背后》，载《南方周末》2015 年 3 月 19 日，经济版。

法定被明确写入《立法法》。[1] 由此，2015 年修改后的《立法法》第 8 条第 6 项规定，税种的设立、税率的确定和税收征收管理等税收基本制度只能制定法律。

那么，税收征收管理属于法律保留事项，是否意味着有关税收征收管理的所有事项均由法律保留？如果回答是否定的，那么，此法律保留的事项，该授权给哪一个规范层级或主体予以规定？例如，《车船税法》第 9 条规定："车船税按年申报缴纳。具体申报纳税期限由省、自治区、直辖市人民政府规定。"纳税期限属于税收征收管理事项，法律没有授权国务院，而直接授权给省级政府予以规定，是否符合法律保留原则的授权要求？

前述案例从一个侧面展现了我国法律保留原则的适用现状。在全面推进依法治国、加快建设法治国家的时代背景下，法律保留原则的重要性日益凸显。中共中央《关于全面深化改革若干重大问题的决定》（2013 年）（以下简称《全面深化改革决定》）以及中共中央《关于全面推进依法治国若干重大问题的决定》（2014 年）（以下简称《全面推进依法治国决定》）都提出，推行政府权力清单制度。而政府及其职能部门在制作权力清单过程中，需要对既有权力的来源及其合法性作出判断，需要厘清负担行政行为与授益行政行为的合法性判断标准，这些都不可避免地涉及对法律保留原则的理解问题。《法治中国建设规划（2020—2025 年）》和《法治政府建设实施纲要（2021—2025 年）》均提出，把政府行为全面纳入法治轨道。那么，如何理解把政府行为全面纳入法治轨道中的"全面"？是不是所有的政府行为都必须要有法律依据？这实质上也是法律保留原则的理解问题。综上可知，法律保留原则对我国法治国家建设具有重要的意义。

法律保留原则是限制和规范公权力，维护相对人私权利的重要原则，在法治国家、法治政府、法治社会建设中具有重要作用，因此对法律保留原则的研究有待深入。基于对法治实践和研究现状的考察，本书着重围绕以下问题对法律保留原则进行研究：哪些事项应当由法律保留？确定法律保留的标准是什么？《立法法》第 11 条规定的法律保留事项是否充分并明确？《立法法》第 12 条规定的绝

---

〔1〕 参见蒋梦惟：《"管法的法"表决在即：各方博弈"税率法定"去留》，载《北京商报》2015 年 3 月 13 日，第 2 版。

对保留事项是否充分？特定事项的范围由大到小、概念由抽象到具体、程度由浅入深的变化（如税收制度与纳税期限），是否以及如何影响法律保留原则的适用？不同层级法律规范的保留事项范围及确定标准是什么？授权立法时，被授权主体或规范层级是否需要加以限制？对违反法律保留原则的立法行为和行政行为，如何监督和审查？等等。

二、研究价值

自近代行政法产生以来，法律保留原则就一直承担为行政权建章立制、指引方向的功能。而立法权在为行政权制定行为依据的同时，也为不同层级立法权确立了界限，并依靠这种界限维持一国法制系统的统一和自洽。我国《立法法》规定了全国人大及其常委会的专属立法权，这是我国法律保留原则的体现。由于我国没有宪法诉讼，没有对立法行为的司法审查制度，[1]法治实践中违反法律保留原则的现象时有发生。与之相应，由于缺乏完善的监控和审查机制，有关法律保留原则的很多问题有待深入研究。本书在全面推进依法治国、建设法治国家的当下具有重要的理论价值和实践价值。

（一）理论价值

1. 深化法律对行政的控制理论，完善依法行政理论体系

法律保留原则旨在通过立法权控制行政权，以民主力量约束行政的恣意。法律保留的范围历来是关注的焦点。但在我国关于法律保留的事项范围，《立法法》第 11 条的规定存在疏漏，并且，该条规定的保留事项确定标准不明确，保留事项的逻辑顺序混乱。另外，仅有法律保留的事项范围尚不足够，法律保留的强度亦具有重要的意义。它关涉不同层级法律规范的保留事项，对于确定不同层级规范对行政的制约程度具有重要指导作用。这些问题的研究必将深化法律对行政的控制理论，从而为依法行政体系的完善提供理论资源。

---

〔1〕 对立法行为的合宪性审查、合法性审查制度在党的十九大之后才逐渐得到重视，如设立全国人大宪法和法律委员会（2018 年），负责推进合宪性审查工作。

2. 丰富央地关系理论，充实立法理论体系

法律保留原则理论在研究立法权控制行政权的同时，也为我国中央与地方关系理论提供了新的研究视角。法律保留原则研究不仅从横向上注重立法权拘束行政权的研究，还从纵向上关照立法体系内部的和谐统一研究，从而使这一理论的功能得以充分发挥，使我国的立法理论体系更加充实和完善。

3. 发展合宪性审查、合法性审查理论，充实法治国家理论体系

对于立法行为或规范性文件的合宪性、合法性，我国建立了立法系统内部的监督机制。对于行政行为的合法性，我国建立了行政诉讼制度。无论是立法行为或规范性文件的合宪性、合法性审查，还是行政行为的合法性审查，法律保留原则的遵守或违反，都是重要的审查标准或内容。本书将考察域外的审查理论与制度，在法律保留范围和强度研究的基础上，探讨符合我国国情的审查理论，从而丰富和完善我国的法治国家理论体系。

（二）实践价值

1. 促进人权保障和依法行政工作，为法治政府建设提供理论指导

行政无法的授权依据，不能自行活动，这是法律保留原则的基本含义。在依法行政范围内，法律优先原则是消极的依法行政，它要求行政只要不违反法律的规定即可，但法律保留原则却要求行政有法的依据，这是积极的依法行政。法律保留原则是依法行政的核心原则，它对控制行政权，防范其越权滥用、恣意妄为尤其重要，有利于促进我国的人权保护事业。《法治政府建设实施纲要（2021—2025 年）》确立的重要原则是，“用法治给行政权力定规矩、划界限”，这正契合了法律保留原则的要求。法律保留原则研究可以为法治政府建设提供理论指导。

2. 明确中央与地方立法事权划分，为建立协同高效的央地关系和和谐统一的立法体系提供理论依据

法律保留原则在为行政权确定行为依据的同时，也划定了不同立法主体之间的权力边界，为中央与地方立法事权划分提供了理论指导。在《立法法》扩大地方立法主体范围的背景下，如何防止地方立法主体僭越权限行使中央立法权，下位阶立法主体超越权限行使上位阶立法主体的立法权，从而保护公民基本权利免

受侵害，是值得重视的问题。法律保留原则可以为不同立法主体之间的权限划分提供理论依据和实践指南，促进我国立法体系的和谐，保障法制的统一。

3. 保障法制统一，完善合宪性、合法性审查制度，为法治国家建设提供理论支撑

法律保留原则虽然源于立法对行政的控制，主要调整立法与行政之间的权力关系，但在立法确立了某一层级规范的保留事项后，其他层级法律规范，尤其是下级法律规范无权对这些事项再行调整。这说明法律保留原则事实上起到了为不同层级法律规范确立权力边界的作用。当每一层级规范的保留范围均确定后，就形成了层级化规范保留体系。这种由宪法、法律、行政法规、地方性法规、行政规章等形成的层级化保留体系，客观上保证了法律体系的内在统一。在党的十九大和党的十九届四中全会明确将“推进合宪性审查工作”作为深化依法治国实践重要内容的背景下，法律保留原则将为立法行为或规范性文件的合宪性审查、合法性审查等工作提供重要理论支撑。同时，法律保留原则也为行政诉讼中司法权审查具体行政行为的合法性提供了指导和支持，为行政诉讼中司法权附带审查行政规范性文件的合法性提供了理论指导和智识资源。

三、研究现状

法律保留原则发端于德国，被其他大陆法系国家或地区学习和参考，已成为大陆法系国家的一项重要制度。我国法学理论与法律制度受大陆法系国家或地区影响较大，法律保留学说与制度也不例外。国内学界对法律保留原则的关注始于2000年《立法法》的制定和出台。该法第8条规定了全国人大及其常委会的专属立法权，被认为是我国第一次集中统一规定法律保留原则的条文。由此开始，我国学者逐渐关注并研究法律保留原则。

（一）国内研究现状

国内关于法律保留原则的研究主要包括两个方面：一是研究法律保留原则的学术论文、学位论文；二是出版的行政法教材或专著中涉及该原则。从中国知网检索的信息看，最早研究法律保留原则的文章是《论德国法律保留原则的要义》

(吴万得,2000 年),该文主要介绍了德国法律保留原则的基本情况。之后,对该问题的研究逐渐增多,截至 2023 年 12 月 31 日,在中国知网数据库中以“法律保留”为篇名进行检索,共检索到 149 篇学术期刊论文。其中,发表在北大中文核心和 CSSCI(包含 CSSCI 扩展版)来源期刊上的文章 64 篇。从成果发表时间看,2023 年发表在北大中文核心和 CSSCI(包含 CSSCI 扩展版)来源期刊上的论文最多,达到 13 篇。在 64 篇北大中文核心和 CSSCI(包含 CSSCI 扩展版)来源期刊论文中,根据研究内容大致可以分为 3 类。

1. 关于法律保留原则基本情况的研究。例如,《台湾地区大学自治和法律保留之关系》(李学永,2010 年)、《解构与重塑:大学自治视野中的特别权力关系与法律保留》(张力,2012 年)、《澳门法律保留制度的完善》(叶海波,2015 年)。

2. 关于法律保留原则基本理论的研究。这是研究成果中占比最多的部分。代表性的成果有《〈立法法〉关于法律保留原则的规定》(应松年,2000 年)、《论行政法律保留原则》(金承东,2002 年)、《行政法中的法律保留原则研究》(黄学贤,2004 年)、《法律保留实质是权利保留》(肖北庚,2008 年)、《法律保留功能的时代变迁——兼论中国法律保留制度的功能》(叶海波、秦前红,2008 年)、《法律保留与立法保留关系辨析——兼论立法法第 8 条可纳入法律保留范畴》(孙展望,2011 年)、《〈立法法〉法律保留规则的缺失与完善》(康敬奎,2012 年)、《法律保留原则、公民权利保障与八二宪法秩序》(汪庆华,2014 年)、《论组织性法律保留》(王锴,2020 年)、《行政活动法律保留的结构变迁》(王贵松,2021 年)、《法律保留的双重构造》(刘志鑫,2023 年)、《论组织性法律保留的范围:以国务院为例》(姚子骁,2023 年)、《行政组织的法律保留》(王贵松,2023 年)、《法律保留原则中的全面保留理论》(程皓楠,2023 年)、《从法律限制主义、宪法保障主义到法律保留原则——关于基本权利限制的宪法史考察》(张翔,2023 年)、《基本权利限制法律保留的中国方案》(张翔,2023 年)。

3. 关于法律保留原则具体应用的研究。典型的如给付行政中法律保留原则的适用问题(黄学贤,2005 年;戴建华,2009 年)、《论法律保留对“校规”的适用边界——从发表论文等与学位“挂钩”谈起》(倪洪涛,2008 年)、《论法律保留对行政执法的规制——以公安行政执法实例为切入点》(孟昭阳、陆冬华,2013 年)、

《行政强制执行法律保留规则之反思——以侵害程度为标准的重构》(刘磊,2014年)、《违法信息行政公告与法律保留》(禹竹蕊,2016年)、《税法法律保留原则的实践分析与确立路径——以我国台湾地区“司法院”解释为参照样本》(黄卫、郭维真,2019年)、《央地关系中的法律保留》(俞祺,2023年)、《论司法制度的法律保留:含义、理由与边界》(赵一单,2023年)、《授权改革试点应首先遵循法律保留原则》(秦小建,2023年)、《论公立高校校规中法律保留原则的适用》(林家睿,2023年)、《法律保留与司法解释的溯及力》(姜秉曦,2023年)。

除上述论文外,在中国知网博硕士学位论文库中,有22篇研究法律保留原则的硕士论文。其中,绝大多数是研究法律保留原则的基本理论,仅有少数研究特别领域的法律保留问题。

我国行政法学教科书中提到法律保留原则是晚近的事。早期的行政法教材多数以行政合法性原则和合理性原则作为行政法基本原则。即使行政法教材提到法律保留原则,也多是在介绍行政法基本原则时顺便介绍,很少有详细的内容(也与教材结构的局限有关)。也有学者在行政法基本原则的专门研究中详细介绍了法律保留原则(周佑勇,2005年)。我国台湾地区行政法学教科书中也有对法律保留原则的介绍。

(二)国外研究现状

法律保留原则发端于德国,德国学者对该原则的研究较为深入,并且,该原则在德国司法实践中也被广泛应用。因此,学习与参考德国的研究成果具有重要的价值。但由于笔者语言所限,无法直接阅读德语文献,对德国研究成果的吸收只能借助于我国学者对德国成果的翻译作品,以及受德国影响的大陆法系国家或地区的相关法学著作。在我国学者翻译的大陆法系国家或地区行政法教科书中都有对法律保留原则的专门介绍,如德国《行政法学总论》([德]哈特穆特·毛雷尔,高家伟译,2000年)、《论德国法律保留原则的要义》(吴万得,2000年)、《德国法律保留原则论析》(邓毅,2006年)。另外,在我国学者翻译的日本行政法、韩国行政法等教科书中,也有对法律保留原则的介绍,但基本是以德国行政法上法律保留原则的理论为蓝本。

(三)研究现状述评

现有研究对我们准确地理解和把握法律保留原则这个“舶来品”的基本含义、历史发展、主要内容以及适用状况具有重要的意义。但现有研究亦有如下局限:主要集中于对德国理论的介绍和阐释,或者运用域外理论解释我国的实践;除德国外的其他大陆法系国家或地区对法律保留原则的研究也多是对德国成果的模仿或复制;国内成果多集中于狭义的法律保留,较少探讨多层级规范保留问题;现有研究较少涉及违反法律保留原则的监控机制问题。在我国全面推进依法治国、建设法治国家的过程中,作为法治主要内容的法律保留原则日益重要,理论界有必要对法律保留原则进行全面、深入和系统的研究。如下问题有待继续探索:法律保留原则中“法律”的含义及范围;法律保留范围的影响因素、决定标准及我国的选择;法律保留强度的重要意义、确定标准及层级化规范保留体系的构建;违反法律保留原则的立法行为及行政行为的审查机制问题;等等。这些问题将构成本书的主要研究对象。

四、研究思路与研究方法

(一)研究思路

本书旨在通过对法律保留原则的研究,澄清对法律保留原则的认识误区,界定法律保留的范围,明确不同层级规范的保留强度,建构和完善法律保留原则的审查基准,从而为我国的法治国家建设提供理论指导。首先,剖析法律保留原则的基本理论。澄清有关法律保留原则的基本概念,梳理历史发展进程,探寻其理论依据,以便界定研究论域,明确研究对象,搭建学术交流平台,这是深入研究此项原则的前提。其次,探讨法律保留范围是法律保留原则研究的核心。法律保留范围表明行政权受立法权拘束的界限,也是宪法架构下划分立法权与行政权界限的重要依据,这是行政行为合法性的重要影响因素。再次,论述法律保留强度是法律保留原则研究的另一重要内容。在法律保留原则研究中,关注保留范围者较多,而对保留强度研究者较少。通过分析保留强度的确定标准,构建不同层级规范的保留体系,既可以为依法行政提供依据,也可以维护法制的统一。最后,在对法律保留范围和强度深入论证后,有必要考察法律保留原则对司法实践的影响,即人民法院如何适用法律保留原则裁判案件,对违反法律保留原则的行为如何处理等。法律保留原则越重要,越离不开监控和保障机制。对其监控和保障机制除了对立法实施备案审查制度外,最重要的就是司法审查制度。因此,如何建构针对违反法律保留原则的立法行为进行司法审查的制度,以及如何完善针对违反法律保留原则的行政行为的司法审查制度,是本研究的落脚点,也是本书实践价值所在。上述思路构成了法律保留原则研究的主要脉络。

(二)研究方法

本书拟采取的研究方法主要包括语义分析方法、价值分析方法、实证研究方法。语义分析方法,用于法律保留原则相关概念、范畴的建构。法律保留范围、保留强度是本书两个核心概念,准确地界定这些概念对本书的结构和框架具有重要意义。价值分析方法,用于阐明法律保留原则的理论依据和价值取向,证成法律保留原则对法治国家建设的重要性和必要性,从而奠定法律保留原则的理论根基。实证研究方法,用于梳理并分析我国当下法律保留原则的实践状况,使本书的理论研究和制度建构建议更具现实针对性和可操作性。

五、研究框架

本书分为六章,分别是绪论、法律保留原则的基本理论、法律保留范围、法律保留强度、法律保留原则的审查机制、结论。

绪论,主要分析以下几个方面:本课题的研究缘起,包括研究背景和问题意识;研究价值,包括理论价值和实践价值;研究现状,包括国内外相关问题的研究现状;研究思路与研究方法;研究框架。

法律保留原则的基本理论,主要探讨法律保留原则的基本概念;法律保留原则的历史发展;法律保留原则的理论依据与制度功能。

法律保留范围,主要论证法律保留范围界说;法律保留范围的决定标准;法律保留范围的中国探索。

法律保留强度，主要研究法律保留强度的含义与意义；法律保留强度的标准；法律保留强度的体系化。

法律保留原则的审查机制，主要论述法律保留原则下立法行为的审查机制以及法律保留原则下行政行为的审查机制。

结论部分是对本书以上内容的归纳和总结，同时指出未来继续深入研究的方向和内容。

第二章　法律保留原则的基本理论

第一节　法律保留原则的基本概念

界定法律保留原则的基本概念是开展法律保留原则研究的前提。它可以明确研究论域,划定研究范围,同时,构建交流和探讨的共同平台。因此,法律保留原则基本概念研究具有重要意义。

一、法律保留原则的含义

法律保留最早是由德国现代行政法学的奠基人〔1〕奥托·迈耶(Otto Mayer)提出的。他认为,"法治是由三部分构成的:形成法律规范的能力,法律优先及法律保留"〔2〕。法律保留是指"在特定范围内对行政自行作用的排除"〔3〕。这一概念对大陆法系国家行政法学产生了深远影响,但在行政法学发展过程中,各

---

〔1〕 参见[德]何意志:《德国现代行政法学的奠基人奥托·迈耶与行政法学的发展》(代中文版序),载[德]奥托·迈耶:《德国行政法》,刘飞译,商务印书馆2013年版。

〔2〕 [德]奥托·迈耶:《德国行政法》,刘飞译,商务印书馆2013年版,第68~69页。

〔3〕 [德]奥托·迈耶:《德国行政法》,刘飞译,商务印书馆2013年版,第73页。

国和地区也产生了对法律保留概念理解上的差别和争议。主要的争议集中于：法律保留规制的是什么权力？是仅规制行政权，还是也规制立法权、司法权？其他争议多与此有关。

从奥托·迈耶生活的时代及法律保留产生的历史背景可知，提出法律保留原则的初衷是期望以民权约束王权，或者以代议机关的立法权控制行政机关的行政权，借以保障公民的基本权利免受行政权的恣意侵害。"奥托·迈耶的行政法理论的目标在于在专制国家的基础上建立起保护公民权利的法律制度，并建设法治国家。"[1]后世德国学者多是在此前提下使用法律保留概念的，如德国学者毛雷尔认为，"依法行政原则包括法律优先原则和法律保留原则……法律保留原则，指行政机关只有在取得法律授权的情况下才能实施相应的行为"[2]。日本学者也是在法律规制行政权的角度下界定法律保留的，如有学者认为，法律的保留是指仅限于执行权的活动的一定对象，法律是必要条件。[3] 韩国学者基本采纳了德国行政法学关于法律保留原则的概念。[4] 可见，多数学者是在规制行政权视野下使用法律保留原则的。

我国台湾地区行政法学通说观点也采用上述用法。如有学者认为，依法行政原则包括法律优越与法律保留两个原则。法律优越原则，即消极意义上之依法行政原则，指一切行政权之行使，均应受现行法律拘束，不得有违反法律之处置。法律保留原则，即积极意义之依法行政原则，指行政权之行动，仅于法律有授权之情形，始得为之。换言之，行政欲为特定之行为，必须有法律之授权依据。[5]

我国大陆学者在研究法律保留原则时，对法律保留原则是仅规制行政权，还是也规制其他公权力，有不同观点。第一，通说观点将法律保留的基本含义限定

---

〔1〕［德］何意志：《德国现代行政法学的奠基人奥托·迈耶与行政法学的发展》（代中文版序），载［德］奥托·迈耶：《德国行政法》，刘飞译，商务印书馆2013年版。

〔2〕［德］哈特穆特·毛雷尔：《行政法学总论》，高家伟译，法律出版社2000年版，第103～104页。

〔3〕参见［日］盐野宏：《行政法》，杨建顺译，法律出版社1999年版，第50页。

〔4〕参见［韩］金东熙：《行政法Ⅰ》（第9版），赵峰译，中国人民大学出版社2008年版，第24页。

〔5〕参见陈清秀：《依法行政与法律的适用》，载翁岳生：《行政法（2000）》（上册），中国法制出版社2002年版，第172页。类似观点另参见吴庚：《行政法之理论与实用》，中国人民大学出版社2005年版，第52～54页。

在法律与行政立法的关系上。[1] 其中,周佑勇教授认为,法律保留原则"划定了立法机关与行政机关在创制规范方面的权限秩序"[2]。第二,部分学者认为,法律保留原则不仅规制行政权,也约束立法权,如有学者认为,"法律保留是对行政权的限制,立法保留是对立法权的限制"[3]。有学者从法律保留原则的理论依据角度出发,认为法律保留原则既限制行政权,又规范立法权。该观点认为,法律保留原则的存在原因和理论依据之一,是整合法律、实现国家的法制统一。其重要观点是法律保留原则可以规范不同层级的立法权。[4] 第三,也有学者将法律保留原则的控权对象扩大至包括行政机关、司法机关和地方立法机关在内的所有公权力主体。[5]

笔者认为,在界定法律保留原则时,应把其本质性特征与衍生的功能区分开来。

界定法律保留原则概念时,应把体现法律保留原则本质属性的特征抽象出来,那些非本质属性的特征不是建构概念的必备要素。所谓本质,是指事物本身所固有的,决定事物性质、面貌和发展的根本属性。[6] 从法律保留原则的产生背

---

〔1〕参见姜明安主编:《行政法与行政诉讼法》(第6版),北京大学出版社、高等教育出版社2015年版,第67页。

〔2〕周佑勇:《行政法基本原则研究》,武汉大学出版社2005年版,第188页。

〔3〕涂四益:《宪政视野下的法律优先和法律保留——凭什么优先?而且保留?》,载《甘肃行政学院学报》2008年第2期。

〔4〕"法律保留原则是法律和行政、中央和地方关系的调节器,确保行政依据法律而展开,重大事项立法保证全国的统一性。""《立法法》中的立法权限规则对规范权限进行了划分,我国的法律渊源也相应地由基本法律、法律、行政法规、行政规章和司法解释所构成。《立法法》还对立法者予以引导和协调。借助此一安排,主权者方才能够对各层级立法机关进行合目的的约束,并弥合行政规章、行政法规和地方性法规和法律之间的冲突。"参见汪庆华:《法律保留原则、公民权利保障与八二宪法秩序》,载《浙江社会科学》2014年第12期。

〔5〕如有学者认为,法律保留原则是指国家公权力行为,尤其是对公民权利进行限制侵害,或者对公民权利有重大影响的公权力行为只能在法律规定的情况下作出,法律没规定的就不得作出,也就是说,国家公权力主体的行为不能任意作出,只有在立法机关对该事项作出了规范的情况下,他们才能按照法律的规范作出相应的行为。该原则的实质在于要求国家公权力的行使必须在立法机关的监控之中,没有立法机关(民意)的同意国家公权就不得行使。它既体现了立法权对行政权和司法权的制约,又体现了国家公权的民意基础。参见金承东:《法律保留原则》,载胡建淼主编:《论公法原则》,浙江大学出版社2005年版。

〔6〕参见中国社会科学院语言研究所词典编辑室编:《现代汉语词典》,商务印书馆2002年版,第61页。

景和制度设计初衷来看,法律保留原则产生于新兴资产阶级为争取更大的自由和权利,反抗专制王权和封建贵族的斗争中。该原则的提出旨在削弱王权,将某些事项的执行权通过法律加以控制,即以立法权控制行政权。因此,调整立法权与行政权的关系无疑是法律保留原则的本质属性。法律保留调整立法权与行政权关系的方式主要是规定某些事项只能制定法律,行政机关只有在法律的授权下才能实施相应的行为。而当某些事项的调整只能由法律予以规定时,这种规定除了有排除行政自行作用的功能外,还产生了另外一种结果,即法律以下的规范性文件不得涉足这些事项(授权立法除外)。相应地,除了法律的制定主体外,其他立法主体无权对上述事项予以调整。这样,法律保留原则就具有了调整不同层级立法权秩序的作用。从这个意义上说,法律保留原则是"中央和地方关系的调节器",在重大事项立法时可以保证全国法制的统一性。但能否据此推论,调整中央与地方立法权限也是法律保留原则的本质属性?首先,从产生背景和目的看,在分权原则的前提下,由代议机关支配执行机关,立法权约束行政权是其固有的、决定该制度存在和性质的根本属性。如果失去这一特征,法律保留原则将失去存在的根基和必要。其次,如果一种现象或功能是法律保留原则确立后引起的,那么,这种现象或功能具有依附性、衍生性,它就不会影响法律保留原则的产生、存在和性质,不属于该原则的固有特征,就不是其本质属性。前述所论法律保留原则对不同层级立法权限秩序的影响,就属于法律保留原则衍生的一种功能,它不是法律保留原则固有的,法律保留原则不以这种功能的存在为前提,这种对立法权限秩序的调整功能并不能决定法律保留原则的存在和性质。因此,调整不同层级立法权限秩序的功能,是法律保留原则的衍生功能,不是其本质属性,也难谓法律保留原则的存在原因和理论依据。当然,这种衍生功能的重要性也不容小觑,值得认真研究。后文将对这个问题予以专门研究。此外,法律保留原则能否适用于司法权?不可否认,当某一事项由法律保留时,行政机关的行为必须受之拘束,违反即违法。法院在裁判违反法律保留原则的行政案件时,必须适用法律保留的规定。但与法律保留产生的附带规范不同层级立法权限秩序的功能一样,司法权受法律保留拘束也是法律保留原则衍生的结果,不是其产生的原因和存在根据,对司法权的调整和规制不是法律保留原则的本质属性。德国学者认为,"法律保留原则系就行政权之限制而言,对司法权之运作并不生效力。因在采司法保障的制度下,司法权在审理具体案件或作抽象解释时,除刑事案件须符合罪刑法定主义外,纵使在无法可依(法律漏洞)或有错误的立法时,仍有义务须作成判决或解释,不得拒绝审判"[1]。综上,规制立法权或司法权不是法律保留原则的本质属性,仅是其衍生的功能,在界定法律保留原则时,仍应固守立法对行政的拘束这一底线和本质特征,回归其本来面目。

确定了法律保留原则的本质特征后,可以发现基于立法对行政的拘束这一角度的界定仍有其生命力,即法律保留原则是指对特定领域的事项,行政行为必须根据法律的授权方能作出。

二、法律保留原则中"法律"的概念

确定法律保留原则中"法律"的含义和范围是准确理解法律保留原则的重要前提。关于法律保留中"法律"的含义和范围,有以下两个问题需要明确:一是法律保留原则中的"法律"规范性质;二是法律保留原则中的"法律"含义与渊源。

(一)法律保留原则中的"法律"规范性质

对特定事项予以保留的法律,是由许多规范构成的,并非该法律中的所有规范均具有法律保留的功能。换言之,并非所有的规范都能作为行政机关实施行政行为的依据。下面以行政拘留为例加以说明。《立法法》第12条规定,限制人身自由的强制措施和处罚只能制定法律。对治安违法行为者的行政拘留由《治安管理处罚法》(2012年)予以规定,符合法律保留原则。但是否《治安管理处罚法》中的所有规定都具有拘留事项的法律保留功能呢?答案是否定的。能够作为公安机关实施行政拘留处罚依据的只能是《治安管理处罚法》具体规定的可以处以拘留处罚的相应条款。例如,对殴打他人者作出拘留处罚,只能依据《治安管理处罚法》第43条,而不能依据第5条的原则规范,或第7条的组织规范。

---

[1] Vgl. Stefan Öter, Grundrechtsdrittwirkung und Privatautonomie, AÖR. 119(1994), S. 529/547. 转引自李惠宗:《行政法要义》(增订2版),台北,五南图书出版公司2000年版,第40页。

《治安管理处罚法》第5条规定了实施治安管理处罚必须坚持的原则,[1]第7条规定了治安案件的管辖主体和权限,[2]第43条规定了殴打他人行为的处罚措施。[3] 虽然3个条文都属于《治安管理处罚法》的内容,但就拘留处罚而言,只有第43条属于法律保留原则所要求的"法律根据",也只有该条符合法律保留原则要求的"法律明确性原则"。[4] 当然,行政拘留处罚作出时也不能违反第5条的基本原则和第7条的管辖权规定。

按照日本学者的观点,法律和行政的关系有3种规范:组织规范、规制规范、根据规范。[5] 在拘留殴打他人者事项上,《治安管理处罚法》第7条属于组织规范,第5条属于规制规范,第43条属于根据规范。法律的保留论,是指上述3个规范中有关根据规范的问题。[6] 当然,根据规范并不是凭空产生的,它往往以组织规范、规制规范为前提。研究法律保留原则,不仅需要对根据规范进行研究,包括研究它的权力来源、产生依据等,有时还要关注组织规范、规制规范。

不同性质的规范对行政相对人的影响不同。组织规范、规制规范不能成为具体行政行为作出的直接法律依据,因此,对行政相对人的影响是间接的。而根据规范是行政机关作出影响相对人合法权益的行政行为的直接依据。单纯对组织规范、规制规范的违反,相对人没有诉的利益,不能寻求司法救济。例如,在叶某等与湖北省武汉市武昌区人民政府不履行法定职责案中,最高人民法院就认为,

---

〔1〕《治安管理处罚法》第5条规定,治安管理处罚必须以事实为依据,与违反治安管理行为的性质、情节以及社会危害程度相当。实施治安管理处罚,应当公开、公正,尊重和保障人权,保护公民的人格尊严。办理治安案件应当坚持教育与处罚相结合的原则。

〔2〕《治安管理处罚法》第7条规定,国务院公安部门负责全国的治安管理工作。县级以上地方各级人民政府公安机关负责本行政区域内的治安管理工作。治安案件的管辖由国务院公安部门规定。

〔3〕《治安管理处罚法》第43条第1款规定,殴打他人的,或者故意伤害他人身体的,处5日以上10日以下拘留,并处200元以上500元以下罚款;情节较轻的,处5日以下拘留或者500元以下罚款。

〔4〕参见陈清秀:《依法行政与法律的适用》,载翁岳生编:《行政法(2000)》(上册),中国法制出版社2002年版。

〔5〕法律和行政的关系有3种:组织规范,是指使某自然人的行为的效果归属于行政主体的规范;规制规范,是指以某行政机关进行某行政活动为前提,为了确保其公正而设置的规范;根据规范,是指为进行某种行政活动而存在组织规范,进而,在此基础上,在进行该行为时成为特别根据的规范。参见[日]盐野宏:《行政法》,杨建顺译,法律出版社1999年版,第52~53页。

〔6〕参见[日]盐野宏:《行政法》,杨建顺译,法律出版社1999年版,第53页。

笼统地根据组织法中的组织规范要求被告履行特定职责，不符合行政诉讼起诉条件。[1] 而对根据规范的违反，一般会影响相对人的合法权益，相对人有权提起行政诉讼。

（二）法律保留原则中"法律"的含义

法律保留原则中的"法律"是否包括法律原则，是形式意义的法律，抑或实质意义的法律？

19 世纪德国学者提出法治国概念时，"皆强调使用法律作为拘束国家权力的工具"，这时的"法治国"实为"法律国"。奥托・迈耶提出法治国理论时，认为"法治国首应强调法律统治（Herrschaft des Gesetzes），只要经国会通过的法律，行政及司法必须完全地服从"。1933—1945 年，德国纳粹政权"明目张胆地废止了《魏玛宪法》所树立的权力分立、保障人权、依法行政与审判独立等构成形式法治国理念所有的成分"，"摒弃了自然法与自由主义结合的人性尊严与其他人权理念"，追求实质意义法治国。第二次世界大战结束后，德国学者开始反思法治国概念，形成了包容性的实质意义法治国概念。这个新的法治国概念"必须要有特定的、实质的基本价值及基本要素。这种基本价值有二：一乃保障个人的自由；二乃将国家权力用法来规定之，以对抗恣意滥权与不法"。"实质意义法治国容纳且不排斥形式意义法治国中有助于达成实质意义法治国的理念。"[2] 此时，依法律行政原则为依法行政原则替代。这种变化最主要的影响在于法律优先原则由原来行政受法律拘束，演变为行政受法的拘束。《德意志联邦共和国基本法》（以下简称《德国基本法》）第 20 条第 3 款后段规定即是明证："行政权与司法权应受

---

[1] 针对此类具体职责，法律、法规或规章一般均明确规定了具体履行职责的内容及方式，在没有相关具体规定的情况下，笼统地根据《地方各级人民代表大会和地方各级人民政府组织法》（2015 年）第 59 条第 6 项的规定要求人民政府履行特定职责，不符合行政诉讼起诉条件。参见最高人民法院行政裁定书，（2020）最高法行申 9586 号。

[2] 陈新民：《德国公法学基础理论》（上册），山东人民出版社 2001 年版，第 26～28、89～90、93 页。

法律与法的拘束。"[1]这说明法律优先原则要求行政不得违反宪法、法律及一般法律原则。法律优先原则中的"法律"已由形式意义的法律变成实质意义的法律。与法律优先原则的消极不违反不同,法律保留原则是从积极意义要求行政有所作为的,即特定领域的行政活动必须有明确的法律依据。明确的法律依据只能通过形式意义的法律加以规定,无法由法的原则或精神导出。所以,尽管法治国理念与依法行政的内容发生变化,但法律保留原则中"法律"仍为形式意义的法律,这一点没有变化。

(三)法律保留原则中"法律"的渊源

宪法是否属于法律保留中广义"法律"的范畴,值得研究。国家的权力架构和不同权力之间的关系由宪法规定,行政机关作为法律的执行机关,受制于立法机关,从属于立法机关制定的法律。就法律保留原则发端于立法权对行政权的控制角度而言,法律保留原则中的法律不包括宪法。但是,若就控制行政权的角度而言,行政权不仅要从属于法律,依据法律,更要在产生它的宪法之下,不能违背创造它的宪法。而不违反宪法,是宪法优位。行政活动依据宪法,或者说依宪行政才产生宪法保留的问题,即如果某种事项只能由宪法规定,行政机关必须依据该规定进行行政活动,在该事项上,就存在宪法保留。反之,则不存在宪法保留。从法理以及宪法实践来看,有些特别重要的事项是由宪法规定的,是存在宪法保留事项的,就法规范控制行政权的角度而言,法律保留中的法律可以作扩大解释,将宪法保留纳入其中。另外,就控制立法权的角度而言,立法权也不能违背宪法,必须服从宪法的规定。如果某事项足够重要,以至于宪法对此作了明确规定,那么,立法权也应遵守宪法的规定。因此,宪法保留可归入广义的法律保留范畴。

法律保留原则中的"法律"是否包括法规、规章,是狭义的法律,还是广义的法律?从法律保留原则在德国的产生和制度初衷来看,基于议会民主原则、法治

---

[1] 《德国基本法》第 20 条第 3 款后段规定,行政权(有译作"执行权"的)与司法权应受法律与法拘束。参见陈清秀:《依法行政与法律的适用》,载翁岳生编:《行政法(2000)》(上册),中国法制出版社 2002 年版,第 172 页;[德]克里斯托夫·默勒斯:《德国基本法:历史与内容》,赵真译,中国法制出版社 2014 年版,第 158 页。

国原则及基本权利原则,“法律保留意义上的‘法律’是指正式法律(议会法律)”[1]。德国的正式法律指议会法律。[2] 但完全由议会法律规制,无法适应纷繁复杂的社会现实,也与法治国家要求的秩序不符。“法的过度操控损害了法本身。法治国家作为节制和适度的国家,即使在处理法资源方面也要求恰如其分。”[3]在某些事项上,议会也可以授权法规命令作出规定,行政机关根据这些法规命令作出的行为亦属合法。这样,“法律保留意味着行政机关只需得到一般的规范授权,可以是正式法律,也可以是以正式法律为根据的法规命令”[4]。所谓法规命令,是指德国联邦和州的行政机关(政府、部长和行政机关)颁布的法律规范。当然,为了更好地保护基本权利和特定事务的需要,某些领域的事务只能由议会通过法律规定,而不能授权法规命令予以规定,此即议会保留或绝对法律保留。另外,有观点认为,在德国,行政规则也可以被纳入法律保留中“法律”的范畴。“鉴于国会制定法律的控制能力有限,光是从‘事后操控’的观点来看,法规范保留有其重要性。行政规则也能被纳入此项任务。”[5]习惯法不符合法律保留原则的要求。可见,德国法律保留中“法律”的范围可以是联邦议会和州议会制定的法律,联邦和州的政府、部长和行政机关制定的法规命令,以及行政规则。当然,严格地说,这种意义上的法律保留实质上是法规范保留或法的保留。

我国学者在讨论法律保留原则时,对法律保留原则中“法律”的范围也有不同观点。多数观点认为法律保留中的法律包括法律、行政法规、地方性法规、行政

---

〔1〕 [德]哈特穆特·毛雷尔:《行政法学总论》,高家伟译,法律出版社2000年版,第108页。

〔2〕 正式法律是指“由宪法规定的立法机关按照宪法规定的立法程序制定的法律规范。根据基本法的规定,包括由联邦议会(经过联邦参议院的)和州议会发布的法律规范,可以简称为议会法律”。参见[德]哈特穆特·毛雷尔:《行政法学总论》,高家伟译,法律出版社2000年版,第57页。

〔3〕 [德]施密特·阿斯曼:《秩序理念下的行政法体系建构》,林明锵等译,北京大学出版社2012年版,第57页。

〔4〕 [德]哈特穆特·毛雷尔:《行政法学总论》,高家伟译,法律出版社2000年版,第108页。

〔5〕 [德]施密特·阿斯曼:《秩序理念下的行政法体系建构》,林明锵等译,北京大学出版社2012年版,第58页。

规章。例如，行政处罚的设定权为法律保留，其中相对保留可以授权法规、规章。[1] 法律保留中的“法律”不仅指代议立法所定之规则（包括法律与地方性法规），而且还包括行政立法所定之规则（包括行政法规与行政规章）。[2] 但也有观点主张行政立法或地方立法不得介入法律保留范围。[3] 有观点在区分法律保留原则与行政法定原则的基础上，认为“法律保留之法律主要指全国人大及其常委会制定的法律文件，最多包括授权性行政法规”[4]。

笔者认为，我国法律保留原则中的“法律”应包括宪法、法律、行政法规、地方性法规、自治条例及单行条例，以及行政规章。首先，根据《宪法》和《立法法》，宪法、法律、行政法规、地方性法规、自治条例和单行条例，以及行政规章都属于我国法律体系中的法的渊源。其次，我国《宪法》规定了部分必须由宪法保留的具体事项，《行政处罚法》《行政许可法》已经有了将相应事项保留至规章的立法例。[5] 再次，社会调整对象复杂多样，仅靠狭义的法律无法适应需要。最后，德国的法律保留中法律的范围也不限于议会法律，也包括较低位阶之法规范。如果不考虑联邦制与单一制的差别，德国的州议会制定的法律类似于我国地方人大及其常委会制定的地方性法规，[6] 德国联邦政府制定的法规命令类似于我国国务院制定的行政法规，德国联邦部长、联邦行政机关以及州政府、部长、行政机关制定的法规命令类似于我国的部门规章及地方政府规章。综上可知，将我国法律保

[1] “在我国立法中第一次将行政处罚的设定权列为法律保留的权利，并将人身自由处罚的设定列为法律的绝对保留，对财产处罚的设定列为法律的相对保留，授权行政法规、地方性法规和规章在授权范围内作出规定。”参见应松年：《〈立法法〉关于法律保留原则的规定》，载《行政法学研究》2000年第3期。相同观点参见黄学贤：《行政法中的法律保留原则研究》，载《中国法学》2004年第5期。

[2] 参见金承东：《法律保留原则》，载胡建淼主编：《论公法原则》，浙江大学出版社2005年版。

[3] 参见温耀原：《〈立法法〉修正下法律保留原则研究》，载《西北师大学报（社会科学版）》2015年第3期。

[4] 杨登峰：《行政法定原则及其法定范围》，载《中国法学》2014年第3期。

[5] 《行政处罚法》第10—15条关于行政处罚设定权的规定，体现了立法机关根据事项重要程度而将行政处罚设定权分别授权给不同位阶法律规范予以保留的精神。《行政许可法》第14—17条关于行政许可设定权的规定也体现了相同的保留精神。

[6] 在联邦制下，州的独立性更强，权力比单一制下的地方更大。因此，联邦制下州的议会制定的规范可称为法律。而在单一制下的我国，地方人大及其常委会制定的规范只能称为地方性法规，不能称为法律。

留原则中的“法律”予以层级化，建立根据不同事项分别由法律、法规、自治条例及单行条例、规章予以保留的法律保留体系，既有现实需要，也有立法根据。

法律保留原则之“法律”的渊源既包括代议机关制定的狭义法律，又包括行政机关制定的广义上的法律，这是否违反法治原则所要求的权力分立，或者出现孟德斯鸠所担心的“当立法权和行政权集中在同一个人或同一个机关之手，自由便不复存在”[1]的糟糕情形？从理论上说，这种担心是多余的，因为孟德斯鸠的意思“并不是说这些部门不应部分参与或支配彼此的行动。他的意思……只能是在一个部门的全部权力由掌握另一部门的全部权力的同一些人行使的地方，自由宪法的基本原则就会遭到破坏”[2]。从法治实践来看，无论是域外法治国家还是中国的行政机关都在部分地行使立法权力，并且这种权力格局既为宪法所允许，又为民众所接受，更符合社会发展需要。所以，行政机关在法律的授权下行使部分立法权并不会破坏权力分立原则，也不会侵害公民的自由。法律保留原则中“法律”的渊源扩大至法律、法规、规章自然也不会破坏分权原则及侵害公民自由。

三、法律保留原则的分类

根据不同的标准，对法律保留进行不同的划分，有助于准确理解法律保留的内涵和外延，从而正确地适用法律保留原则。

（一）绝对法律保留与相对法律保留

以特定事项可否授权给较低层级主体为标准，可将法律保留分为绝对法律保留与相对法律保留。[3] 绝对法律保留是指特定事项只能由代议机关通过法律形式予以规定的保留，又称议会保留或国会保留。在德国，绝对法律保留指联邦议会法律保留和州议会法律保留。在我国，绝对法律保留仅指全国人大及其常委会

---

〔1〕［法］孟德斯鸠：《论法的精神》（上册），张雁深译，商务印书馆1961年版，第156页。

〔2〕［美］汉密尔顿、［美］杰伊、［美］麦迪逊：《联邦党人文集》，程逢如、在汉、舒逊译，商务印书馆1980年版，第247页。

〔3〕参见应松年：《〈立法法〉关于法律保留原则的规定》，载《行政法学研究》2000年第3期。

的法律保留,如我国《立法法》第12条规定的"有关犯罪和刑罚、对公民政治权利的剥夺和限制人身自由的强制措施和处罚、司法制度等事项",只能由全国人大及其常委会制定法律。相对法律保留是指可以授权较低层级主体予以规定的保留。在德国,相对法律保留又称法规范保留,包括法规命令、自治条例、行政规则等的保留。[1] 在我国,学者论及相对法律保留时多以《立法法》第12条为例说明,即该法第11条中除犯罪和刑罚、对公民政治权利的剥夺和限制人身自由的强制措施和处罚、司法制度等事项外,尚未制定法律的其他事项,可以授权国务院制定行政法规。同时,学者也以《行政处罚法》中关于财产处罚的设定权为例,说明相对法律保留包括授权行政法规、地方性法规、行政规章等形式的保留。[2] 绝对法律保留与相对法律保留的区分,对认识被调整事项的重要性、确定法律保留强度具有重要意义。

(二)行政法律保留与立法法律保留

以法律保留原则规范的公权力性质为标准,可将法律保留原则分为行政法律保留与立法法律保留。但在界定行政法律保留与立法法律保留时,由于对保留范围的认识不同,而有不同观点。一种观点认为,所谓行政法律保留,是指要求行政主体的行政行为必须在法律规范之内做出,而不能有所逾越。所谓立法法律保留,是指中央立法机关限制地方立法机关,代议立法限制行政立法的保留。[3] 另一种观点认为,约束行政的法律保留为行政法律保留,约束议会的法律保留为立法法律保留。[4] 两种观点的主要差别在于对行政立法权的保留是行政法律保留还是立法法律保留。行政立法权从法律授权的角度看,最终仍可以视为立法权。由于行政立法的规范性,它本身不能直接对相对人的权利义务产生影响,需要借

---

〔1〕 参见[德]施密特·阿斯曼:《秩序理念下的行政法体系建构》,林明锵等译,北京大学出版社2012年版,第58页。

〔2〕 参见应松年:《〈立法法〉关于法律保留原则的规定》,载《行政法学研究》2000年第3期。相同观点参见黄学贤:《行政法中的法律保留原则研究》,载《中国法学》2004年第5期。

〔3〕 参见金承东:《法律保留原则》,载胡建淼主编:《论公法原则》,浙江大学出版社2005年版。

〔4〕 参见邓毅:《德国法律保留原则论析》,载《行政法学研究》2006年第1期。

助行政主体的具体行政行为才能对相对人的权利义务产生直接影响。而法律保留原则的本质是约束对公民权利产生直接影响的行政权,而非约束对公民权利不产生直接影响的立法权,包括行政立法权。因此,本源意义和本质属性上的法律保留原则仅指对行政行为进行约束的行政法律保留。对行政立法权的保留不宜归属于行政法律保留,而应归属于立法法律保留。

其实,行政法律保留与立法法律保留的划分并不严谨。因为法律保留原则以权力分立为前提,通过立法权约束行政权是法律保留原则的目的和本质属性。单独规制立法权的法律保留原则是不存在的。对立法权的规制是法律保留原则规制行政权的衍生功能,因此,规制立法权的立法法律保留是依附于规制行政权的行政法律保留的。从这个角度讲,立法法律保留不具有独立存在的意义,其与行政法律保留无法并列作为一种分类对象。但从保障公民权利和充分发挥规范的功能角度讲,立法法律保留的研究也具有重要意义。

(三)宪法上的法律保留与行政法上的法律保留

我国台湾地区学者陈新民区分了宪法意义上的法律保留与行政法意义上的法律保留。〔1〕有学者对这种二分法提出质疑,认为这种区分"不过就同一素材而予以不同的形式而已,并无区分价值"〔2〕。"在抽象的制度功能层面,所谓宪法意义上的法律保留与行政法意义上的法律保留其实是一回事。"〔3〕笔者认为,这种质疑不无道理。从宪法意义上的法律保留与行政法意义上的法律保留的区分来看,其主要是从法律保留的制度功能角度阐释的,而法律保留的本质并无区分。但法律保留与宪法保留(关于宪法保留将在后文论述)的区分仍然具有意义。因

---

〔1〕宪法意义上的法律保留与英美法的"依法而治"(the rule of law)近似,系指在国家法秩序的范围内,某些事项必须保留由法律来规定,不可由其他国家机构,特别是行政机关代为规定,因此,也可称为"立法保留"原则或"国会保留"原则。行政法意义上的法律保留,指行政机关的行为必须获得法律之授权,才能取得行为的合法性。参见陈新民:《中国行政法学原理》,中国政法大学出版社 2002 年版,第 35 页。

〔2〕吴万得:《论德国法律保留原则的要义》,载《政法论坛》2000 年第 4 期。

〔3〕孙展望:《法律保留与立法保留关系辨析——兼论立法法第 8 条可纳入法律保留范畴》,载《政法论坛》2011 年第 2 期。

为事务的重要程度及对公民权益影响程度不同,法律对之调整的范围和强度也应随之变化,这就决定了对不同的事项可能需要不同层级的规范予以调整,宪法保留与法律保留的区分正是建立在这种基础之上。而建构宪法保留、绝对法律保留、相对法律保留等层级化保留体系也是这种区分的结果。〔1〕 现今德国多数学者及宪法法院亦采行这种区分的观点,并认为“基本人权的法律保留,实应包含于一般概念的法律保留中”〔2〕。

四、法律保留原则与相关原则的区别

(一)法律保留原则与法律优先原则

学者在论及依法行政原则时,基本是以德国奥托·迈耶的理论为蓝本,认为依法行政原则包括法律优先原则和法律保留原则两项内容。〔3〕 “法律优先原则指行政应当受现行法律的约束,不得采取任何违反法律的措施。”“法律保留原则,指行政机关只有在取得法律授权的情况下才能实施相应的行为。……在法律出现缺位时,优先原则并不禁止行政活动,而保留原则排除任何行政活动。”〔4〕由于法律保留原则积极要求行政行为必须有法律的授权根据,在促进依法行政上,“法律保留原则成了依法行政原则的核心要素”〔5〕。在适用上,如果某一事项没有法律规范,行政行为作出时不会发生违反法律优先原则的情况,但可能违反法律保留原则(如果该事项属于保留范围)。如果某一事项有法律规范,行政行为没有依法作出,则违反法律优先原则。如果属于法律保留的事项,已经有法律予以规范,但行政主体仍然作出了违反该法律的行为,则该行为既违反了法律优先原则,同时又违反了法律保留原则。

---

〔1〕 参见吴庚:《行政法之理论与实用》(增订8版),中国人民大学出版社2005年版,第70页。

〔2〕 蔡震荣:《行政法理论与基本人权之保障》,台北,五南图书出版公司1999年版,第65页。

〔3〕 参见[德]哈特穆特·毛雷尔:《行政法学总论》,高家伟译,法律出版社2000年版,第108页;陈清秀:《依法行政与法律的适用》,载翁岳生编:《行政法(2000)》(上册),中国法制出版社2002年版;姜明安主编:《行政法与行政诉讼法》(第6版),北京大学出版社、高等教育出版社2015年版,第67页。

〔4〕 [德]哈特穆特·毛雷尔:《行政法学总论》,高家伟译,法律出版社2000年版,第103~104页。

〔5〕 陈新民:《中国行政法学原理》,中国政法大学出版社2002年版,第35页。

德国的法律优先原则是由《德国基本法》第 20 条第 3 款确认的,[1]而法律保留原则在法律上没有直接确立。在德国,“一般认为,法律保留原则可以从《基本法》第 20 条第 3 款规定推导出来”。但德国学者毛雷尔认为,“这一点令人怀疑,因为《基本法》第 20 条第 3 款仅规定执行权受法律约束,并没有直接确立该原则。无论如何可以从其他宪法承认的原则中引申出保留原则,包括议会民主原则、法治国家原则以及基本权利”[2]。我国《立法法》第 99 条确立了法律优先原则:“法律的效力高于行政法规、地方性法规、规章。行政法规的效力高于地方性法规、规章。”违反法律优先原则的法律后果也有相关规定,如《立法法》第 107 条规定了下位法违反上位法的后果(改变或撤销),《行政诉讼法》及《行政复议法》规定了行政行为违反法律规定的相应后果。与法律优先原则相比,法律保留原则在我国还没有得到充分重视,相关理论研究亟待深入。

(二)法律保留原则与罪刑法定原则

罪刑法定原则,又称罪刑法定主义,指行为是否构成犯罪以及是否受刑罚处罚必须以法律的规定为判断标准,即法无明文规定不为罪,法无明文规定不处罚。我国《刑法》第 3 条规定了该原则。[3]

罪刑法定原则与法律保留原则到底是什么关系,学者研究较少,这可能与学科壁垒有关。法律保留原则可作为行政法原则或宪法原则被研究,罪刑法定原则主要作为一项刑法基本原则被讨论,而法学内部的部门法化导致两个原则缺少交流与对接。

法律保留原则与罪刑法定原则有诸多不同。首先,针对的权力性质不同,法律保留原则主要约束行政权,罪刑法定原则主要约束司法权。其次,适用的事项范围不同,法律保留原则早期适用于侵害行政,现在主流观点认为不仅适用于侵害行政,也适用于给付行政;罪刑法定原则适用于对犯罪嫌疑人定罪量刑。但二

---

[1] 《德国基本法》第 20 条第 3 款规定:“立法权受宪法的限制,行政权与司法权受法律与法的拘束。”

[2] [德]哈特穆特·毛雷尔:《行政法学总论》,高家伟译,法律出版社 2000 年版,第 103 ~ 104 页。

[3] 《刑法》第 3 条规定,法律明文规定为犯罪行为的,依照法律定罪处刑;法律没有明文规定为犯罪行为的,不得定罪处刑。

者的相同之处更多。从思想渊源上看,二者都源于欧洲的启蒙运动和古典自然法思想。罪刑法定的思想渊源虽然可以追溯到 1215 年英国的《大宪章》(Magna Carta),但它作为刑法基本原则的确立,却是 17、18 世纪启蒙运动的产物。启蒙思想家创立了三权分立学说,论证了自由与法律的关系及法律对自由的保障,确立了个人本位的价值观念和政府的人权保障义务。在这些古典自然法思想基础上,贝卡利亚明确提出了罪刑法定原则。[1] 法律保留原则是以国家权力分立为前提的,而启蒙思想家的分权学说影响了德国法治国理论的形成。启蒙思想家洛克开创了近代分权学说,另一启蒙思想家孟德斯鸠最终完成了分权学说。德国学者在法治国理论架构方面坚持权力分立论,使权力分立成为德国法治国理论的中心支柱。[2] 这是法律保留原则产生的思想根基。从制度渊源上看,二者都与法国的《人权宣言》密不可分。1789 年法国《人权宣言》第 8 条规定:"法律只应设立确实必要和明显必要的刑罚,而且除非根据在犯法前已经通过并且公布的法律而合法地受到科处,任何人均不应遭受刑罚。"这一规定成为 1810 年《法国刑法典》首次明确规定罪刑法定原则的依据和指导。而法律保留原则直接源于法国《人权宣言》第 4 条。[3] 该条规定:"自由是指能从事一切无害于他人的行为;因此,每一个人行使其自然权利,只以保证社会上其他成员能享有相同的权利为限制。此等限制只能以法律决定之。"从理论依据上看,二者也基本相同。"一般认为,民主主义与尊重人权主义必然要求实行罪刑法定主义。"[4] 法律保留原则的理论依据主要有民主原则、法治国家原则、基本权利。[5] 从规范的事项内容看,罪刑法定原则规范的是司法权对被告人的定罪量刑,属于对公民基本权利的严重影响,只能以法律规定;法律保留原则依保留强度分为国会保留与授权的法律保留,或者绝对法律保留与相对法律保留,国会保留或绝对法律保留的事项属于重

---

〔1〕 参见陈兴良:《罪刑法定主义》,中国法制出版社 2010 年版,第 81 ~ 89 页。

〔2〕 参见陈新民:《德国公法学基础理论》(上册),山东人民出版社 2001 年版,第 29 页。

〔3〕 参见陈新民:《德国公法学基础理论》(下册),山东人民出版社 2001 年版,第 355 页。

〔4〕 张明楷:《外国刑法纲要》,清华大学出版社 1999 年版,第 21 页。

〔5〕 参见[德]哈特穆特·毛雷尔:《行政法学总论》,高家伟译,法律出版社 2000 年版,第 104 ~ 108 页。

要性体系中最重要的事项,只能通过法律予以规定,可见,罪刑法定原则类似于国会保留或绝对法律保留,一定程度上,可将二者等同看待。

综上所述,如果将法律保留原则视为宪法上的原则,则罪刑法定原则可视为法律保留原则的下位原则,在特定事项上等同于国会保留或绝对法律保留。

(三)法律保留原则与依法行政原则、行政法定原则

首先,法律保留原则与依法行政原则。在我国行政法学中,有关基本原则的观点众多。现在国内法学院系使用最广的行政法教科书是马克思主义理论研究和建设工程重点教材《行政法与行政诉讼法学》。该书认为依法行政原则包括职权法定、法律优先和法律保留。[1] 曾经国内法学院系使用最广、可能影响也最大的行政法教科书——姜明安教授主编的《行政法与行政诉讼法》,在介绍行政法的基本原则时,把依法行政原则列为行政法的第一个实体性基本原则。该书首先介绍了德国依法行政原则的内容,包括法律创制、法律优先与法律保留。然后分析了我国依法行政原则的要求:依法行政的"法"包括宪法、法律、法规、规章;依法行政不仅要求政府依法的明文规定行政,还要求政府依法的原理、原则行政;要求政府依行政管理法、行政组织法、行政程序法行政;要求政府对相对人依法实施管理。[2] 这些要求包含了法律保留原则的内容,但也有不同之处,如依法行政不仅要求依法的明文规定行政,还要求依法的原理、原则行政,而法律保留原则只能依据形式上的法律行政,不能依法的原理、原则行政。依法的原理、原则行政其实属于法律优先的内容。所以,上述依法行政原则包含了法律保留与法律优先两方面内容。

其次,法律保留原则与行政法定原则。在国内行政法学界,周佑勇教授专门对行政法基本原则做过研究。他把行政法基本原则确立为3项:行政法定原则、行政均衡原则、行政正当原则。所谓行政法定原则,即"法无明文规定不得任意

---

〔1〕 参见应松年主编:《行政法与行政诉讼法学》(第2版),高等教育出版社2018年版,第29页。

〔2〕 参见姜明安主编:《行政法与行政诉讼法》(第6版),北京大学出版社、高等教育出版社2015年版,第67~68页。

行政”,具体包括职权法定、法律优先与法律保留原则等内容。[1] 这说明此处行政法定原则类似于依法行政原则。但亦有学者在另一种意义上使用行政法定原则,如杨登峰教授认为,行政法定原则指行政机关作成行政决定必须有法上的依据;无法上的依据,行政决定即为违法。行政法定原则的“法”包括法律、法规、规章。法律保留之法律主要指全国人大及其常委会制定的法律文件,最多包括授权性行政法规。[2]

(四)法律保留原则与专属立法权

专属立法权,是指一定范围内规范社会关系的事项,只能由特定的国家机关制定法律规范的权力。[3] 它与法律保留原则既有区别又有联系。

二者的区别主要表现为以下几个方面:侧重点不同,专属立法权着眼于特定立法主体对某些事项的立法权限,旨在排除其他主体的干预,规范立法权限;法律保留原则着眼于行政主体作出行政行为时的法律根据,没有法律根据就不得作出行政行为,旨在约束行政权滥用,规范行政权力,保障公民权益。涉及的规范性质不同,特定主体行使专属立法权时,所使用的法律规范可能既包括组织规范、规制规范,又包括根据规范,但法律保留原则中作为行政行为依据的只能是根据规范。

二者的联系主要表现为以下几个方面:二者都以民主原则作为理论依据,都认为最重要的事项要保留由代表人民意志的代议机关作出决定,最终目的都是维护公民的权利和自由。专属立法权通过把重要的事项保留由特定的国家机关行使立法权,借以排除其他立法机关的干预,以保证最大限度地维护公民的权利和自由;法律保留原则通过把重要的事项保留由立法机关通过法律予以规范,借以为行政权行使提供依据,防止行政滥权,维护相对人合法权益。二者涉及的事项范围具有一致性,法律保留范围内的事项基本属于特定立法主体的专属立法权限事项。因此,《立法法》第 11 条关于全国人大及其常委会专属立法权限的规定,

---

〔1〕 参见周佑勇:《行政法基本原则研究》,武汉大学出版社 2005 年版,第 166 页。

〔2〕 参见杨登峰:《行政法定原则及其法定范围》,载《中国法学》2014 年第 3 期。

〔3〕 参见郑淑娜主编:《〈中华人民共和国立法法〉释义》,中国民主法制出版社 2015 年版,第 36 页。

通常被学者解读为我国法律保留原则的集中体现。[1] 当然,严格地说,专属立法权限对应的是法律保留的事项范围,与法律保留原则本身尚有一定区别。典型的法律保留原则应立足于行政与法律的关系,作出相应的规定,如《奥地利联邦宪法》第 18 条第 1 款规定,所有的国家行政应依法律作出。

第二节　法律保留原则的历史发展

一、产生背景

法律保留原则的产生是以国家权力分立为前提的,分权学说是其出现的思想和理论基础。"权力分立学说源于古代世界,从那里演化出了政府职能的思想,衍化出混合政体的理论。"[2]欧洲古代分权思想的代表人物是亚里士多德、波里比阿、西塞罗。亚里士多德提出:"一切政体都有三个要素,作为构成的基础……三者之一为有关城邦一般公务的议事机能(部分);其二为行政机能部分……其三为审判(司法)机能。"[3]亚里士多德的政体三要素理论是分权理论的萌芽。波里比阿发展了亚里士多德的分权思想,提出了在三部门之间互相牵制的关系,包含某些制衡原则的因素。西塞罗完全师承了波里比阿的主张,但他的分权思想也有新的发展,即相对于波里比阿的分权理论中三部门(执政官、元老院、民众会议和保民官)机械地分离与牵制,西塞罗的分权理论着重于阐述理性与法律的作用。因此,西塞罗的分权思想对近代分权学说的确立及实际运用具有深远的影响。[4]

随着欧洲中世纪结束,近代资产阶级政治力量登上了历史舞台。工商业开始取代农业成为社会的主要经济形态,以工商业起家的新兴资产阶级不满足于与其

---

〔1〕 参见应松年:《〈立法法〉关于法律保留原则的规定》,载《行政法学研究》2000 年第 3 期。

〔2〕 [英]M. J. C. 维尔:《宪政与分权》,苏力译,生活·读书·新知三联书店 1997 年版,第 3 页。

〔3〕 [古希腊]亚里士多德:《政治学》,吴寿彭译,商务印书馆 1965 年版,第 214 ~ 215 页。

〔4〕 参见何华辉、许崇德:《分权学说》,人民出版社 1986 年版,第 1 ~ 8 页。

经济地位不相称的政治地位,与王权、代表传统农业势力的贵族进行了争取权力的斗争。与这种社会需求呼应,近代分权学说逐渐形成。正如马克思所说:“在某一个国家里,某个时期王权、贵族和资产阶级争夺统治,因而在那里统治是分享的,在那里占统治地位的思想就会是分权学说。”[1]但现代意义的政府职能三分(立法、行政、司法)不是一蹴而就的,而是在历史演变中逐渐形成的。14 世纪帕多瓦的马西利乌斯将国家职能区分为立法职能与执行职能(主要指司法职能),并认为,立法权属于人民,法律是立法权威者的命令。政府的全部职能是司法职能,即解决纠纷。马西利乌斯关于国家职能的二分理论一直延续到孟德斯鸠时代。[2] 1648 年林肯郡的法官查尔斯 · 达利森在其著作《保王党人的辩解》中重新划分了政府职能。他回避了使用“执行权”这个术语,因为他事实上是将 17 世纪的执行职能一分为二,即统治的职能和审判的职能。加上国会有制定法律的权力,这样,他就获得了政府职能的三重划分,与一个世纪之后普遍接受的那种划分非常接近。[3] 1690 年,英国的约翰 · 洛克(John Locke)出版了《政府论》。这部著作在批判保皇派罗伯特 · 费尔麦的“王权神授”“王权世袭”理论基础上,提出了自己的分权理论。他认为国家有 3 种权力:立法权、执行权和对外权。这种划分虽然没有脱离马西利乌斯的二分框架,但洛克认为,立法权必须是最高的权力,社会的所有成员或社会的所有部分具有的其他任何权力,都来自它并隶属于它。[4] 在洛克的分权学说影响下,法国人孟德斯鸠最终完成了近代分权学说。他在《论法的精神》一书中明确提出了三权分立。他认为,“当立法权和行政权集中在同一个人或同一个机关之手,自由便不复存在了,因为人们将要害怕这个国王或议会制定暴虐的法律,并暴虐地执行这些法律。如果司法权不同立法权和行政权分立,自由也就不存在了”。“如果立法机关让行政机关有权利把能够为自

---

[1] 《马克思恩格斯全集》(第 3 卷),人民出版社 1960 年版,第 52 ~ 53 页。
[2] 参见[英]M. J. C. 维尔:《宪政与分权》,苏力译,生活 · 读书 · 新知三联书店 1997 年版,第 25 页。
[3] 参见[英]M. J. C. 维尔:《宪政与分权》,苏力译,生活 · 读书 · 新知三联书店 1997 年版,第 30 页。
[4] 参见[英]洛克:《政府论:论政府的真正起源、范围和目的》(下篇),叶启芳、瞿菊农译,商务印书馆 1964 年版,第 91 页。

己的善良行为提出保证的公民投进监狱的话,自由就不再存在了。”[1]孟德斯鸠的权力分立及制衡理论为现代法治国家处理“三权”之间的关系奠定了思想基础,为后世各国宪治架构的设计提供了理论铺垫,同时也孕育了法律保留原则的生成土壤。分权学说完成后,美国独立战争和法国大革命相继发生。美国独立战争胜利后严格地根据三权分立原则组织政府,法国革命胜利后颁布的《人权宣言》则明确宣布“凡权利无保障和分权未确立的社会,就没有宪法”。随后,《人权宣言》被全文载入法国的第一部宪法。受孟德斯鸠学说影响,德国学者在法治国理论架构方面都坚持权力分立论,以至于权力分立成为德国法治国理论的中心支柱。[2]

德国法治国理论是法律保留原则产生的直接缘由。法治国可分为形式意义法治国与实质意义法治国。形式意义法治国是指以法的手段而非以暴力手段治理国家的形态;实质意义法治国是指治理国家不仅强调以法的形式作为治理工具,还要求法的目的正当。由单纯强调法的工具性,到既强调工具性,又强调价值性,是现代法治国家治理方式的发展趋势。因此,由形式主义法治国到实质主义法治国是法治发展的必然。德国法治的发展也经历了这种变化。但法律保留原则出现于形式主义法治国理论盛行的时代。19 世纪德国法治国理论可以追溯到康德的国家观。康德主张的是形式主义法治国家观。[3] 学者通过梳理,总结认为 19 世纪德国法治国理念的特色是,其采纳的是形式意义法治国理论,主张法治国理论的学者都受孟德斯鸠权力分立论的影响,并且针对行政权可能滥权而强调权力分立的重要性,用以制衡行政权力。[4] 在分析合宪的权力分立内容时,奥托·迈耶提出了法律保留的概念。他认为法国大革命时期发表人权宣言以来,对于人民的自由及财产的限制,必须保留在法律方可。次而,在讨论行政及立法的关系时,麦耶提出了行政对法律的依赖关系理论。

由此可见,法律保留原则形成于 19 世纪德国自由法治国时期。这一时期资

---

[1] [法]孟德斯鸠:《论法的精神》(上册),张雁深译,商务印书馆 1982 年版,第 155 ~ 158 页。

[2] 参见陈新民:《德国公法学基础理论》(上册),山东人民出版社 2001 年版,第 29 页。

[3] 参见陈新民:《德国公法学基础理论》(上册),山东人民出版社 2001 年版,第 8 页。

[4] 参见陈新民:《德国公法学基础理论》(上册),山东人民出版社 2001 年版,第 71 ~ 72 页。

本主义快速发展,自由市民阶层为争取更大的自由和权利进行了不断的斗争。自由市民"要求将国家行政的活动范围限制到为保护公共安全和秩序、消除危险所必要的限度之内"。在此理念指引下,法律的概念被确定为,"法律调整因干预公民自由和财产而产生的国家与公民之间的一般关系"〔1〕,这一概念直接影响了法律保留原则的范围。既然法律调整的是国家干预公民自由和财产权利的事项,此时的法律保留亦等同于干预保留;既然法律调整的是国家与公民间的外部关系,那么,国家机关与公务员的内部关系不在法律保留范围内。因此,给付行政、行政组织与特别权力关系等内容均不在法律保留范围之内。

20世纪以来,德国法治国理念发生了重大变化。经济发展、战争影响使社会问题越来越突出,人们开始要求国家承担积极扶助社会的责任。国家也开始从消极、被动的定位转变为积极、主动介入社会各领域。因此,从个人要求的社会安全,到提供经济、社会和文化等条件的各种给付和设施,再到为保证社会公平、保持或者促进经济结构的繁荣而对社会和经济进行的全面干预,〔2〕国家的任务已经由传统的干预行政扩张为包括干预行政和给付行政在内的所有行政领域。1949年《德国基本法》第20条第1款确定了德意志联邦共和国的社会国原则。德国从法律上完成了从自由法治国到社会法治国的转变。社会背景变迁、国家任务的扩张,使产生于自由法治国时期的传统法律保留理论(干预保留)无法适应时代发展和社会需求,理论的革新不可避免。法律保留原则的适用范围不再局限于传统的干预行政事项。

二、域外发展

自奥托·迈耶提出法律保留概念以来,这一概念逐渐发展成行政法的一项基本原则。"法无明定禁为"、重要的行政行为必须有法律依据,这些法谚或常识性知识,均体现了法律保留原则的要求。法律保留原则通过规范立法权与行政权之间的关系,达到保障人民基本权利的目的,这是"实行法治国家之依法而治及行

〔1〕[德]哈特穆特·毛雷尔:《行政法学总论》,高家伟译,法律出版社2000年版,第16页。
〔2〕参见[德]哈特穆特·毛雷尔:《行政法学总论》,高家伟译,法律出版社2000年版,第17页。

政上之依法行政的必要前提"[1]。从法律保留原则调整立法权与行政权之权限关系角度看,法律保留制度具有宪法位阶,是一种宪法制度。在域外有些国家或地区,法律保留制度主要是行政法学的议题,而在另外一些国家或地区则主要是宪法学的探讨对象。

(一)德国

德国是法律保留原则的滥觞之地。其理论研究较为深入,实践素材丰富。关于德国法律保留原则的实定法依据,一般认为,可以从《德国基本法》第 20 条第 3 款规定中推导出来。是否能从该条规定中推导出法律保留原则,德国学者毛雷尔持怀疑态度。他认为,《德国基本法》第 20 条第 3 款仅规定执行权受法律约束,并没有直接确立法律保留原则。但他同时认为,无论如何都可以从其他宪法承认的原则中引申出保留原则,包括议会民主原则、法治国家原则以及基本权利。[2] 除了学者对法律保留原则的持续研究外,德国法院在个案审判中也适用法律保留原则,并通过判例不断发展和完善这一原则。例如,德国联邦宪法法院在犯人通信案[3](Strafgefangene Urteil, BverfGE 33,1,1972 年 3 月 14 日)中明确突破根深蒂固的特别权力关系藩篱,极大地拓展了法律保留的适用范围。在一系列有关教育权的案件中,联邦宪法法院提出了"重要性理论",如性教育课程案(Sexualkundeunterricht Urteil BVerfGE 47,46,1977 年 12 月 21 日)。[4]

(二)日本、韩国

德国的法律保留原则对大陆法系国家或地区的行政法学产生了很大影响。日本行政法深受德国影响,依法律行政原理在日本又称法治主义。法律保留原则作为依法律行政的三要素之一,在日本受到学者的广泛关注。与日本的社会历史

---

〔1〕 陈新民:《德国公法学基础理论》(下册),山东人民出版社 2001 年版,第 355 页。

〔2〕 参见[德]哈特穆特·毛雷尔:《行政法学总论》,高家伟译,法律出版社 2000 年版,第 104 页。

〔3〕 赵宏:《犯人通信案》,载张翔主编:《德国宪法案例选释》(第 1 辑·基本权利总论),法律出版社 2012 年版,第 71 ~ 94 页。

〔4〕 参见陈新民:《德国公法学基础理论》(上册),山东人民出版社 2001 年版,第 361 页。

发展相适应,法律保留原则也发生相应改变。在明治宪法下,服务于自由主义意识形态,日本坚持侵害保留说。在《日本国宪法》下,民主主义已经成为重要的宪法原理,国家也不再是单纯的秩序维持者,而需要全方位地介入社会。因此,从民主主义原理和行政的社会形成机能出发,出现了行政活动的全部都需要法律根据的观点,即全部保留理论。[1] 但"权力保留理论近年得到较多支持"[2]。"韩国行政法受德国行政法的影响最多。"[3]法治行政原则在韩国同样是行政法的基本原理。韩国宪法规定"将行政各部的设置、组织、行政范围等定为法律"。关于法律保留的范围,韩国学说、判例普遍持扩大的立场。学者认为,法律保留原则是否适用于给付行政或其他行政领域,应当考虑具体的行政活动甚至具体的关联状况,个别地、具体地研究,根据对当事人或者一般国民的意义和重要性判断为本质的事项,原则上应当受到法的制约。[4]

(三)法国

尽管法律保留概念是由德国的奥托·迈耶首先提出的,但这一概念所表达的思想却直接源于1789年法国《人权宣言》。《人权宣言》第4条和第7条是奥托·迈耶提出法律保留概念的直接思想渊源和制度借鉴。[5] 虽然法国没有提出法律保留概念,但法律保留的理念和制度为法国后来的宪法所继承。1946年《法兰西第四共和国宪法》前言重申保障1789年《人权宣言》中的权利和自由,以及共和国法律所确认的基本原则。同时,前言还规定,公民的罢工权利依照法律的规定来行使。法国现行宪法是1958年制定的《法兰西第五共和国宪法》。该宪法序言规定:法国人民郑重宣告忠于1789年《人权宣言》所肯定并为1946年《法兰西

---

〔1〕 参见[日]盐野宏:《行政法》,杨建顺译,法律出版社1999年版,第51~55页。

〔2〕 [日]盐野宏:《行政法》,杨建顺译,法律出版社1999年版,第55页。

〔3〕 [韩]金东熙:《行政法Ⅰ》(第9版),赵峰译,中国人民大学出版社2008年版,第5页。

〔4〕 参见[韩]金东熙:《行政法Ⅰ》(第9版),赵峰译,中国人民大学出版社2008年版,第27~31页。

〔5〕 《人权宣言》第4条规定,自由就是指有权从事一切无害于他人的行为。因此,各人的自然权利的行使,只以保证社会上其他成员能享有同样权利为限制。此等限制仅得由法律规定之。第7条规定,除非在法律所规定的情况下并按照法律所指示的手续,否则不得控告、逮捕或拘留任何人。凡动议、发布、执行或令人执行专断命令者应受处罚;但根据法律而被传唤或被扣押的公民应当立即服从,抗拒则构成犯罪。

第四共和国宪法》前言所确认并加以补充的各项人权和关于国家主权的原则。通过该序言,1789 年《人权宣言》及 1946 年《法兰西第四共和国宪法》前言确认的关于人权和主权的原则至今仍然有效,即在人权受到限制、人权和主权的基本原则、罢工权行使等问题上均适用法律保留。同时,《法兰西第五共和国宪法》第 34 条规定了必须由议会通过法律予以调控的事项范围。

《法兰西第五共和国宪法》第 34 条实质是法律保留的事项范围。第 37 条是行政保留的事项范围。第 38 条规定了授权立法。“在第 38 条中,即使属议会保留的领域,政府也可获得它的同意在限定的时间内通过紧急条例进行紧急立法。”〔1〕宪法委员会“确保议会与政府在宪法第 34 条、第 37 条下恪守各自保留的立法领域”〔2〕。

可见,尽管法国没有明确的“法律保留”概念,但法律保留的理念和实践源远流长。

(四)英国、美国

1688 年“光荣革命”后,英国议会通过颁布《权利法案》(1689 年)、《王位继承法》(1701 年)、《兵变法案》(1689 年)、《三年法案》(1694 年)以及 1690 年的数个财政法案,解决了王位继承问题、宪法问题和财政问题,对中央权力结构作了重要而适度的调整,从根本上改变了英国政治制度发展的方向,开创了议会至上的时期。〔3〕在这样的背景下,戴雪总结了英国宪法的特征有 3 点:第一,国会拥有——在法律上而言——无限的权威,可以完全拘束执法权及司法权,是为国会主权;第二,即国会主权下的接续体系——国家的依法而治;第三,是宪法惯例。其中第二点所指国家的依法而治,即为法治或法律主治。戴雪关于法治的界定包括 3 个方面:首先,人民除非依法定程序,并在普通法院前证明其违法,否则不能

---

〔1〕［英］L. 赖维乐·布朗等:《法国行政法》(第 5 版),高秦伟、王锴译,中国人民大学出版社 2006 年版,第 10 页。

〔2〕［英］L. 赖维乐·布朗等:《法国行政法》(第 5 版),高秦伟、王锴译,中国人民大学出版社 2006 年版,第 13 页。

〔3〕参见李秀清主编:《外国法制史》,北京大学出版社 2012 年版,第 124 页。

遭受财产或身体上不利的处罚。法治的第一要义乃防止人治政府行使广泛、擅断限制人权的裁量权力。其次,法律之前人人平等,即每个英国人不论地位或阶级,无人能高过法律,皆需臣服于普通法律,并受普通法院的管辖。最后,英国的宪法是由英国各法院个案判决所累积的成果,所以是法院所保障之人权的结果,而非保障人权的来源。[1] 戴雪的法治观由于种种缺陷受到后世学者的批评,但其贡献仍不容抹杀。其主要贡献表现为以维护人权为出发点、强调法院的功能、对行政权的不信任等。[2] 随着时代的发展,韦德(Wade)教授在其权威著作《行政法》中对构成英国宪法基础的法治的含义作了详细阐述。他认为,法治有不同的含义和推论,但它的基本含义可以概括为合法性原则,即任何事件都必须依法而行。将此原则适用于政府时,它要求每个政府当局必须能够证实自己所做的事是有法律授权的,几乎在一切场合这都意味着有议会立法的授权。……政府行使权力的所有行为,即所有影响他人法律权利、义务和自由的行为都必须说明它的严格的法律依据。[3] 我国台湾地区学者陈新民认为,此"乃明确的法律保留原则"[4]。

美国是一个联邦制国家,法律保留原则的精神主要体现在宪法规定的国会权力及国会与总统之间的关系上。《美国宪法》第 1 条第 1 款规定,本宪法所授予的全部立法权均属于由参议院和众议院组成的合众国国会。第 8 款规定了国会的权力,可视为法律保留的事项范围。《美国宪法》第 2 条第 3 款规定总统要保障法律得到切实执行。

美国法制实践中有关法律保留的案例并不鲜见,如美国前总统奥巴马的移民改革计划。2014 年11 月20 日,时任美国总统奥巴马以行政命令的方式公布了移民改革计划。这一计划遭到共和党人的强烈反对。共和党议员和其他保守派人士批评总统的单边行动,声称没有国会的授权总统无权推进这些措施。众议院司法委员会主席鲍勃·古德拉特说,总统的移民改革计划违反宪法。但民主党人都

---

〔1〕 参见陈新民:《德国公法学基础理论》(上册),山东人民出版社 2001 年版,第 41 页。
〔2〕 参见陈新民:《德国公法学基础理论》(上册),山东人民出版社 2001 年版,第 58 ~59 页。
〔3〕 参见[英]威廉·韦德:《行政法》,徐炳等译,中国大百科全书出版社 1997 年版,第 25 页。
〔4〕 陈新民:《德国公法学基础理论》(上册),山东人民出版社 2001 年版,第 60 页。

为总统的移民改革计划辩护，认为他采取的这些措施都在总统的职权范围内。来自内华达州的参议院多数党领袖瑞德说："奥巴马总统正在做的事在宪法授权范围之内，总统的措施属于宪法和法律对其职位的明确授权范围。"[1]移民改革计划是否合法，其实质是否有法律依据的问题，亦即是否违反法律保留原则的问题。

综上所述，作为英美法系典型代表的英国和美国，尽管学说上没有法律保留的概念，但法律保留原则包含的某些事项的行政权必须依法律行使之观点，在两国法律理论和法律制度中均有体现。

三、中国现状

（一）法律保留原则的确立：立法与政策

受德国、法国等大陆法系国家法学理论与法治实践的影响，我国基本形成了以制定法为主的法律体系。在我国的制定法中，法律保留原则也频繁出现并开始发挥重要作用。

我国法律保留原则主要规定于《立法法》中。《立法法》第 11 条[2]、第 12 条[3]是法律保留原则的一般规定。[4]

《立法法》第 11 条第 11 项所列其他事项，主要指《宪法》以及单行法律，如《行政处罚法》《行政强制法》等。《立法法》第 13 条、第 14 条、第 15 条规定了授

---

[1] Is Obama's Immigration Executive Order Legal?, U. S. News, http://www. usnews. com/debate - club/is - obamas - immigration - executive - order - legal，2024 年 2 月 15 日访问。

[2] 《立法法》第 11 条规定："下列事项只能制定法律：(一)国家主权的事项；(二)各级人民代表大会、人民政府、监察委员会、人民法院和人民检察院的产生、组织和职权；(三)民族区域自治制度、特别行政区制度、基层群众自治制度；(四)犯罪和刑罚；(五)对公民政治权利的剥夺、限制人身自由的强制措施和处罚；(六)税种的设立、税率的确定和税收征收管理等税收基本制度；(七)对非国有财产的征收、征用；(八)民事基本制度；(九)基本经济制度以及财政、海关、金融和外贸的基本制度；(十)诉讼制度和仲裁基本制度；(十一)必须由全国人民代表大会及其常务委员会制定法律的其他事项。"

[3] 《立法法》第 12 条规定："本法第十一条规定的事项尚未制定法律的，全国人民代表大会及其常务委员会有权作出决定，授权国务院可以根据实际需要，对其中的部分事项先制定行政法规，但是有关犯罪和刑罚、对公民政治权利的剥夺和限制人身自由的强制措施和处罚、司法制度等事项除外。"

[4] 参见应松年：《〈立法法〉关于法律保留原则的规定》，载《行政法学研究》2000 年第 3 期。

权立法的具体要求。我国法律体系中的法律保留规定还存在许多问题,如多数公民基本权利事项还没有法律保留,因此,研究我国实证法律中有关法律保留制度的规定,有助于发现其不足,并使其尽快得以完善。

除了法律规定外,有关政策也体现了法律保留原则的精神和要求。2004 年国务院发布了《全面推进依法行政实施纲要》,其中规定了依法行政的基本要求,第一个就是合法行政,即行政要依照法的规定实施,没有法的明确规定,不得实施负担行政行为。[1] 党的十八届四中全会通过的《全面推进依法治国决定》也作出了类似规定。[2] 上述两个政策文件都规定行政机关没有依据不能实施负担行政行为。但两个文件的区别也很明显,前者实施负担行政行为的授权依据保留给法律、法规、规章,后者授权依据保留给法律法规,规章无权设定负担行政行为,这种变化符合法律保留原则的设置初衷,有利于保护公民基本权利。尤其是在地方立法权主体扩容的情况下,更需要加强规章管理。但在有完善的授权制度保障的情况下,规章的调整权也应得到承认。事实上,规章的调整权已经在《行政处罚法》和《行政许可法》等单行法中得到体现。《法治中国建设规划(2020—2025 年)》《法治政府建设实施纲要(2021—2025 年)》都提出政府机构要坚持"法无授权不可为",这也是法律保留原则精神和要求的体现。

(二)法律保留原则的落实:法治个案

法律保留原则的确立是我国法治进步的体现。在我国法治建设中,许多个案都推动了法律保留原则的落实和法治建设进程,如 2003 年孙某刚事件引发人们对《城市流浪乞讨人员收容遣送办法》(1982 年)(已废止)的强烈反响。该办法关于收容、遣送的规定限制了公民的人身自由,违反了《立法法》(2000 年)第 9 条关于法律绝对保留事项的规定。最终国务院以《城市生活无着的流浪乞讨人员救助管理办法》(2003 年)取代了《城市流浪乞讨人员收容遣送办法》。新规定明

[1] 参见《全面推进依法行政实施纲要》。

[2] 《全面推进依法治国决定》中规定,行政机关要坚持法定职责必须为、法无授权不可为……行政机关不得法外设定权力,没有法律法规依据不得作出减损公民、法人和其他组织合法权益或者增加其义务的决定。

确了救助站的救助义务,没有授予其限制人身自由的权力。这样的改变符合法律保留原则的要求,为公民人身权利的保护做出了贡献,促进了中国的法治进程。

比收容遣送制度施行更早、对公民人身自由限制、严厉程度超过很多轻罪刑罚的劳动教养制度,也在中国法律保留制度史上留下了深深的历史烙印。劳动教养制度是对被劳动教养的人限制人身自由,强制实行教育改造的一种行政措施,它最初确立于 1957 年 8 月 1 日。当时召开了第一届全国人大常委会第七十八次会议,会议批准了国务院《关于劳动教养问题的决定》。1979 年 11 月 29 日,第五届全国人大常委会第十二次会议批准了国务院《关于劳动教养的补充规定》,明确了劳动教养的期限。1982 年,根据这两个文件,由公安部制定国务院转发的《劳动教养试行办法》发布。《劳动教养试行办法》扩大了适用劳动教养的对象范围,属于重新立法的范畴。按照《立法法》(2000 年)第 9 条规定,《劳动教养试行办法》违反了法律保留原则,学者也不断地批判劳动教养制度违反《宪法》《立法法》。2013 年 12 月 28 日,第十二届全国人大常委会第六次会议通过决定,废止了劳动教养制度。与收容审查、劳动教养类似,对人身自由进行限制的另一个措施——收容教育,也受到质疑。1991 年通过的全国人大常委会《关于严禁卖淫嫖娼的决定》第 4 条第 2 款规定了收容教育制度,并授权国务院制定具体办法,第 4 款规定了强制性病检查和强制治疗制度。[1] 1993 年,国务院根据全国人大常委会授权制定了《卖淫嫖娼人员收容教育办法》。2018 年 3 月,有全国政协委员提出关于对收容教育制度进行合宪性审查的提案(全国政协十三届一次会议提案第 3891 号)。[2] 2019 年 12 月 28 日通过的全国人大常委会《关于废止有关收容教育法律规定和制度的决定》废止了全国人大常委会《关于严禁卖淫嫖娼的决定》第 4 条第 2 款、第 4 款,以及据此实行的收容教育制度。2020 年 3 月,《卖淫

〔1〕《全国人民代表大会常务委员会关于严禁卖淫嫖娼的决定》(1991 年)第 4 条第 2 款规定,对卖淫、嫖娼的,可以由公安机关会同有关部门强制集中进行法律、道德教育和生产劳动,使之改掉恶习。期限为 6 个月至 2 年。具体办法由国务院规定。第 4 款规定,对卖淫、嫖娼的,一律强制进行性病检查。对患有性病的,进行强制治疗。

〔2〕参见全国人大常委会法制工作委员会法规备案审查室编著:《规范性文件备案审查案例选编》,中国民主法制出版社 2020 年版,第 1 页。

嫖娼人员收容教育办法》被废止。[1] 可见,尽管《立法法》早在2000年就规定了法律保留原则,但公民权利的保障并不会随着这一法律的出台就自然得到改善。法律保留原则的具体落实尚需有关机关转变管理理念,强化人权保障意识,及时清理不合宪、不合法的规范性文件。收容审查、劳动教养等制度的存在和废除历程正是法律保留原则在我国法治进程中艰难而终被落实的一个缩影。

目前我国政府正在大力推行的权力清单制度离不开法律保留原则的规制。首先,《全面深化改革决定》提出建设政府权力清单制度。[2] 其次,《全面推进依法治国决定》对权力清单制度建设提出进一步要求,规定侵益性权力必须有法律法规的依据。[3] 《关于推行地方各级政府工作部门权力清单制度的指导意见》(2015年)明确规定了权力清单制度建设的基本要求、主要任务和组织实施等问题。根据上述指导意见,所谓权力清单,是指地方各级政府工作部门、依法承担行政职能的事业单位、垂直管理部门设在地方的具有行政职权的机构等,应将其行使的各项行政职权及其依据、行使主体、运行流程、对应的责任等,以清单形式明确列示出来,向社会公布,接受社会监督。从上述规定看,制作权力清单的首要步骤,是审查行政主体的行政职权是否合法,是否有法律依据,是否违反法律保留原则。[4]

---

[1] 有学者认为,收容教育制度并不违反法律保留原则,但违反了程序正义、比例原则等,应予废止。参见何海波:《论收容教育》,载《中外法学》2015年第2期。

[2] 《全面深化改革决定》规定:"推行地方各级政府及其工作部门权力清单制度,依法公开权力运行流程。"

[3] 《全面推进依法治国决定》规定:"行政机关不得法外设定权力,没有法律法规依据不得作出减损公民、法人和其他组织合法权益或者增加其义务的决定。推行政府权力清单制度,坚决消除权力设租寻租空间。""各级政府及其工作部门依据权力清单,向社会全面公开政府职能、法律依据、实施主体、职责权限、管理流程、监督方式等事项。"

[4] 《关于推行地方各级政府工作部门权力清单制度的指导意见》(2015年)规定,全面梳理现有行政职权,按照职权法定原则,对现有行政职权进行清理、调整。对没有法定依据的行政职权,应及时取消,确有必要保留的,按程序办理;可下放给下级政府和部门的职权事项,应及时下放并做好承接工作;对虽有法定依据但不符合全面深化改革要求和经济社会发展需要的,法定依据相互冲突矛盾的,调整对象消失、多年不发生管理行为的行政职权,应及时提出取消或调整的建议。需修改法律法规的,要先修法再调整行政职权,先立后破,有序推进。

(三)法律保留原则效力的立法

法律保留原则的效力主要体现在其对行政行为的拘束力上。在特定事项上，行政行为的作出必须有法的授权依据，否则，即构成违法。根据《行政诉讼法》的规定，违反法律保留原则的行政行为形态及其效力主要有以下几种。

行政行为没有依据的，无效。根据《行政诉讼法》的规定，行政行为没有依据属于重大且明显违法情形，可以依法确认无效。[1]

行政行为超越职权、滥用职权、明显不当等，均可撤销。[2] 行政主体在特定事项上有授权依据，但行政主体超越授权范围实施的行政行为，属于可撤销行政行为。行政主体在特定事项上有授权依据，但其行使该项权力违反了授权目的，并且，多数情况下是故意违背授权目的，具有主观上的恶意。此种行为属于滥用职权，行政行为可撤销。明显不当行政行为因裁量不符合授权目的，构成违法，可撤销。

除了对具体行政行为的拘束，法律保留原则也对抽象行政行为具有拘束力。抽象行政行为违反了法律保留原则，也将构成违法。对法律、法规、规章合法性的判断标准主要以《立法法》为准，而撤销或改变的主体也由《立法法》规定。法院无权对法律、法规、规章进行司法审查。对规章以下的行政规范性文件，《行政诉讼法》第53条规定，如果认为被诉行政行为所依据的规范性文件不合法，在对行政行为提起诉讼时，可以一并请求对该规范性文件进行审查。法院可以依据最高人民法院《关于审理行政案件适用法律规范问题的座谈会纪要》以及《各级人民代表大会常务委员会监督法》第39条确立的标准对规范性文件进行审查。如果认为规范性文件符合上述会议纪要确立的“合法、有效并合理、适当”的原则，法院应承认其效力，并可以在裁判理由中评述。不过，有学者认为我国法院对规范

---

〔1〕《行政诉讼法》第75条规定，行政行为有实施主体不具有行政主体资格或者没有依据等重大且明显违法情形，原告申请确认行政行为无效的，人民法院判决确认无效。

〔2〕《行政诉讼法》第70条规定，行政行为有下列情形之一的，人民法院判决撤销或者部分撤销，并可以判决被告重新作出行政行为：(1)主要证据不足的；(2)适用法律、法规错误的；(3)违反法定程序的；(4)超越职权的；(5)滥用职权的；(6)明显不当的。

性文件的司法审查能力和审查实效均不乐观。[1] 如果规范性文件构成了《各级人民代表大会常务委员会监督法》第 39 条规定的"不适当"情形,则由有权机关予以撤销。

第三节 法律保留原则的理论依据与制度功能

法律保留原则的理论依据主要是民主原则、法治国家原则和基本权利。[2] 有学者认为,"整合法律、实现国家的法制统一"也是法律保留原则的理论依据。[3] 笔者认为,民主原则是法律保留原则的正当性基础;法治国家原则是法律保留原则的直接依据;基本权利是法律保留原则的根本目的和价值追求。这三者可以作为法律保留原则的理论依据。而法制统一是法律保留原则实施产生的效果和功能。

一、法律保留原则的理论依据

(一)法律保留原则的正当性基础

民主原则是法律保留原则存在的重要原因和正当性基础。为什么民主原则能成为法律保留原则的根据?

民主是什么? 按照《牛津法律大辞典》的解释,民主是由人民进行的统治,即一种由人民的一般机构最终行使统治权的政体形式。民主分为直接民主和代议民主。[4] 直接民主,是指除选举外,公民直接参与立法权行使的政体;[5] 代议民主,即指公民通过其选举的代表参与立法权行使的政体,又称间接民主。由于直

---

〔1〕 参见余军、张文:《行政规范性文件司法审查权的实效性考察》,载《法学研究》2016 年第 2 期。

〔2〕 参见[德]哈特穆特·毛雷尔:《行政法学总论》,高家伟译,法律出版社 2000 年版,第 104～107 页。

〔3〕 参见汪庆华:《法律保留原则、公民权利保障与八二宪法秩序》,载《浙江社会科学》2014 年第 12 期。

〔4〕 参见[英]戴维·M. 沃克:《牛津法律大辞典》,李双元等译,法律出版社 2003 年版,第317 页。

〔5〕 参见吴庚:《宪法的解释与适用》,台北,三民书局 2004 年版,第 42 页。

接民主方式的操作不易、费用高昂、效率低下等问题，现代实行民主制的国家都采用代议制民主形式。法律保留原则要求行政主体的活动必须有代议机关的法律授权根据，行政机关受制于代议机关，即所谓议会支配。为什么行政机关要受制于代议机关？这与代议机关的民主正当性有关。

首先，民主相较于非民主制度具有许多优势。无论是直接民主还是代议民主，一个理想的民主制度必须符合下述5项标准：全体成员有效的参与；全体成员拥有平等的投票权；充分的知情权；成员拥有对议程的控制权；全体成年公民都具有公民资格。[1] 这些标准环环相扣，保证了民主制度相较于其他非民主制度的优势。这些优势主要表现为民主具有以下令人向往的结果：避免暴政、保证公民享有许多的基本权利和更广泛的个人自由、有助于人们维护自身的根本利益、道德的自主、人性的培养、政治平等、追求和平、繁荣等。[2] 这些优势为民主制提供了正当性基础，也为重大事项保留由代议机关决策提供了正当性基础。进而，行政权受制于代议机关的法律也就顺理成章。

其次，更为重要的是，代议机关的民主正当性不仅体现在代表的来源和产生程序上，而且体现在代议机关议决程序上。在政府首脑也由选民选举产生的国家（如美国的总统），代议机关的民主正当性是否一定优于行政机关，也受到学者的质疑。[3] 这种质疑源于对代议机关民主正当性的误解。因此，有必要探讨体现代议制民主优势的根本特征。这就是代议机关议决程序的严格性和过程中少数或多元声音的制衡。这是行政机关决策程序所不具备的。在决策程序上，代议机关的决策程序有严格的法律规定，如立法程序从立法调研、立法规划、提出法律案、起草法律案，到交付审议、表决、公布等程序相当缜密、细致、严谨。我国全国人大常委会对法律案的“三审”程序就凸显了代议机关立法程序的严谨性。[4] 相较之下，行政机关需要应付纷繁复杂、变动不居的社会现实，必须考虑行政经济

---

〔1〕 参见[美]罗伯特·达尔：《论民主》，李柏光、林猛译，商务印书馆1999年版，第43～44页。

〔2〕 参见[美]罗伯特·达尔：《论民主》，李柏光、林猛译，商务印书馆1999年版，第53页。

〔3〕 Vgl. etwa Stern（注29），S. 1075m. w. N.

〔4〕 《立法法》第32条第1款规定，列入常务委员会会议议程的法律案，一般应当经三次常务委员会会议审议后再交付表决。

和效率,故行政活动的程序没有代议机关的决策程序严格。这可以从各国行政程序立法中得到佐证。在决策体制上,行政机关实行首长负责制,即“行政机关的法定最高决策权力集中于一人”[1]。例如,《德国基本法》第 65 条关于联邦总理及联邦阁员负责制的规定,[2]我国《宪法》第 86 条、第 105 条关于行政首长负责制的规定。[3] 代议机关决策机制实行多数决原则(majority rule),即“某一团体的多数有权作出约束整个团体的决定的原则”[4]。例如,《德国基本法》第 42 条第 2 款规定,联邦议会之决议,除本基本法另有规定外,以投票之过半数决定之。《全国人民代表大会议事规则》(2021 年)第 59 条第 1 款、第 2 款规定,大会全体会议表决议案,由全体代表的过半数通过。宪法的修改,由全体代表的 2/3 以上的多数通过。尽管代议机关决策体制实行多数决原则,但在决策程序中每个代表,无论属于多数派还是少数派,都有参与权和发言权,有平等的投票权或表决权,所谓一人一票,每票等值(one man, one vote, one value)。这与行政机关的首长负责制不同。在首长负责制中,无论是多数意见还是少数意见,只要是与首长不同的声音,都无法真正获得表达。即使表面上可以表达不同意见,行政首长也完全可以忽略这些不同声音或意见。行政机关首长负责制是行政机关科层制中下级服从上级等级制特征的体现。在利益代表的博弈上,议会成员所代表的利益多元,在决策时不同利益的代表相互博弈、讨价还价,从而起到相互牵制的作用。而在行政系统中,尽管有些国家的总统通过选举产生,但一旦选举出来后,总统及其内阁代表的利益却是单一的,是一个党派或一个利益集团的利益,这时其决策制定与形成过程中就缺少议会在法律制定过程中的利益博弈与讨价还价,缺少不同利益代表的制衡。代议机关的上述优势对决策结果的正确性和可接受性有保障作用,也使行政对法律的遵从有了正当性基础。

---

[1] 田兆阳:《论行政首长负责制与权力制约机制》,载《政治学研究》1999 年第 2 期。

[2] 《德国基本法》第 65 条规定,联邦总理应决定政策方针并负其责任。在此政策方针范围内,联邦阁员应各自指挥专管之部而负其责任。

[3] 我国《宪法》第 86 条第 2 款规定,国务院实行总理负责制。各部、各委员会实行部长、主任负责制。第 105 条第 2 款规定,地方各级人民政府实行省长、市长、县长、区长、乡长、镇长负责制。

[4] Bryan A. Garner, *Black's Law Dictionary*, Eighth Edition, West Publishing Co., 2004, p. 975.

（二）法律保留原则的直接依据

法治国家原则是法律保留原则产生的直接依据。以法治而非人治、法律而非行政命令治理国家是现代法治国家的根本特征。为达到保障人权之目的，因而要求以法治——法律的支配——取代人治——历史上指的特别是君主的恣意统治，使代表行政权的君主在采取涉及人民权利的措施时，须受法律的拘束。由此法律保留原则应运而生。那么，影响公民权利的行政措施为何要受法律的拘束，即特定事项为什么要由法律予以保留，这源于法治的本质和优势。

法治的确切概念至今仍见仁见智。西方社会丰富的法治实践和多彩的理论探究，为法治的内涵确定贡献了力量。从源头上说，亚里士多德关于法治的阐释至今被视为经典论述。他认为，"法治应包含两重意义：已成立的法律获得普遍的服从，而大家所服从的法律又应该本身是制定得良好的法律"[1]。他论述了"法治优于一人之治"[2]。这为行政权受制于法律提供了思想渊源。西方社会不断地探索和实践通过法律统治国家和社会的治国方式，学者也在研究和解释法治实践的过程中，逐渐丰富了法治的内涵。被视为近代西方法治理论奠基人的英国法学家戴雪第一次比较全面地阐述了法治概念。[3] 戴雪对法治的界定明确地将政府权力置于法律的主治之下。几乎同时期，德国行政法学大师奥托·迈耶在他的《德国行政法》中提出了法治三原则，即法律创制、法律优先与法律保留。他

---

〔1〕［古希腊］亚里士多德：《政治学》，吴寿彭译，商务印书馆1965年版，第199页。

〔2〕在论述"由最好的一人或由最好的法律统治哪一方面较为有利"这一问题时，亚里士多德认为，凡是不凭感情因素治事的统治者总比感情用事的人们优良。法律正是全没有感情的；人类的本性（灵魂）使谁都难免有感情。因此，"法治优于一人之治"。参见［古希腊］亚里士多德：《政治学》，吴寿彭译，商务印书馆1965年版，第162～168页。

〔3〕"法治有三层含义：首先，法治意味着，与专横权力的影响相对，正规的法律至高无上或居于主导，并且排除政府方面的专擅、特权乃至宽泛的自由裁量权的存在。其次，法治意味着法律面前的平等，或者，意味着所有的阶层平等地服从由普通的法院执掌的国土上的普通的法律，此一意义上的'法治'排除这样的观念，即官员或另类人可以不承担服从管治着其他公民的法律的义务，或者说可以不受普通审判机构的管辖。最后，我们已有的宪法性法律不是个人权利的来源，而是其结果，并且由法院来界定和实施。" See Albert V. Dicey, *Introduction to the Study of the Law of the Constitution*(1885), 1960, p. 202－203. 转引自夏恿：《法治是什么——渊源、规诫与价值》，载《中国社会科学》1999年第4期。

在继承分权学说的基础上,认为政府对人民自由和财产的限制必须由法律予以规定,并提出行政对法律的依赖关系的观点,从而明确把法律保留原则建立在法治国家原则的基础之上,并将其作为法治理论的重要内容。

法治本身包含了行政权必须在法律之下,须有法律的授权才能实施行政行为的内涵。那么,法治有哪些优势使其成为行政的根据和约束?这先要区分法治的两种理论形态,即形式法治与实质法治。所谓形式法治,学者有不同的解释,但都聚焦于法律的形式理性。例如,有学者认为,法治在其形式层面被概括为包括法律的一般性、法律的公开性等一系列的基本准则。[1] 有学者在论述形式法治理论时认为,"法治是一套形式化或程序化的法律原则"[2]。还有学者在论证形式法治时,又称其为法律的形式合理性,包含两层基本含义。[3] 所谓实质法治,主要是指法律不仅要具备形式合理性,还要符合相关价值追求。例如,有学者认为,在法律渊源上,实质法治承认法律渊源的多样性,其中包括现在尚不被承认为法的"其他规范性文件",也包括习惯、法理、先例等非成文渊源。[4] 还有学者认为,实质法治是指法律不仅要合乎形式要件,而且要合乎实质内容,即法律应是良法,而且关心法治的价值目标。[5] 在二者的关系上,有观点认为,形式法治与实质法治的首要分歧,不是法治价值上的分歧,而是这些价值实现方式上的分歧。[6] 当然,也有学者认为,不存在所谓实质法治。"法治就是尊重普遍价值观的形式法治","'实质法治'的提法几近'白的黑''不发光的火'这样的矛盾

---

〔1〕 法治在其形式层面被概括为一系列的基本准则:法律的一般性、法律的公开性、法律非溯及既往、法律的明确性、法律的体系一致性、法律的可预期性和稳定性、法律至上、司法独立。参见张翔:《形式法治与法教义学》,载《法学研究》2012 年第 6 期。

〔2〕 黄文艺:《为形式法治理论辩护——兼评〈法治:理念与制度〉》,载《政法论坛》2008 年第 1 期。

〔3〕 形式法治又称法律的形式合理性,包含两层基本含义:一是依据抽象的一般规则处理具体问题,而不是具体情况具体处理;二是法律系统的独立性和自主性,即规则的适用不受道德、宗教、政治以及掌权者意志等实质要素的左右。参见陈林林:《法治的三度:形式、实质与程序》,载《法学研究》2012 年第 6 期。

〔4〕 参见何海波:《形式法治批判》,载罗豪才主编:《行政法论丛》第 6 卷,法律出版社 2003 年版。

〔5〕 参见车传波:《综合法治论——兼评形式法治论与实质法治论》,载《社会科学战线》2010 年第 7 期。

〔6〕 参见何海波:《形式法治批判》,载罗豪才主编:《行政法论丛》第 6 卷,法律出版社 2003 年版。

句"[1]。可见,无论学者对形式法治与实质法治的理解有多大差异,不可否认的是,二者都对形式法治的形式理性有一个基本共识。正是在形式法治的形式理性基础上,学者才可以继续探讨法治的价值正当性问题。实质法治追求的价值具有流变性、主观性,形式法治的形式法律则具有明确性、稳定性、客观性。在防止权力恣意、专横与滥用,为人们提供前后一致的、稳定的行为预期、指导和合法性判断方面,形式法治比实质法治更为可行、有效。有学者认为,法治国原则乃以人权保障为最终追求目标。传统见解因认为法律的一般性、公开性与预先性除可确保正义、防止特权与歧视的发生外,并可维护、提升行政行为的可量度性、可预见性与可信赖性(整体说即所谓法的安定性),以保护人民免于遭受来自行政权的突袭,才根据法治国原则得出法律保留的要求。因此,以形式理性为根本特征的形式法治才是行政活动的根据,法律保留中的"法律"也只能是形式法律。

亦有学者质疑法治国家原则作为法律保留原则根据的理由。行政权所订定的行政命令(法规命令)其实也具备一般性、公开性与预先性的特征,同样可达到前述法治国原则有关人权保障的要求。[2] 法律比行政命令更具稳定性这一维护法安定性上的优势也受到学者质疑,如"至少在财经法规领域'朝令夕改'之法律的日益增多即为明证"[3]。上述质疑反映出法治国家原则作为法律保留原则依据的正当性需要学者重新诠释,以补强其说服力。笔者认为,除了法治的形式理性使其成为法律保留原则的理论依据外,分权原则也是法治成为法律保留原则理论依据的重要原因。尽管法治这一概念"至今尚未有确定的内容,也不易作出界定"[4],但从戴雪提出法治观开始,所有有关法治的实践和理论学说,无不以权力分立为前提并围绕着如何在权力之间进行制约与平衡而展开。孟德斯鸠说,"当立法权和行政权集中在同一个人或同一个机关之手,自由便不复存在了,因为人们将要害怕这个国王或议会制定暴虐的法律,并暴虐地执行这些法律"[5]。可

〔1〕 陈林林:《法治的三度:形式、实质与程序》,载《法学研究》2012 年第 6 期。

〔2〕 So zB. Pietzcker, Jus 1979, S. 714; Eberle, DöV 1984, S. 488; Staupe(注 3), S. 179.

〔3〕 R. Geitmann, *Bundesverfassungsgericht und "offene" Normen*, Berlin 1971, S. 79.

〔4〕 [英]戴维·M. 沃克:《牛津法律大辞典》,李双元等译,法律出版社 2003 年版,第 900 页。

〔5〕 [法]孟德斯鸠:《论法的精神》(上册),张雁深译,商务印书馆 1982 年版,第 156 页。

见,制定法律与执行法律的权力必须分开并分别由立法机关与行政机关行使,这是法治原则的应有之义。在此基础上,行政机关必须有立法机关法律的授权根据才能实施行政行为,就成了法治原则的必然要求。因此,从法治原则内含的分权原则可以导出法律保留原则。并且,分权原则与民主原则一样,是从本源上证成法律保留原则的理论依据。而法律的形式理性则是从功能角度阐释法律保留原则的理论依据。法律的形式理性是法律保留原则的必要而非充分条件。法律保留原则必然要求法律具有"一般性、公开性与预先性"或"稳定性"等形式理性,但具有形式理性的规范性文件并不必然成为法律保留原则之"法律"。因此,以行政机关制定的规范性文件也具有"一般性、公开性与预先性"或"稳定性"等形式理性为由,质疑法治原则作为法律保留原则依据的观点不能成立。而有学者认为,法治国原则作为法律保留原则的宪法理论依据的主要原因,是不信赖行政权而信赖代议机关,这种观点也值得商榷。根据孟德斯鸠的分权学说,任何一个权力机关都不值得信赖,需要其他权力机关制约,这是分权制衡原则的前提。因此,行政权与立法权都不值得信赖,都需要受到制约。即使就行政权与立法权的比较而言,人们可能更信赖立法权,这也不必然导出法律保留原则。因为如果把司法权考虑进去,三权之中人们更信赖谁难以判定,至少在某些方面人们对司法权的信赖可能未必低于立法权。

(三)法律保留原则的根本目的

基本权利是法律保留原则的根本目的和价值追求。所谓基本权利,是指由宪法作为必要权利予以保障的公民权利,其中主要是宪法明确规定的权利。[1] 这一界定并不能揭示基本权利的本质特征,因为何为"必要权利"本身是一个不确定法律概念。并且,是否宪法未明确规定的权利就一定不属于基本权利,也值得探讨。例如,《美国宪法修正案》第9条就明确规定:本宪法对某些权利的列举不得被解释为否定或轻视人民保有的其他权利。这说明宪法未明确规定的权利也可能是基本权利。德国学者黑塞认为,"在现行法中被定义为根本性权利的那些

---

〔1〕 参见[德]哈特穆特·毛雷尔:《行政法学总论》,高家伟译,法律出版社2000年版,第107页。

权利,便被称作是基本权"[1]。我国学者汪进元教授认为,"基本权利是人基于其人性所普遍享有的以满足人的私域生活和公域生活不可或缺的权利"[2]。基本权利具有双重属性:一方面,基本权是主观权利,是个人性的权利,其内容不仅只是作为一种人权与公民权,他们还能够保障某项法律制度或某一生活领域的自由。另一方面,基本权同时也是共同体客观秩序的基本要素。[3] 作为主观权利,基本权利的首要功能是防御权,即公民针对国家侵害的防御权利。[4] 基本权利作为客观秩序基本要素的意义在于,"构成立法机关建构国家各种制度的原则,也构成行政权和司法权在执行和解释法律时的上位指导原则"[5]。《德国基本法》第 1 条第 3 款确立了基本权利的客观秩序、客观法律规范(又称客观法)功能。该款规定,下列基本权利拘束立法、行政及司法而为直接有效之权利。上述功能决定了对基本权利的限制必须要根据法律或通过法律。这也正是由基本权利导出法律保留原则的原因。

作为主观权利,基本权利是否包含给付请求权,这一问题也对基本权利作为法律保留原则理论依据产生了影响。在德国,"给付请求权是否以及在何种范围内可以从基本权利中产生是一个争议更大的重要问题"[6]。"基本法主要还是将自己限制在对传统的人权与公民权的保障上,它放弃了社会基本权的提法,而采用了'社会法治国家'这一不能直接证立个人请求权的表述。"[7]但是德国联邦宪法法院也并没有一概否定基本权利发展出给付请求权的可能性。"自由如若缺少了事实上的前提条件,那么其要求也将变得毫无价值。"于是,联邦宪法法院"认可了将基本法自由作为一种分享请求权来理解的原则上的可能性,但是却有一项保留条件,即个人只能以一种理性的方式向社会提出其请求"[8]。例如,

---

〔1〕 [德]康拉德·黑塞:《联邦德国宪法纲要》,李辉译,商务印书馆 2007 年版,第 223 页。

〔2〕 汪进元:《基本权利的保护范围:构成、限制及其合宪性》,法律出版社 2013 年版,第 13 页。

〔3〕 参见[德]康拉德·黑塞:《联邦德国宪法纲要》,李辉译,商务印书馆 2007 年版,第 226 页。

〔4〕 [德]哈特穆特·毛雷尔:《行政法学总论》,高家伟译,法律出版社 2000 年版,第 108 页。

〔5〕 张翔:《基本权利的双重性质》,载《法学研究》2005 年第 3 期。

〔6〕 [德]哈特穆特·毛雷尔:《行政法学总论》,高家伟译,法律出版社 2000 年版,第 160 页。

〔7〕 [德]康拉德·黑塞:《联邦德国宪法纲要》,李辉译,商务印书馆 2007 年版,第 235 ~ 236 页。

〔8〕 [德]康拉德·黑塞:《联邦德国宪法纲要》,李辉译,商务印书馆 2007 年版,第 236 页。

大学招生名额案(Numerus Clausus Ⅰ, BVerfGE 33,303,1972 年 7 月 18 日)。[1] 不过,联邦宪法法院的这种认可,在之后的判决中尚未取得实践意义。这是因为"在政治进程所需秩序与由基本法划分国家任务的面向上,将自由一般性地变更解释为一种——可诉性的——分享请求权的做法是被禁止的"[2]。因此,对能否从基本权利中推导出给付请求权的问题,在德国"总体上是否定性的"[3]。因此,有学者质疑基本权利作为法律保留原则理论依据的单薄性。[4] 笔者认为,以基本权利不能导出给付请求权而否定其可以单独作为法律保留原则依据的理由,值得商榷。因为从法律保留的范围看,法律保留是否适用于给付行政,与基本权利可否导出给付请求权一样,至今仍存在争议。并且,基本权利的首要功能是针对国家侵害的防御权,法律保留的主要适用对象也是国家的侵害行政。所以,从历史的眼光、事物的本质和核心功能看,由基本权利导出法律保留原则是可以证成的。在有争议的给付行政领域,争议本身就说明给付行政适用法律保留的障碍和困难。以存在争议的给付行政问题质疑基本权利作为法律保留原则的依据,没有说服力。并且,随着现代国家任务的扩张和公民权利意识的提高,给付行政之于基本权利和法律保留的重要性越来越受到重视。"法律保留限于侵害行政已经被突破。"一种超越侵害行政和给付行政区分的理论——"重要性理论",逐渐为实务和理论所接受。在基本权利的功能方面,德国联邦宪法法院也在一些判决

---

[1] 大学招生名额案中,联邦宪法法院认为:"分享权应保留这种意义上的可能性,个人能够理性地向社会提出请求。这首先应由立法者来判断,其判断应该考虑财政经济以及其他社会利益,要根据《德国基本法》第 109 条第 2 款而考虑到整体经济平衡的需要。"参见李忠夏:《大学招生名额案》,载张翔主编:《德国宪法案例选释》(第 1 辑 · 基本权利总论),法律出版社 2012 年版,第 95 ~ 116 页。

[2] [德]康拉德 · 黑塞:《联邦德国宪法纲要》,李辉译,商务印书馆 2007 年版,第 236 ~ 237 页。

[3] [德]哈特穆特 · 毛雷尔:《行政法学总论》,高家伟译,法律出版社 2000 年版,第 160 页。

[4] "唯如采取基本权利的限制之法律保留观点,则法律保留原则的适用范围,势必仅局限于权力行政领域中侵害人民自由权利之所谓'侵害行政'或'干预行政'始须有法律依据。至于对人民有利之'给付行政'或'授益行政',原则上即不属于法律保留范围。"因此,"法律保留原则之根据,不宜固执一端,而应以上述基本权利、法治国家原则以及民主主义为其根源"。参见陈清秀:《依法行政与法律的适用》,载翁岳生编:《行政法(2000)》(上册),中国法制出版社 2002 年版。

中"一定程度上肯定了基本权利具有请求国家积极作为的'主观受益权功能'"[1]。可见，在国家任务扩张、国家角色由传统的消极行政向积极行政转变的背景下，给付行政已经具有与干预行政一样的重要性，无论是基本权利的功能理论还是法律保留原则的适用范围理论都将受其影响，从而发生变化。德国学者毛雷尔认为，基本权利法律保留包括给付请求权的法律保留。[2] 因此，从事实的演变和发展趋势看，在给付行政领域也可以由基本权利导出法律保留原则。

二、法律保留原则的制度功能

功能，按照《现代汉语词典》的意思，指事物或方法所发挥的有利的作用。[3] 法律保留原则的理论依据是法律保留原则产生的理论上的根据，而法律保留原则的制度功能是该原则作为一项制度所能发挥的功效或有利的作用。从发生时间上看，理论依据位于法律保留原则的前端，而制度功能处在法律保留原则的后端。

法律保留的功能是由基本功能支撑，延伸功能辅助，衍生功能保障的功能体系。

（一）基本功能：创设行政根据，保障基本权利

通过法律拘束行政，为行政提供法律依据是法律保留的基本功能。法律保留原则相对于法律优先原则而言，对行政机关的拘束程度更高，更有利于促进行政机关依法行政的意识和水平。法律保留原则要求行政权的行使必须有法律依据，

---

〔1〕 德国联邦宪法法院也在一些判决中认为，"如果国家的某项积极措施对于基本权利的实现是不可或缺的，那么个人就可以直接依据宪法而要求国家提供给付。这在一定程度上肯定了基本权利具有请求国家积极作为的'主观受益权功能'"。参见张翔：《基本权利的双重性质》，载《法学研究》2005 年第 3 期。

〔2〕 "如果人们认为（特定的）基本权利不仅构成防御权，而且包含给付国家的因素和给付请求权，就会得出相同的结论。每一个基本权利法律保留都包含相应的给付国家因素，都需要保障给付的法律规则，这才是符合逻辑的结论；尤其是从有限的资金、界限和筛选程序来看，拒绝申请给付的程序必须由法律规定。"参见［德］哈特穆特·毛雷尔：《行政法学总论》，高家伟译，法律出版社 2000 年版，第 114 页。

〔3〕 参见中国社会科学院语言研究所词典编辑室编：《现代汉语词典》（2002 年增补本），商务印书馆 2002 年版，第 453 页。

法律优先原则要求行政机关行政权的行使只要不违反法律即可，因此，前者又称积极的依法行政，后者称为消极的依法行政。从对行政权的拘束程度看，法律保留原则对行政机关行使行政权的拘束程度更高。在对行政机关是否依法行政进行监督和审查时，是否违反法律保留原则是审查的重点。在国家治理体系和治理能力现代化建设过程中，严格遵守法律保留原则，促进行政机关依法行政的意识和水平是重要课题。

通过创设行政根据，切实维护基本权利是法律保留原则基本功能的落脚点。法律保留原则的根本目的是维护公民的基本权利，其产生和发展均以基本权利保障作为价值追求。国家机构设置、国家重要制度的设计均以是否能有效维护基本权利作为合法、合理的判断标准。在国家权力分支中，行政权是与公民、法人和其他组织联系最紧密，对相对人权益影响最广泛也最易侵犯相对人权益的一种权力，因此，必须对行政权加以制约。这种制约体现在行政组织的设置、行政权的来源、行使程序和内容、监督和保障机制、责任和救济机制等均应有法律依据，这样方可把行政权力关进“制度的笼子里”。就规范行政权、保障基本权利的角度而言，法律保留原则是依法行政原则的核心。坚持和遵守法律保留原则对保障基本权利，促进我国人权保障事业具有重要意义。

（二）延伸功能：规范立法秩序，确保法制统一

法律保留原则旨在通过立法权制约行政权，使其在法律的轨道上行使，这是法律保留的基本功能。但法律保留原则在规制行政权的同时，也在立法体系内部形成了一种层级化的规范保留体系，即由宪法、法律、法规、规章等不同位阶规范性文件构成的规范体系。就调整事项的重要程度或影响范围而言，这种规范体系又称为法律保留强度体系。该体系明确了不同层级立法机关的立法权限，确保了规范性文件的合宪性和合法性，有效地维护了法律体系的和谐和法制统一。法律保留原则的此种功能已经溢出了其产生目的和宗旨，对法治国家建设具有重要意义。

在法律保留原则的传统理论依据之外，有学者提出“整合法律、实现国家的

法制统一”也是法律保留原则的理论依据。[1] 笔者在前文论述法律保留原则的含义时，曾涉及该问题，此处再作补充。首先，理论依据是某一结论性事物的理论上的根据，是一种前提性的或基础性的事物。[2] 整合法律、实现法制统一可能是立法者追求的目的，也可能是法律保留原则确立后产生的附带结果。但无论如何，它都很难称为一种理论依据。其次，按照逻辑顺序，先有理论依据，后产生结论性事物。就法律保留原则而言，从民主原则、法治国家原则和基本权利保护可以推导出法律保留原则，这些原则是法律保留原则的理论依据。但由整合法律、实现国家的法制统一能否推导出法律保留原则是存在疑问的。实现法制统一完全可能通过将最重要的事项保留给较低层级的规范予以实现。再次，整合法律、实现法制统一是一种立法技术需求，而民主、法治、基本权利既是包含人类价值追求的理论学说，又是现代法治国家孜孜以求的制度实践。由于立法技术需求无法推导出以更好地保障公民权利为目的的法律保留原则，也无法推导出行政对法律的遵从。最后，从法律保留原则的产生背景、目的和本质属性来看，法律保留是通过将行政权控制在法律的轨道内以更好地保障公民权利。法律保留原则确立后，也在不同层级规范之间确立了权限规则，从而产生了整合法律、实现法制统一的结果。这种结果是法律保留原则的附带结果，而不是其产生的根据或前提，将其作为法律保留原则的理论依据有“倒果为因”之嫌。论者所谓“法律保留原则是贯彻宪法最高法律地位，实现法律体系内部的协调一致、有机统一的重要制度安排”[3]，颠倒了逻辑关系，降低了法律保留原则的制度价值（保障基本权利）。综上所述，法制统一是法律保留原则的制度功能，但难以成为法律保留原则的理论依据。

---

〔1〕 参见汪庆华：《法律保留原则、公民权利保障与八二宪法秩序》，载《浙江社会科学》2014 年第 12 期。

〔2〕 参见中国社会科学院语言研究所词典编辑室编：《现代汉语词典》（2002 年增补本），商务印书馆 2002 年版，第 428 页。

〔3〕 汪庆华：《法律保留原则、公民权利保障与八二宪法秩序》，载《浙江社会科学》2014 年第 12 期。

(三)衍生功能:为合宪性审查、合法性审查提供标准,为立法体系的和谐和依法行政提供保障

法律保留的衍生功能是指运用法律保留原则对立法行为和行政行为是否合宪、是否合法进行审查和判断,从而为立法行为、行政行为的合宪性、合法性提供保障的功能。

立法行为的合宪性审查、合法性审查是确保宪法权威和立法体系和谐一致的重要途径。全国人大及其常委会负责合宪性审查,全国人大宪法和法律委员会协助全国人大及其常委会进行合宪性审查。对违反宪法规定的专属立法权限的法律或法规,应及时作出是否存在合宪性问题的判断和处理意见。有关立法主体在立法行为的备案审查中也应积极审查备案的立法行为是否违反法律保留确立的特定事项专属立法权限分工。行政行为的合法性审查是行政诉讼的重要特征。人民法院在审理行政案件时,运用法律保留原则判断行政行为是否合法是司法权监督行政权的重要途径。

本章小结

本章着重探讨了法律保留原则的基本概念,考察了法律保留原则的产生历史与发展状况,分析了法律保留原则的理论依据,借以揭示法律保留的原初意涵和功能。

界定法律保留原则的基本概念是明确研究对象、划分研究论域的前提,也是探寻法律保留原初含义的必要条件。从规制行政权、保护相对人合法权益角度看,法律保留无疑是依法行政原则的核心。其在限制行政权的同时,也具有间接规制其他公权力的功能,前者为法律保留原则的基本或本质功能,后者仅为其延伸和衍生功能。法律保留中“法律”的外延是一个颇有争议的问题,其主要争议焦点为法律保留中的“法律”是否包括部门规章以及地方性立法。本书认为,该争议仅具有学理意义,将法律保留原则中的“法律”限制在什么范围,并不影响该

原则所体现的依法控制行政权的思想,即把行政权力关进制度的笼子里。基于此种观点,本书采纳了广义解释。法律保留中"法律"规范的性质、法律保留的分类、法律保留与相关原则和概念的区分,对准确理解法律保留原则的含义具有重要意义。除了探讨基本概念外,考察法律保留原则的历史发展是从纵向维度把握该原则真谛的重要途径。历史维度的考察也揭示了法律保留原则的理论依据与制度功能。而深刻理解法律保留原则的理论依据和制度功能是将该原则融入全面推进依法治国、建设法治国家进程的重要保障。

基本概念的厘定、历史视野的考察、理论依据的阐释和制度功能的解读,为后文从保留范围和保留强度两个维度研究法律保留原则奠定了基础,同时,也为依据法律保留原则进行的审查提供了条件。

第三章 法律保留范围

第一节 法律保留范围界说

法律保留范围是法律保留原则的核心内容之一。在法学理论和法治实践中,人们往往对是否应当建构法律保留制度没有异议,而对哪些事务应当由法律保留却争议颇大,此即法律保留范围的问题。

一、法律保留范围的含义

法律保留范围,是指行政主体必须有法律的授权根据才能实施相应行为的事项范围。法律保留范围反映了行政权受立法权拘束的范围。要想准确地把握法律保留范围的含义,有必要将其与相关概念作一比较。

(一)法律保留范围与行政保留范围

法律保留范围体现的是横向权力之间的界限,这一界限划分出了法律保留与行政保留的各自领地。在保留范围上,法律保留与行政保留是相互排斥的两个范畴。法律保留是指对特定领域的事项,行政主体必须有法律的授权根据才能实施相应的行为,不能自行决定实施行为。行政保留指对特定事项,行政主体无须法律授权而可以自主作出决定。法律保留体现的是法律对行政的约束,行政保留体现的是行政对法律的逸脱和行政的自主空间。法律保留的范围是行政的受拘束范围,行政保留的范围是行政的自主范围,二者是一种相互排斥与否定的关系。但法律保留与行政保留的界限是相对的,在不同的时期,二者的范围可能呈现此消彼长的变化。在某一时期,特定事项可能不属于法律保留范围,而属于行政保留范围,但另一时期该事项可能就脱离行政保留范围,进入法律保留的领地,如特别权力关系领域内的事务就从行政保留范围脱离而部分地进入法律保留的范围。从理论上讲,也存在相反的情况,即在某一时期属于法律保留范围的事务,在另一时期可能就脱离了法律保留的范围而进入行政保留空间,这种情况多发生在法律规制过度的领域。

一定程度上,也可以从行政保留的范围推知法律保留的范围。关于行政保留的范围理论,在德国有特别权限说、个别事件说、核心范围说等各种学说。[1] 但上述各说都有欠周延。"在类似德国之宪政制度——市民阶级的法治国家之下,行政部门基本上被赋予执行法律之角色,规定行政部门权限之权限既属于立法部门,而且通常认为非法律保留之施政方针及行政计划之决定事件,一旦需要发生对外效力时,又不得不以法律或预算方式呈现。"[2] 因此,很难构建绝对不受侵犯的行政保留。但基于权力分工和行政面临的复杂任务,建构适度的行政保留也有其必要性。就我国法治建设现状而言,法治建设的重要任务就是将行政权力控制在制度的笼子里,即树立法律支配行政的法治理念,建立法律支配行政的制度架构,践行行政服从法律的运行机制,全方位实现法律保留原则的制度功能。

---

〔1〕"特别权限说认为,就行政与立法两权之关系而言,按事务性质有不同程度关联性,如外交权、防卫权,其运作具有特殊性,只在有限范畴内受立法之拘束,可称之为特别权。除此之外,在决策层次上可能更具有自主性之行政权活动,诸如机关之组织权限、计划权限,以及政治上之领导或可称为政府权等均属行政保留之范围。P. Häberle 提倡个别事件说,从实质公平与正义观点立论,主张行政机关将法律规范具体化执行时,如涉及公共利益之判断,应属行政保留之行为纲领。核心范围说源自德国联邦宪法法院 Kalkar 判决。在该案中,联邦宪法法院指出了宪法授予行政权自行行使的若干权限,由此引起核心范围的讨论。"参见吴庚:《行政法之理论与实用》(增订 8 版),中国人民大学出版社 2005 年版,第 91 页。

〔2〕吴庚:《行政法之理论与实用》(增订 8 版),中国人民大学出版社 2005 年版,第 91 页。

（二）法律保留范围与行政裁量、不确定法律概念

行政裁量，是指行政机关处理同一事实要件时可以选择不同的处理方式，表现为两种情况：一是行政机关决定是否采取某个法定措施，此谓决定裁量；二是在各种不同的法定措施中，行政机关根据案件的具体情况选择哪一个，此谓选择裁量。[1] 无论是决定裁量还是选择裁量，行政机关在一定程度上和一定范围内都有自主决定的空间，但这种自主决定的空间是否摆脱了法律的拘束，是否受法律保留原则的规制？或者说行政裁量是不是一种"自由裁量"？从裁量权产生的依据和目的看，不存在所谓"自由裁量"，只存在"受法律拘束的裁量"。《德国联邦行政程序法》第40条及其相应的规范中作了明确的规定：行政机关应当（有义务）"根据授权目的行使裁量权，遵守法律规定的裁量界限"。行政机关不遵守这些约束，其活动就是"有裁量瑕疵的"，因而构成违法。[2] 我国台湾地区"行政程序法"（2001年）第10条规定，行政机关行使裁量权，不得逾越法定之裁量范围，并应符合法规授权之目的。这说明行政裁量源于法律的授权，其行使必然受到法律授权范围和目的的制约。从这个角度看，行政裁量亦受法律保留原则的拘束。但如果从能否接受司法审查这一角度看，不受司法审查的绝对的裁量是大量存在的。"在许多情形下，绝对的权力或者是必须的，或者是可以证成的。"[3]美国学者戴维斯就对哈特和萨克斯在《法律过程》中的如下断言提出了质疑："在法治政府中，似乎不可能存在诸如绝对的官员裁量这种东西。例如，每一个在美国政府任职的官员，至少都必须按照下述方式行使其权力，即促进美国宪法序言以及国会有效的法律中规定的原则和政策。州的官员与州宪法和法律的关系也是如此。"但戴维斯认为，"这种说法非常虚幻""在我们所谓的法治政府中，确实会存在大量绝对的官员裁量"[4]。这种绝对的裁量勉强可称为自由裁量。周佑勇教

〔1〕 参见[德]哈特穆特·毛雷尔：《行政法学总论》，高家伟译，法律出版社2000年版，第124～125页。

〔2〕 参见[德]哈特穆特·毛雷尔：《行政法学总论》，高家伟译，法律出版社2000年版，第129页。

〔3〕 [美]肯尼斯·卡尔普·戴维斯：《裁量正义》，毕洪海译，商务印书馆2009年版，第174页。

〔4〕 [美]肯尼斯·卡尔普·戴维斯：《裁量正义》，毕洪海译，商务印书馆2009年版，第175页。

授认为,不受司法审查的自由裁量权,与接受司法审查的行政裁量应当并存于行政裁量这个一级概念之下。[1] 接受司法审查的行政裁量在司法审查中必然会受到法律授权目的和范围的审查,这样就会反过来促使行政裁量行为受到法律保留原则的拘束。但不接受司法审查的行政裁量(所谓自由裁量)则可能逸出法律保留原则的拘束,因此,"如何保证在法律终止的情形下不会出现暴政"[2],才是这种自由裁量的问题所在。这说明存在不受法律保留原则拘束的行政裁量。亦有学者将这种行政裁量称为广义的行政裁量。所谓广义的行政裁量,是"在不适用法律保留之范围,行政得依本身之创意而行动,或在拟定各种计划时,具有判断及评价之自由,虽亦涉及行政之决定自由,但无关构成要件之涵摄及法律效果之决定"[3]。笔者认为,所谓广义的行政裁量其实与行政保留无异,而学者探讨和使用的行政裁量主要是狭义的行政裁量,即"行政经法律之授权,于法律之构成要件实现时,得决定是否使有关之法律效果发生,或选择发生何种法律效果"[4]。既然狭义的行政裁量基于法律授权产生,其行使必然受到法律授权目的和范围的制约,因此,狭义的行政裁量从其产生和行使过程看,均离不开法律保留原则的拘束。这也是学界通说。"至于基于法律之概括条款、裁量授权或不确定法律概念,则仅系执行法律时得自由判断之特定范围而已,并非此所谓之行政保留,则为学说及实务上较趋一致之见解。"[5]

不确定法律概念,是指"未明确表示而具有流动的特征之法律概念,其包含一个确定的概念核心以及一个多多少少广泛不清的概念外围"。[6] 根据裁量与不确定法律概念的区分,"不确定法律概念多出现在法律要件中……法律要件是一种客观必然性的东西,行政工作人员对它只能进行认识进而作出判断。判断与裁量不同,判断是对业已存在的事实作出决定;而裁量是根据自己的见解,将对称

---

〔1〕 参见周佑勇:《行政裁量治理研究——一种功能主义的立场》,法律出版社2008年版,第18页。

〔2〕 [美]肯尼斯·卡尔普·戴维斯:《裁量正义》,毕洪海译,商务印书馆2009年版,第2页。

〔3〕 陈敏:《行政法总论》(上册),三民总经销1998年版,第145页。

〔4〕 陈敏:《行政法总论》(上册),三民总经销1998年版,第145页。

〔5〕 吴庚:《行政法之理论与实用》(增订8版),中国人民大学出版社2005年版,第91页。

〔6〕 陈清秀:《依法行政与法律的适用》,载翁岳生编:《行政法(2000)》(上册),中国法制出版社2002年版。

的判断和因个人影响所得判断结果产生的认识有意结合,所以绝对的事实存在不能成为裁量的标的”。[1] 但在判断法律要件事实的过程中,不可避免地要探寻不确定法律概念的内涵,使不确定法律概念具体化,借以确定要件事实。在这个过程中,行政机关有无根据自己的意志判断不确定法律概念内涵的自主权力,是决定法律保留抑或行政保留的关键因素。既然不确定法律概念是立法机关通过法律授予行政机关执法时根据具体情况加以判断的权力,那么,行政机关对不确定法律概念的判断就是一种“法律问题”[2],行政机关必须受立法授权目的拘束。而立法机关拥有随时改变或取消不确定法律概念,并代之以具体情境的权力。这说明行政机关对不确定法律概念的判断没有完全自主的空间,要受到法律保留原则的拘束。例如,在甘某不服暨南大学开除学籍决定案[3]中,最高人民法院认为,甘某作为在校研究生提交课程论文,属于课程考核的一种形式,即使其中存在抄袭行为,也不属于《普通高等学校学生管理规定》(2005 年)(已废止)第 54 条第 5 项“剽窃、抄袭他人研究成果”情形。最高人民法院的这种判断否定了暨南大学对“剽窃、抄袭他人研究成果”这一不确定法律概念的判断,这说明最高人民法院认为它的判断符合立法授权目的。

当然,关于不确定法律概念与行政裁量是否应予区分,存在争议,共有质的区别说、量的区别说、无区别说 3 种观点。德国通说采质的区别说,日本似采无区别说,[4]我国学者郑春燕提出“统一裁量论”主张,[5]我国台湾地区学者吴庚采量

---

[1] 朱新力:《行政法律规范中的不确定法律概念及其司法审查》,载《杭州大学学报(哲学社会科学版)》1994 年第 1 期。

[2] 参见陈清秀:《依法行政与法律的适用》,载翁岳生编:《行政法(2000)》(上册),中国法制出版社 2002 年版。

[3] 参见最高人民法院行政判决书,(2011)行提字第 12 号。

[4] 参见陈清秀:《依法行政与法律的适用》,载翁岳生编:《行政法(2000)》(上册),中国法制出版社 2002 年版。

[5] 行政裁量既包含要件裁量,又囊括效果裁量,在正当程序日益受重视的今天,甚至有将程序裁量单列加以研究的必要。这三者都需要行政机关结合个案所在的管制环境、管制结构以及个案特殊的生活事实,协调个案实质正义与形式正义之间的关系。参见郑春燕:《取决于行政任务的不确定法律概念定性——再问行政裁量概念的界定》,载《浙江大学学报(人文社会科学版)》2007 年第 3 期。

的区别说。[1] 无论是哪种学说，都不否认不确定法律概念与裁量都是立法者授予行政主体在适用法律时，根据具体情况以实现个案正义为目的而进行自行判断的权力。在进行此类判断时，行政主体必须受法律授权目的的限制。

（三）法律保留范围与法律的调整范围

法律保留范围，是指行政权所欲处理的事项必须由法律予以规定和调整，然后行政权才能根据法律的规定作出处理。法律保留范围强调的是这些事项只能由法律予以规定和调整，没有法律的规定和调整，行政权不能擅自处理。因此，法律保留的事项范围，一定是法律调整的事项范围。但法律可调整的事项并非都属于法律保留的事项。

法律保留范围与法律可调整的事项范围之关系，与各国的立法模式和立法权限划分有关。根据立法权限的有无、多少及其范围，中央与地方立法权限有 4 种模式：中央完全集权模式，即一切立法权为中央政府所有，地方政府不能自己立法，如朝鲜、土耳其等国家；地方完全分权模式，即中央不能立法，一切立法权归地方所有，这种情况多出现于国家被割据、名存实亡的情况下；集权分权模式，即立法权主要由中央行使，在一定限度和条件下，地方可以行使中央授予的地方立法权，如我国；分权集权模式，即立法权主要由地方行使或者由地方和中央共同行使，联邦制国家多采此种模式。[2] 在第一种模式下，法律保留的范围与法律调整的事项范围相同；在第二种模式下，国家名存实亡，没有探讨的基础和必要；在第三种模式下，即中国目前的情况，法律保留的范围小于法律可调整的事项范围；在第四种模式下，中央与地方立法权限的划分，主要包括如下几种方法：规定中央的专有立法权、规定地方的专有立法权、规定中央和地方共有的立法权、规定剩余立法权归属。美国宪法同时采用了上述 4 种方法。从规定的方法看，规定中央专属立法权和中央与地方共有立法权的国家，法律保留范围小于法律可调整的事项范围；规定中央专属立法权和剩余权力归中央行使的国家，法律保留范围小于法律

---

〔1〕 参见吴庚：《行政法之理论与实用》（增订 8 版），中国人民大学出版社 2005 年版，第 83 页。

〔2〕 参见吴大英、任允正、李林：《比较立法制度》，群众出版社 1992 年版，第 272～274 页。

可调整的事项范围；规定中央专属立法权、地方专属立法权和剩余权力归地方行使的国家，法律保留的事项范围等于法律可调整的事项范围。

在我国，法律保留的事项，是只能由全国人大及其常委会制定法律的事项，全国人大及其常委会除了拥有专属立法权限外，还可以就其他事项制定法律。这是因为我国是单一制国家，地方的立法权是中央赋予的，地方没有固有的、中央不能涉及的立法事项。[1] 就全国人大与国务院的关系而言，全国人大是国家最高权力机关，国务院是最高权力机关的执行机关，最高权力机关可以就任何事项制定法律，交由行政机关执行。因此，法律可调整的事项范围远远大于法律保留的范围。

二、法律保留范围的影响因素

（一）宪法架构下立法权与行政权的关系

法律保留原则源于国家政权结构中立法与行政的权力分立及制约关系。法律保留范围反映的是立法与行政之间的权力界限，因此，立法与行政两种权力在一国宪法架构中的地位与博弈状况直接影响法律保留范围的大小。

1. 域外"扫描"。在英国，如果将与法律保留原则内容相似的理论视为法律保留原则，从其起源看，法律保留范围是人民向高度集权的国王争取权利的过程中逐渐形成的。人民享有权利的范围与国王垄断的权力范围成反比例关系。在英国封建时代，享有立法权的主要是国王。1215 年，诸侯在与国王的斗争中取得了胜利，制定了《大宪章》。之后，代表人民意志的议会逐渐形成。议会与国王之间关于立法权属的争夺始终未曾间断，[2] 直到 1688 年"光荣革命"后，英国才逐渐确立了议会主权原则，议会才拥有了制定任何内容法律的权力。"正是由于议会至上原则的存在，政府的所有行为在法律上的正当性的渊源才全系于议会，没有或者超越了议会直接或者间接的授权，一切行为均没有法律上存在的理由，而

---

〔1〕 参见朱力宇：《立法体制的模式问题研究》，载《中国人民大学学报》2001 年第 4 期。

〔2〕 参见郑祝君主编：《外国法制史》（第 2 版），北京大学出版社 2014 年版，第 151 页。

应当归于无效。"[1]由此可以引申出法律优越于行政、政府应当依法行政的法治原则(rule of law)以及越权无效原则。而行政必须有法律依据的要求至少从宪治体制上说并不存在困难和障碍。因为英国首相一般是由议会下议院的多数党首领担任,内阁也自然容易获得议会下议院多数的支持,而下议院又承担了主要的立法职能。这种情况下,行政机关要想为一个拟作的行政行为获得法律依据或授权,并不困难。因此,在英国法律保留原则包括保留范围、保留强度等,均不构成行政机关作出行政行为的依据障碍,即"行政决定很容易披上法律的外衣"[2]。法律保留原则通过法律控制行政权滥用的初衷在英国将因行政与法律的高度融合而落空。这一问题的解决主要归功于英国的司法机关。无论议会法律是否明确规定越权无效原则,无论行政机关的行政决定是否有议会法律依据,法院都可以"议会没有授予滥用权力的保障"为由,宣布行政决定越权而无效。政府部门通过掌握立法起草权"故意缩小法院的权力,适得其反的是,反而导致了法院权力的扩大"[3]。可见,英国的法院在一定程度上起到了维护法律保留原则、塑造法律保留范围的作用。

与英国不同的是,美国制宪者在制定宪法时就明确规定了国会立法权的范围,这可被视为法律保留的范围。即《美国宪法》第1条第8款规定了国会的权力范围。第2条第3款规定总统要保障法律得到切实执行。这些明文规定为行政权力的行使提供了依据,明确了立法权与行政权之间的基本界限。但上述规定并未完全解决国会与总统之间的权力纷争。在美国的宪法实践中,国会与总统权力界限的争端不时上演,而联邦最高法院也在裁判争议案件时不断地塑造着法律保留的范围。对于美国宪法规定的国会立法权范围,美国最高法院解释为"既是对国会的授权,也是禁止国会将立法权授予其他任何机构"。但最高法院关于禁止授出立法权的解释只出现在1935年涉及《国家工业复兴法》的两起案件中,"这一年也是司法部门与政治上接受问责的政府分支之间对抗最为激烈的时

---

[1] 张越编著:《英国行政法》,中国政法大学出版社2004年版,第185页。

[2] 张越编著:《英国行政法》,中国政法大学出版社2004年版,第211页。

[3] [英]威廉·韦德:《行政法》,徐炳等译,中国大百科全书出版社1997年版,第43~44页。

期”。之后，“最高法院都支持了宽泛的授权。自从1935年以来，最高法院再也没有认定法律授权违宪。”[1]这说明，在美国，法律保留范围除了宪法的明确规定外，还受到不同政府分支机构之间权力博弈的影响。

德国法律保留范围，主要体现于《德国基本法》中，如《德国基本法》第一章第1—19条规定，基本权利的限制必须由法律规定；第70—75条规定了联邦立法事项的范围。这些都是法律保留范围的明确立法。德国联邦总统是国家元首，联邦总理是政府首脑。但真正有实权的是以联邦总理为首的联邦内阁，而非总统。根据《德国基本法》第63条规定，联邦总理由联邦众议院（有的译为“联邦议会”）议员不经辩论而选举，过半数票者当选。根据《德国基本法》第77条的规定，联邦法律应由联邦议会通过。由此可见，与英国类似，联邦政府想要使自己的行政行为获得法律依据或授权，获得联邦议会立法的支持较为容易。因此，在德国联邦层面横向权力之间界限不清而导致的法律保留范围争议较为少见。

《法兰西第五共和国宪法》第34条规定了议会法律调整的事项范围，第37条规定法律范畴以外的一切其他事项均属于内阁行政法规调整的范围。但议会立法权与内阁的行政法规制定权之间也时常产生冲突。

2. 中国审视。在中国，法律保留范围随着依法行政和依法治国进程的加快而不断得到遵守和强化。2000年《立法法》的通过，标志着我国法律保留原则的正式确立。然而，《立法法》规定的法律保留范围并未随该法的实施而获得自然遵从。《立法法》出台之前的部分法规、规章，出于各种原因没有按照法律保留原则的要求及时修订。《立法法》实施后，有关主体对应属法律保留的事项是否应纳入法律规制视野也有不同认识。例如，因孙某刚事件引起广泛关注的《城市流浪乞讨人员收容遣送办法》（已废止），是1982年5月12日由国务院颁布的行政法规。该办法规定各级政府民政、公安部门有权将城市中的流浪、乞讨人员收容审查并遣送回原籍。1991年国务院又发布了《关于收容遣送工作改革问题的意见》，扩大了收容遣送对象，将“三证”（身份证、暂住证、务工证）不全的流动人员

---

〔1〕［美］理查德·J.皮尔斯：《行政法》（第1卷），苏苗罕译，中国人民大学出版社2016年版，第82～89页。

也纳入上述规定中作为调整对象。孙某刚事件发生后,该规定存在的问题才进入人们的视野。[1] 事实上,《立法法》于 2000 年 3 月 15 日颁布后,有关机关就应该着手修订违反法律保留原则的法规、规章等文件,在 2000 年 7 月 1 日《立法法》生效前,违反法律保留原则的法规、规章等规范性文件应当修订完毕,否则,相关法规、规章或其相应条款应属无效。但在《立法法》颁布及生效后《城市流浪乞讨人员收容遣送办法》仍继续实施。2003 年 4 月 25 日,《南方都市报》发表了孙某刚事件的相关报道,同年 5 月,相关人士以《城市流浪乞讨人员收容遣送办法》违反相关法律为由请求全国人大常委会撤销该办法,相关人士就孙某刚事件及收容遣送制度实施状况向全国人大常委会提请启动特别调查程序。2003 年 6 月 20 日,国务院公布了《城市生活无着的流浪乞讨人员救助管理办法》,同时废止了《城市流浪乞讨人员收容遣送办法》。在这个过程中,有学者批评"全国人大常委会没有发挥应有的制度功能"[2]。这说明在处理违反法律保留原则的法规、规章或规范性文件时,全国人大及其常委会没有对《城市流浪乞讨人员收容遣送办法》(已废止)是否违反相关法律给出一个说法,使该案的法治价值和意义大打折扣。事实上,自 1982 年《宪法》实施以来,全国人大及其常委会"尚无正式运用调查权的事例"[3],而集中体现立法权对行政权监督色彩的行政法规撤销权,据笔者有限的阅读与检索范围,还没有发现全国人大常委会行使的先例。但党的十九大以来,随着备案审查和合宪性审查制度的推进,全国人大常委会对于违反法律保留原则的法律、法规的监督功能日益彰显。

综上所述,无论是域外还是我国,不同权力部门之间的关系状况会影响法律保留的范围。这种影响有不同的表现形式。在英国和德国,由于内阁与议会的高度融合与统一,法律保留原则的表面遵从不是问题,人们比较担心的是内阁政令对法律保留原则的实质违反,这时法院对法律保留范围的捍卫至关重要。在美国和法国,尽管宪法明确规定了法律保留的范围,但议会与内阁的权限争议也时常

---

〔1〕《城市流浪乞讨人员收容遣送办法》是违法还是违宪,学者有不同认识。参见邓少岭:《"孙志刚案与违宪审查"学术研讨会综述》,载《中国法学》2003 年第 4 期。

〔2〕童之伟:《孙志刚案提出的几个学理性问题》,载《法学》2003 年第 7 期。

〔3〕温泽彬:《人大特定问题调查制度之改革》,载《法学》2015 年第 1 期。

发生,这时仍然需要居于第三方的法院(美国的联邦最高法院及法国的宪政院)进行裁判。可见,在域外,对于行政权力违反法律保留原则或范围的行为具有制度化的解决途径,法院承担了重要的定分止争职能,一定程度上影响着法律保留的范围和界限。在我国,对行政权与立法权的界限,或者说违反法律保留原则的行政立法行为,尚未建立中立第三方评判机制。在这种情况下,主要是靠全国人大常委会与国务院的沟通、协调以及国务院自我纠正解决问题,这种制度现状凸显的是以国务院为代表的行政权对法律保留范围的重要影响。这与我国的文化和思想传统有关。

(二)事务的性质与重要性

耶林说,“法是权利行使和利益保护的工具”〔1〕。法调整的利益主要包括两类:一类是公共利益;另一类是个人利益。与此对应,法调整的事项范围大致可以分为两类:一类是有关公共利益的事务,即公共事务;另一类是有关私人利益的事务,即私人事务。公共事务涉及国家的运行、社会秩序的维护,因此,需要法律予以调整和规制。纯粹私人事务属于私生活领域,法律一般不会介入和干预,奉行的是“法不禁止即自由”理念,但私人事务中有两种情况需要国家公权力介入,以法律进行调整和规范:一是个人基本权利受到影响时,需要国家提供帮助和保护;二是个人之间在经济和社会交往中的规则创制和纠纷解决,需要国家建立相应的规则和纠纷解决机制予以调整。

1. 公共事务。所谓公共事务,又称社会公共事务,是指涉及社会公众整体的生活质量和共同利益的那些社会事务。具言之,在一个社会中,公共事务是企业和个人家庭不愿做也做不了,但对社会全体公民基本生活和整个经济、社会发展来说必不可少的事务,〔2〕是为了满足社会全体或大多数成员需要,体现他们的共同利益,他们共同受益的那类事务。〔3〕 由于公共事务所提供的公共物品具有“将

---

〔1〕 [德]魏德士:《法理学》,丁晓春、吴越译,法律出版社2005年版,第234页。

〔2〕 参见崔运武主编:《公共事业管理》,复旦大学出版社2013年版,第6页。

〔3〕 参见周义程:《公共利益、公共事务和公共事业的概念界说》,载《南京社会科学》2007年第1期。

该商品的效用扩展于他人的成本为零和无法排除他人共享”[1]两个特点,容易产生“搭便车”现象,该类事务必须由政府承担。而政府介入公共事务的权力来源,只能是国家法律的授权。

公共事务可分为社会政治事务、社会经济事务和狭义的社会事务3个类别。社会政治事务,主要涉及国家主权、领土完整、政权稳固、社会安定、民族利益和国家利益等各项事务,具体表现为外交、国防、公安、国家安全、司法行政、民族、宗教等工作。[2] 无疑,政治事务属于国家治理和社会生活中极其重要的事务,必须由民意代表机关通过法律予以调整,并授权行政机关执行。对于这类事务,一般不允许由法律以下位阶的规范性文件规定。但随着和平与发展两大世界性主题的确立,国际化与全球化趋势的加快,政治性公共事务的范围呈现出变化,有些政治性公共事务可能出现非政治化倾向,有些非政治性事务可能呈现出政治化倾向。例如,2015年7月1日通过的《国家安全法》相对于1993年的《国家安全法》,在国家安全的范围上有了明显的变化。[3] 新法对国家安全的界定,既涵盖传统安全的内容,又涵盖非传统安全的内容,并且,使用了“国家其他重大利益”的表述,体现了适应性和灵活性,符合国家安全不断发展变化的规律。并且,新法根据互联网迅猛发展的态势,首次提出网络空间主权概念(第25条),首次将网络空间主权纳入国家安全领域。这表明,非传统安全、网络空间主权等在旧法中不属于政治性事务的事务,现在已经成为政治性公共事务,被纳入法律调整范围。因此,随着政治性事务范围的变化,法律保留的范围也随之发生变化。

社会经济事务,是社会公共层面上的与整个经济运行直接相关的事务,主要包括宏观调控和经济管理两个方面的事务。[4] 与社会政治事务都要由法律保留不同,社会经济事务并非都要由法律保留。由于宏观调控对国民经济的重要性,

---

[1] [美]保罗·萨缪尔森、[美]威廉·诺德豪斯:《经济学》(第18版),萧琛主译,人民邮电出版社2008年版,第32页。

[2] 参见崔运武主编:《公共事业管理》,复旦大学出版社2013年版,第7页。

[3] 《国家安全法》(2015年)第2条规定,国家安全是指国家政权、主权、统一和领土完整、人民福祉、经济社会可持续发展和国家其他重大利益相对处于没有危险和不受内外威胁的状态,以及保障持续安全状态的能力。

[4] 参见崔运武主编:《公共事业管理》,复旦大学出版社2013年版,第7页。

其必须由法律保留,如我国《立法法》第11条第6项规定的税收基本制度,第9项规定的基本经济制度以及财政、海关、金融和外贸的基本制度,主要属于宏观调控事务。中华人民共和国国民经济和社会发展五年规划纲要,都是由全国人大审议通过,其效力位阶也等同于法律。当然,我国的国民经济和社会发展五年规划纲要通常也具有高度的政治性,"须由政治团体(通常为政党,人民往往只能经由选举)透过一定的政治程序,始能确定"[1]。与宏观调控事务不同,微观的经济管理事务并非都需要法律保留,如行业发展规划就可直接由各部门自行制定,2011年,工业和信息化部制发的《钢铁工业"十二五"发展规划》就是典型的例子。在我国市场经济体制还不完善、政府管理经济的方式仍处于摸索阶段的情况下,有些社会经济事务可能会逐渐交由市场或市场中介组织处理,政府会逐渐退出某些调控领域,如行政审批制度改革中政府取消的行政审批事项,就不再属于法律保留的范围。

狭义的社会事务,指在社会公共事务层面非政治、非经济的事务,主要包括教育、科学、文化、卫生、体育、民政、社会保障、环境保护等方面的事务。[2] 与社会政治事务的重要性不同,狭义的社会事务也并非均属法律保留范围。在转变政府职能、建设法治政府的当下,直接由政府调整的社会事务范围会逐渐缩小,法律保留的范围也将随之收缩。《全面推进依法行政实施纲要》(2004年)规定,行政机关通过行政管理解决社会事务、市场事务的,必须由法律规定。[3]《行政许可法》(2019年)第13条规定了可以不设行政许可的情况。《法治政府建设实施纲要(2015—2020年)》也提出了"坚持政企分开、政资分开、政事分开、政社分开,简政放权、放管结合、优化服务,政府与市场、政府与社会的关系基本理顺,政府职能

[1] 翁岳生:《行政的概念与种类》,载翁岳生编:《行政法(2000)》(上册),中国法制出版社2002年版。

[2] 参见崔运武主编:《公共事业管理》,复旦大学出版社2013年版,第7页。

[3] 《全面推进依法行政实施纲要》(2004年)规定:"依法界定和规范经济调节、市场监管、社会管理和公共服务的职能。推进政企分开、政事分开,实行政府公共管理职能与政府履行出资人职能分开,充分发挥市场在资源配置中的基础性作用。凡是公民、法人和其他组织能够自主解决的,市场竞争机制能够调节的,行业组织或者中介机构通过自律能够解决的事项,除法律另有规定的外,行政机关不要通过行政管理去解决。"

切实转变"等目标。上述规定表明,我国有些社会事务将逐渐脱离政府的干预范围,这也将直接影响法律保留范围的变化。

2. 私人事务。私人事务中与他人或社会无涉的纯粹私人事务,一般不属于法律调整的对象。但作为社会中的人,纯粹私人事务如果不是绝对没有,至少也十分罕见。私人在从事民事活动或经济交易中,需要遵守一些基本规则,这些基本规则就是民事基本制度,属于法律保留的范围,如我国《立法法》第 11 条第 8 项的规定。私人在民事活动或经济交易中发生纠纷时,为维护交往或交易的正常秩序,确保社会安定,国家原则上不允许私力救济,因此,国家就需要通过法律创设纠纷解决机制,这就是诉讼和仲裁制度,如我国《立法法》第 11 条第 10 项的规定。在防范公权力侵害方面,私人的某些基本权利必须由法律或以上位阶(宪法)的规范性文件予以确认和保护,这些基本权利就属于法律保留或宪法保留的范围。例如,《德国基本法》第 1—19 条规定了公民享有的基本权利,以及当限制这些权利时,除了要求以法律形式外,还要求"基本权利的实质内容不能受侵害"。而一国对公民基本权利范围的认识,也影响法律保留的范围,如我国《宪法》没有规定公民享有迁徙自由,因此,该项权利不属于我国法律保留的范围。

当然,私人事务中最有争议的是法律对道德行为的介入和调控方式。一般来说,法律与道德各有其不同的调整对象和调控方式。法律调整人的行为,要求人的行为的合法性,道德调整人的内心,并通过内心约束人的行为;法律具有国家强制性,以国家强制作为基础和后盾,而道德规范则不具有国家强制性。但法律与道德又相互渗透、相互影响、纠缠不清。二者的关系,始终是法哲学或法理学重要而复杂的课题,德国法学家耶林称之为法哲学中的"好望角",是一个不能回避又十分棘手的问题。[1] 棘手的表现之一,就是道德规范什么情况下才能进入法律视野,或者说,什么样的道德规范在什么条件下需要上升为法律规范。一般来说,"法律对个人道德行为的节制不应超过'维持公共秩序'以及'保障公民不受伤害与侵犯'的必要程度"[2]。但由于公共秩序、公序良俗、必要程度等均属不确定

---

〔1〕 参见公丕祥主编:《法理学》(第 2 版),复旦大学出版社 2008 年版,第 182 页。

〔2〕 [英]丹尼斯·罗伊德:《法律的理念》,张茂柏译,新星出版社 2005 年版,第 43 页。

法律概念,在不同的国家和不同的时期其内涵可能有很大差异,在这种事务上法律保留的范围会随时空发生变化。例如,中华民国时期《刑法》(1936 年 1 月 1 日颁布)就规定了通奸罪,而我国现行《刑法》则无此罪名。我国《治安管理处罚法》第 66 条规定卖淫、嫖娼是违法行为,但有些国家却有条件地允许卖淫、嫖娼合法化。笔者认为,对这类争议较大、又影响广泛深远的私人事务,宜由法律予以调整,纳入法律的保留范围,并且宜由狭义的法律保留。

另外,属于私人事务的道德品行,也可能因主体身份的不同而有进入法律保留范围的可能。而当一个纯属私人事务的道德问题需要纳入法的评价系统时,基于对道德等纯粹私人事务的尊重和评价时的慎重,该事务只能由法律予以调整,属于法律保留的范围,如《公务员法》(2018 年)第 13 条规定,担任公务员的条件之一,是具有良好的品行。对于一般人而言,品行是否良好完全属于私人事务,并且属于道德领域,与法律无涉。但对于公务员而言,他们需要具有高于普通公民一般品行标准的"良好"品行,这种要求只能由法律规定,不能由其他下位法规定,这属于法律保留的范围。

(三)对公民权利的影响

某一事项对公民权利产生何种影响以及这种影响的大小,也会影响法律保留的范围。

首先,从行政权对公民权利的影响看,限缩公民权利或增加公民义务、负担的行政行为,应更多地受法律保留拘束;赋予公民权利、利益或减少其义务、负担的行政行为受法律保留原则拘束的范围相对较小、拘束程度较低。从法律保留的制度初衷看,法律保留是为限制行政滥权、保护公民权利而设计的。因此,干预行政、给付行政受法律保留的范围不同。所谓干预行政,也称干涉行政、侵害行政,是指干预人民权利,限制其自由或财产,或课以人民义务或负担的行政作用。[1]由于该行政旨在"维持社会之秩序、国家之安全及排除对公民及社会之危害",又

---

〔1〕 参见翁岳生:《行政的概念与种类》,载翁岳生编:《行政法(2000)》(上册),中国法制出版社 2002 年版,第 29 页。

称秩序行政。[1] 干预行政"直接干预人民权利，故受法律保留要求的程度较高"。给付行政，又称服务行政或福利行政，指提供人民给付、服务或给予其他利益的行政作用。[2] 第一次世界大战后，国家任务不断扩张，奉行自由主义法治国理念的干预行政占主流形态的行政模式，已不适应社会发展需要，要求国家积极提供"生存照顾"的给付行政"发展极为迅速，成为与传统秩序行政分庭抗礼的另一大领域"[3]。给付行政并非限制相对人之自由与权利，故法律保留原则之适用不若干预行政之严格。通常情形给付行政只须有国会通过之预算为依据，其措施之合法性即无疑义。[4] 在国家提供给付的组织形态或法律方式上，如果没有相关公法规定，则依德国学界通说及实务界做法，尽管侵害行政与给付行政的划分在学理上遭到越来越多的反对，[5]法律保留是否以及在何种范围内包括给付行政，存在争议，[6]但干预行政与给付行政的划分，可以为法律保留范围提供一个简明的界限，不仅可以作为行政机关遵循的依据，而且可以作为立法机关制定法律的依据。[7] 笔者赞同这种观点，并认为，干预行政与给付行政的划分，及其对法律保留范围的影响在当下中国仍具有重要意义。

其次，即使是总体上属于法律保留范围的干预行政，其对公民权利的影响也有差别，其中对公民权利影响较小者，受法律保留拘束的范围也可能较小。例如，限制人身自由的强制措施和处罚，只能由法律规定，而行政处罚中的罚款则不属于狭义的法律保留范围。

最后，传统行政法受特别权力关系理论的影响，将处于特别权力关系中的公民与行政机关的关系看作行政领域内部的关系，不属于国家与公民之间的一般行政法律关系，因此，不受法律保留原则的调整。虽然特别权力关系理论在域外有

---

〔1〕 参见陈新民：《中国行政法学原理》，中国政法大学出版社 2002 年版，第 27 页。
〔2〕 参见翁岳生：《行政的概念与种类》，载翁岳生编：《行政法（2000）》（上册），中国法制出版社 2002 年版。
〔3〕 陈新民：《中国行政法学原理》，中国政法大学出版社 2002 年版，第 30 页。
〔4〕 参见吴庚：《行政法之理论与实用》（增订 8 版），中国人民大学出版社 2005 年版，第 15 页。
〔5〕 参见［德］哈特穆特·毛雷尔：《行政法学总论》，高家伟译，法律出版社 2000 年版，第 9 页。
〔6〕 参见［德］哈特穆特·毛雷尔：《行政法学总论》，高家伟译，法律出版社 2000 年版，第 112 页。
〔7〕 参见吴庚：《行政法之理论与实用》（增订 8 版），中国人民大学出版社 2005 年版，第 15 页。

所突破,但其影响并未完全消除,尤其是我国目前仍然深受特别权力关系理论影响,法律保留的范围也因此受到限缩。

第二节 法律保留范围的决定标准

一、法律保留范围的决定标准:传统学说

自法律保留原则产生之日起,侵害行政必须有法律授权依据的观念就深入人心,侵害行政属于法律保留范围已成共识。随着社会的发展和国家职能的扩张,给付行政是否需要有法律授权依据,是否属于法律保留范围成为争议焦点。另外,特别权力关系领域内的事项是否属于法律保留范围也随着时代发展和人们权利意识增强而成为争论的对象。与上述背景对应,形成了不同的法律保留范围理论:侵害保留说、全面保留说、权力行政保留说、给付行政保留说、折中说等。这些学说都是以侵害保留说为基础,都是建立在行政行为的类型基础上,因此,他们可以被统称为传统的保留学说。

(一)侵害保留说

侵害保留说,是指凡行政机关侵入公民权利领域并且限制其自由和财产,或者给公民施加义务或负担的行政,[1]必须有法律根据,其他行政活动无须法律授权的学说。在19世纪自由国家时代,自由市民“要求将国家行政的活动范围限制到为保护公共安全和秩序、消除危险所必要的限度之内”[2],这时国家的任务主要限于侵害行政。在立宪运动时期,作为宪法工具发展起来的法律保留,旨在保障受专制行政权影响的公民个人和社会领域,并且将必要的侵害置于人民代表机关法律的约束之下。[3]

---

〔1〕 参见[德]哈特穆特·毛雷尔:《行政法学总论》,高家伟译,法律出版社2000年版,第9页。
〔2〕 [德]哈特穆特·毛雷尔:《行政法学总论》,高家伟译,法律出版社2000年版,第16页。
〔3〕 参见[德]哈特穆特·毛雷尔:《行政法学总论》,高家伟译,法律出版社2000年版,第109页。

侵害保留说的核心内容有两个方面:一是侵害行政必须有法律的授权根据,受法律保留原则拘束;二是侵害行政以外的其他行政活动不需要法律的授权,行政主体可以自主作出决定。无论是法律保留原则诞生的19世纪自由国家时代,还是之后的社会法治国时代,侵害行政因"涉及相对人的生命、财产或自由保障",受法律保留原则拘束已成德国共识。〔1〕在日本,如果没有法律根据,便不能行使维持秩序行政权,不得限制国民的权利,否则就是违宪的无效行为。〔2〕侵害保留理论是明治宪法下的通说性见解,在《日本国宪法》下,侵害保留理论也被实务所采纳。〔3〕在我国,侵害行政受法律保留原则拘束也已得到认可,如《行政处罚法》专门就不同种类行政处罚的设定和实施作出了规定,《行政强制法》也就行政强制的设定和实施作出了专门规定,《全面推进依法治国决定》规定了负担行政行为必须有法律法规依据。〔4〕这说明侵害行政受法律保留原则拘束已经制度化、法律化,也为中共中央重要文件所采纳。综上可知,作为侵害保留说的核心内容之一,侵害行政受法律保留原则拘束基本形成共识。对侵害保留说的争议主要集中在第二个方面,即侵害行政以外的其他行政活动是否不受法律保留原则拘束。就这个问题,现代各国理论和实践认为侵害行政以外的其他行政活动并非都不受法律保留原则拘束,如在韩国,没有学者支持侵害保留学说,〔5〕扩大法律保留的范围是现在学说、判例的普遍立场。〔6〕德国基于自由国家向社会法治国的转型和政府公共服务职能的增加,对给付行政是否以及在何种范围内受法律保留拘束的问题也产生了广泛争议。

---

〔1〕参见吴庚:《行政法之理论与实用》(增订8版),中国人民大学出版社2005年版,第55页。

〔2〕参见杨建顺:《日本行政法通论》,中国法制出版社1998年版,第311页。

〔3〕参见[日]盐野宏:《行政法总论》,杨建顺译,北京大学出版社2008年版,第47~48页。

〔4〕《全面推进依法治国决定》中规定,"行政机关要坚持法定职责必须为、法无授权不可为……行政机关不得法外设定权力,没有法律法规依据不得作出减损公民、法人和其他组织合法权益或者增加其义务的决定"。

〔5〕此处实际指没有学者支持侵害保留学说的第二个方面的观点——侵害行政以外的其他行政不受法律保留原则拘束。

〔6〕参见[韩]金东熙:《行政法Ⅰ》(第9版),赵峰译,中国人民大学出版社2008年版,第27页。

(二)全面保留说

该说认为,所有的行政作用都需要有法的依据。在现代民主国家,行政权丧失了领导作用,议会具有作为国家最高机关的地位,所有的行政作用要根据国民的意思体现——法律来执行。[1] 德国全面保留说的代表人物是叶许氏(Dietrich Jesch)。其以民主原则为立论依据,论证议会的领导角色也适用于给付行政领域和特别权力关系领域。在议会民主制下,任何国家事务,只要有法律规范的,均应由议会立法规范,没有法律的授权,行政权尤其不能采取对人民有法律拘束力的措施。

但全面保留说也受到了批判。"从现代行政的量的范围和多样性考虑,所有的行政作用都要有法律依据的理论仅是一种理想,议会具有最高领导地位,不是全面保留说的充分根据,因为现代国家的行政权也具有一定的民主正当性。"[2]

(三)权力行政保留说

权力行政保留说认为,相关行政作用无论是侵益还是授益,根据行政权的单方意思,决定国民权利、义务的所有权力的行政作用都需要法律依据。当国家等行政主体处于优势地位对国民行使公权力时,必须具有法律依据。[3] 该说也需要面对与全面保留说一样的质疑,因此,无法为主流观点接受。

(四)给付行政保留说

该说认为,法律保留原则不仅适用于侵害行政,同时也适用于作为授益行政活动的所有给付行政。[4] 作为对侵害保留说的突破,给付行政也应由法律保留的问题引起了极大关注。可以说,给付行政构成了德国法律保留范围扩张的一个重要内容,也是学术与实务争议的焦点。有关法律保留范围的所有学说,都离不

[1] 参见[韩]金东熙:《行政法Ⅰ》(第9版),赵峰译,中国人民大学出版社2008年版,第28页。
[2] [韩]金东熙:《行政法Ⅰ》(第9版),赵峰译,中国人民大学出版社2008年版,第28页。
[3] 参见[韩]金东熙:《行政法Ⅰ》(第9版),赵峰译,中国人民大学出版社2008年版,第28页。
[4] 参见[韩]金东熙:《行政法Ⅰ》(第9版),赵峰译,中国人民大学出版社2008年版,第28页。

开对给付行政是否以及在多大范围内需要法律保留问题的阐释或表态。

给付行政的德语是 Leistungsverwaltung，又称服务行政或福利行政。我国台湾地区学者陈新民认为，称服务行政更妥当。因为德语“Leistung”除了有“给付”含义外，还包括“服务”及“贡献”的意义。[1] 给付行政的概念和理论是由德国著名行政法学家厄斯特·福斯多夫（Ernst Forsthoff，1902—1974 年）最早提出的。1938 年，福斯多夫在《当成是服务主体的行政》一文中对给付行政进行了阐述，该文被认为是给付行政概念最原始最重要的一篇论文。后世学者因给付行政理论的提出而把福斯多夫称为创立德国“新行政法学”的巨擘，借以与提出干涉行政理论的古典行政法学代表人物奥托·迈耶并列。[2]

给付行政是否应由法律保留的问题是随着国家职能的改变出现的。自由国家时代，政府的职能范围有限，其主要职能是维护公共安全和秩序，政府活动的手段主要是给公民施加义务和负担的侵害行政，这也构成了法律保留的主要适用范围。随着由自由法治国到社会法治国的转变，个人和社会仅靠自身能力无法有效应对生存和发展面临的各种困难和挑战。生活必需品的供给、职业培训、就业机会创造、社会救助、社会保险等与生存照顾和个人发展有关的诸多事务，均需要政府供给，民众越来越紧密地依赖政府，政府公共服务职能大量增加，给付行政越来越体现出对国民生活和社会发展的重要意义。“在社会法治国家，自由不仅来自国家，存在于国家之中，而且需要通过国家。拒绝提供国家给付给公民造成的侵害可能并不亚于对自由和财产的侵害。”[3]

德国全面保留说的代表人物叶许氏认为，任何人如果主张给付行政的给付行为是源自宪法的默示授权或属习惯法的延续，都将因抵触现代宪法秩序架构而站不住脚。因此，给付行政应有法律依据。

全面保留说的批评者认为，给付行政实行法律保留对公民没有什么好处，反

---

〔1〕 参见陈新民：《公法学札记》，中国政法大学出版社 2001 年版，第 47 页。

〔2〕 参见陈新民：《公法学札记》，中国政法大学出版社 2001 年版，第 47 页。

〔3〕 [德]哈特穆特·毛雷尔：《行政法学总论》，高家伟译，法律出版社 2000 年版，第 113 页。

而更糟糕，[1]全面保留说不利于给付行政法律规范缺失情况下的公民权利保障。有学者认为，议会具有直接民主正当性，并不能当然否定行政机关有权制定给付行政的相关法规；坚持全面保留说要么出现大量采取概括授权条款立法的后果，要么出现大量的立法漏洞。

与理论争议不同，德国的大多数给付行政领域受到法律调整，理论争议在很大程度上失去了意义。[2] 但在没有法律调整的给付行政领域，仍可能发生争议。《奥地利联邦宪法》第18条第1款规定，所有的国家行政应依法律作出。该规定引起了认识的分歧，大多数人主张此处的行政不包括服务行政，但也有反对观点认为，此处的行政是包括服务行政在内的一切国家行政。[3]

德国法院对给付行政是否适用法律保留原则有许多典型案例。当然，这些案例在法律保留范围上的观点并非完全一致，有时相互冲突。1958年12月12日，德国联邦行政法院在一起有关津贴的案例中提及：一般法律保留原则是针对侵犯人民自由及财产权利时对行政权的要求。对行政给予津贴的决定，在没有法律为基础下仍可为之。[4] 该判例实际遵循的是侵害保留说的思路。但在大学招生名额案[5]中，联邦宪法法院认为给付行政也适用法律保留原则，当教学容量不充分而在会导致特别严重的不平等对待的情况下，应当对受优待者的范围加以限制时，立法者作为给付范围的决定者必须对此承担起责任。人民申请入大学就读，是一种宪法所保障的受教育人权。学校即使限于名额等编制之限制，必须拒绝其他申请之学生时，亦属于人权之侵犯而必须有法律的依据才可拒绝，不可径依大学自行颁订的入学原则。[6]

仅有法定预算是否可作为给付行政合法的依据，存在争议。在德国，司法和

---

〔1〕 参见［德］哈特穆特·毛雷尔：《行政法学总论》，高家伟译，法律出版社2000年版，第113～114页。

〔2〕 参见［德］哈特穆特·毛雷尔：《行政法学总论》，高家伟译，法律出版社2000年版，第112页。

〔3〕 参见陈新民：《中国行政法学原理》，中国政法大学出版社2002年版，第37页。

〔4〕 参见陈新民：《公法学札记》，中国政法大学出版社2001年版，第10页。

〔5〕 李忠夏：《大学招生名额案》，载张翔主编：《德国宪法案例选释》（第1辑·基本权利总论），法律出版社2012年版，第95～116页。

〔6〕 参见陈新民：《德国公法学基础理论》（下册），山东人民出版社2001年版，第361页。

部分学理认为,补贴不需要(实体)法律依据;准确地说,"即使其他形式的议会意思表示,特别是具有符合预算的、为发放补贴所必需的资金"就足够了。[1] 因为预算的议决也代表了议会对给付行政在某种程度上的参与作成决定,何况法定预算也经过议会三读程序郑重议决通过,并履行对外公布程序。但也有学者反对该观点。德国学者毛雷尔认为,预算计划只能一般性地确定补贴的目的(例如,为促进煤矿发展准备1000万马克的发展资金)。对何人、在何种条件下、以多高的金额、附加何种义务,才能分配该笔一般性准备的资金等问题同样需要规则。国家资金的分配,必须由具体规定其分配的、赋予公民相应主观权利的、具有约束力和可预测性的法律予以确定。[2] 有学者认为,法律案议决内容较为精细、具体,预算案则较为抽象概括,故议会在作成法律案与预算案时的参与范围与参与程度有极大差异。因此,以法定预算作为给付行政合法的依据尚不充分。

(五)折中说

有学者认为,在法律保留范围的问题上,存在折中说。持中间立场的代表人物首推欧森布尔(Ossenbühl)。他认为扩张法律保留范围对人民而言,无异于特洛伊木马的"糖衣毒药"。法律保留问题的解决之道不在于"限缩的全面保留",而在于"扩张的传统保留",即同时具有授益与侵益内容的给付行为,如果课以授益人的负担并非授益行为必要或通常内容,必须要有法律依据;对整体给付制度的建立,行政权不能擅自为之,须由立法者决定。

二、法律保留范围的决定标准:现代理论

由于以行政行为类型为标准的传统法律保留学说存在诸多问题,德国联邦宪法法院另辟蹊径,以对基本权利实现是否重要为标准提出了重要性理论。在判断是否重要的问题上,又产生了机关功能说。

[1] 参见[德]哈特穆特·毛雷尔:《行政法学总论》,高家伟译,法律出版社2000年版,第112页。
[2] 参见[德]哈特穆特·毛雷尔:《行政法学总论》,高家伟译,法律出版社2000年版,第113页。

(一)重要性理论

该说又称本质性说、重要事项保留说。该说的主要内容可以概括为,立法者在基本的规范领域内必须自己做出所有重要的决定。[1] 重要性的标准不是事务的性质,而是某个规则对共同体和公民个人的意义、分量、基础性、深远性及强度等。完全重要的事务需要议会法律独占调整,重要性小一些的事务也可以由法律规定的法令制定机关调整,不重要的事务不属于法律调整的范围。[2]

重要性理论是由德国联邦宪法法院通过一系列判例确立的。在1972年3月14日的犯人通信案[3]中,联邦宪法法院从实质和形式方面明确了限制基本权利的规则。同时,该案明确了法律保留原则也适用于特别权力关系领域,拓宽了法律保留原则的适用范围,为联邦宪法法院提出重要性理论埋下了伏笔。之后,在1972年7月18日的"限额条款判决"(Numerus – Clausus – Urteil)中,法院提出立法者必须对所有重要事项以法律调整的观点,这被认为是重要性理论的前导性判决。[4] 之后,在联邦宪法法院有关教育行政法律保留的判决中,逐渐明确了重要性理论。其中,性教育课程案是最为典型的案例。在该案中,联邦宪法法院指出,"一项措施是否重要,以致立法者须自行以法律规定,或者至少在备有内容明确之法律授权的前提下交由行政权决定,主要应依据基本法决定之。在此,基本权利的保护是一个重要参考依据。凡与基本权利关系重大的领域,通常可认定为'重要','重要'乃系指对基本权利的实现重要而言"。在教育领域中,需要法律调整的重要问题包括教育内容、学习目标、专业目标、学校的基本组织结构(学校类型、教育层次、专业设置、父母和学生的参与等)、学生的法律地位(入学、毕业、

---

[1] BVerfGE 84, 212 (226). 转引自张慰:《"重要性理论"之梳理与批判——基于德国公法学理论的检视》,载《行政法学研究》2011年第2期。

[2] 参见[德]哈特穆特·毛雷尔:《行政法学总论》,高家伟译,法律出版社2000年版,第110页。

[3] 赵宏:《犯人通信案》,载张翔主编:《德国宪法案例选释》(第1辑·基本权利总论),法律出版社2012年版,第71~94页。

[4] "法院认为申请入学就是请求对国家所提供之给付(就学机会)参与分配,录取与否,攸关申请人基本权利(指职业自由)的行使与实现,因而要求立法者,对有关教学设备容量及选拔标准的规定,应自行担负起责任,只能有条件地将责任移转于其他国家权力,至少对所有'重要'的有规范必要且有规范可能的要件,须自行以法律规定之。"BVerfGE,33,303,337,346.

考试、升级)以及纪律措施等。[1] 自20世纪70年代以来,重要性理论已经成为德国法院实务的主流见解。

(二)机关功能说

该说认为,国家决定应由在内部结构、组成方式、功能与决定程序等各方面均具备最佳条件的机关来担当作成。[2] 某国家事务(内容)应由立法或行政机关以法律或命令的规范方式(形式)来决定,应视何者在组织、程序与规范结构上具备决定该事务之最佳条件而定(所谓形式与内容的合比例性)。这种理论其实可看作对重要性理论的另一种解读。因为立法机关与行政机关、法律规范与行政主体的规范在组织、程序与规范结构上的区别是已经确定的,某一事务是由立法机关通过法律规定,还是由行政机关通过法规、规章规定,仍然需要对该事务的适合性或者重要性进行判断。换言之,机关功能说的适用仍然离不开对所涉事务与规制主体(立法机关抑或行政机关)和规制形式(法律抑或法规、规章)关系的判断,这种判断实质上与重要性理论异曲同工、殊途同归。因此,可把机关功能说看作重要性理论的另一种解读。

国家机关在设立时已经被宪法赋予了相应的职责和职能,如立法权属于代议机关,执行权属于行政机关。《美国宪法》第1条第1款规定了立法权属于国会。[3] 我国《宪法》第85条和第105条规定了各级人民政府是行政机关和执行机关的性质和职责。[4] 宪法把立法权和行政权配置给代议机关和行政机关,已经考虑了立法和行政两权的不同特点。为使立法和行政职能得以实现,宪法对行使立法权与行政权的主体——立法机关和行政机关的组成方式、内部结构、决定

---

〔1〕 参见[德]哈特穆特·毛雷尔:《行政法学总论》,高家伟译,法律出版社2000年版,第117页。

〔2〕 See BVerfGE,68,1,86. 转引自陈清秀:《依法行政与法律的适用》,载翁岳生编:《行政法(2000)》(上册),中国法制出版社2002年版。

〔3〕 《美国宪法》第1条第1款规定,本宪法所授予的全部立法权均属于由参议院和众议院组成的合众国国会。

〔4〕 《宪法》第85条规定,中华人民共和国国务院,即中央人民政府,是最高国家权力机关的执行机关,是最高国家行政机关。第105条第1款规定,地方各级人民政府是地方各级国家权力机关的执行机关,是地方各级国家行政机关。

程序、职责范围等均作了规定。这些规定体现了立法权与行政权的区别,也决定了二者的不同功能。在组成方式上,立法机关采用代表制,代表通过选举产生,如《美国宪法》第1条规定,本宪法所授予的全部立法权均属于由参议院和众议院组成的合众国国会(第1款),众议院由各州人民每两年选举产生的议员组成(第2款),合众国参议院由每州州议会选出2名参议员组成,参议员任期6年,每名参议员有1票表决权(第3款)。行政机关公务员的产生主要采用公开考试、择优录用的方法,如我国《公务员法》第5条、第23条,美国的《彭德尔顿法》(1883年),英国的《关于建立英国常任文官制度的报告》(1854年)。选举方式依据的是选民的意愿和偏好,它赋予立法权民主正当性,是一种主观的评价标准;公开考试、择优录用依据的是考生的回答是否与答案相符,主要是一种客观的评价标准。立法机关的内部结构域外一般为两院制,两院之间没有隶属关系,行政机关的内部结构一般具有隶属关系,下级服从上级。在决策程序上,立法机关实行的是投票表决制,行政机关实行的是首长负责制。国会的立法程序有行政程序所不具备的特征。[1] 上述这些区别决定了立法机关与行政机关供给产品的功能差异。由于立法机关具有较强的民主性,重要的、原则性的事务应由立法机关通过法律规定。需要政治上的整合、协调与判断能力的政治性的国家事务,也需要国会通过法律规定,无关价值判断、不需要作合目的性考量、不具政治性的专业业务(尤其是单纯科技领域内的事务)由行政专家处理。

三、法律保留范围标准理论的评析

(一)传统学说的弊端

法律保留范围标准的传统学说是以侵害行政为基础和参照发展起来的。侵害行政源于民权对王权的制约,体现了民主对专制的胜利,具有历史的进步意义。

[1] 国会的立法程序与行政程序相比较,有三项行政程序所不具备的特征:(1)少数党的参与作成决定;(2)烦琐、谨慎、分别于大会与委员会进行讨论的读会程序;(3)议事程序的公开与透明化。这种复杂、"奢侈"的程序绝非"自我目的"的存在,其存在意义便是在于尽可能提升依此程序所作成决定的实质正确性。

尽管随着社会的发展,国家的法治建设突飞猛进,但各国对侵害行政受法律保留的观点已经达成共识,这对公民合法权益的保障具有重要意义。对法治建设起步较晚的国家,侵害行政受法律保留的理论更具有现实指导意义。但随着国家职能的扩张和人民权利意识的增强,侵害保留说的弊端逐渐显现,给付行政,甚至一切权力行政都要受法律保留的观点随之出现。这些法律保留学说,都离不开行政行为的类型化,都是以某类行政行为作为整体探讨对象的。这种以行政行为类型作为法律保留标准的观点至少存在以下弊端。

1. 学理化的行政行为类型标准无法充分彰显宪法架构下不同权力之间的关系。行政行为类型是行政法上的学理概念,行政行为是建构行政法学的最基本范畴。仅仅以行政行为及其类型作为法律保留范围的标准,不可避免地会脱离各国的宪法实践,多少带有法治理想主义或浪漫主义色彩,尤其在宪法或法律上没有明确确立法律保留事项的地方,立法与行政的权力分际不仅要考虑行政行为的类型,而且有时会受到不同权力之间力量博弈的影响。即使在宪法或法律上明确确立法律保留事项的范围,也可能出现立法模糊地带或立法空白之处,这时某一事项是否由法律保留,也常常受制于立法机关与行政机关之间的博弈,如 2015 年 3 月《立法法》修正时,税率应否写入新修正的《立法法》,产生了极大的争议。在反复博弈之下,税率最终写入新法。因此,以学理化的行政行为类型作为法律保留范围的标准,因与现实的政治环境和宪法实践脱离,必然会存在各种缺陷和不足。

2. 行政行为类型标准的形式化无法全面反映所涉事务的性质和重要性。作为法律保留范围标准的行政行为类型,主要是以行政行为对相对人的法律效果为标准进行分类的。例如,对相对人产生不利影响的行政行为,需要法律保留,是侵害保留说的观点。不仅对相对人产生不利影响的行政行为需要法律保留,对相对人产生有利影响的行政行为也要法律保留的观点,则属于给付行政保留说。无论对相对人产生何种影响,只要是权力行政都要法律保留的观点,则属于权力行政保留说。这种只关注行政行为类型的观点,其实已经脱离了所涉事务的性质和重要性。因为无论是侵害行政、给付行政还是所有的权力行政,其所涉事务都有一个重要与否的差异化问题。换言之,侵害行政处理的事务并不都是重要的,并非都要由法律规定,给付行政涉及的事务也并非都不重要,都可由行政机关决定。

比如社会保障给付制度，是对特定群体的生存关照，其对相对人权益的影响有时不亚于侵害行政，因此，社会保障给付制度也并非都不应由法律保留。

3. 行政行为类型标准的单一化无法准确体现所涉事务对相对人权益影响的不同程度。侵害行政虽然会对相对人合法权益产生消极影响，但不同的侵害行政对相对人权益影响的程度不同，是否所有的侵害行政都要法律保留值得商榷。无论从理论上还是实践中，都可以看出并非所有的侵害行政都要狭义的法律保留，如我国《行政处罚法》规定不同种类行政处罚可由不同层级的规范予以保留。

(二) 现代理论的质疑与优势

1. 质疑与批判。重要性理论虽然已经成为德国的通说，但学术上质疑和批评之声从未停止。其主要的批评观点集中于重要性理论中的"重要性"标准模糊，不具有可操作性。德国联邦宪法法院的解释("重要"是指对基本权利的实现重要)具有循环论证之嫌。[1] 皮耶斯克氏(Eckart Pieske)认为，寻找区分重要与否的标准，注定要无功而返。克勒普佛氏(Michael Kloepfer)认为，重要性理论不过是法院合理化其自由心证所披的一层理论"外衣"，重要与否最终还是联邦宪法法院说了算。重要性理论在规范密度的标准确定上依赖于一个"滑动的标准"，这种动态的具体化实际上也陷入了循环论证的囹圄。[2] 某种程度而言，重要性理论的发展可以被视为从议会的立法国向宪法执行的司法国过渡这一表现的产物。但本应作为宪法守护者的联邦宪法法院的作为，在"重要性理论"的问题上使法治国的理念处于危险之中。[3]

2. 优势与意义。我国台湾地区有学者认为，重要性理论判断标准的抽象、不明确并非重要性理论独有的缺陷。如果除了标准不够明确的缺点外，没有其他更

---

〔1〕 参见张慰：《"重要性理论"之梳理与批判——基于德国公法学理论的检视》，载《行政法学研究》2011 年第 2 期。

〔2〕 参见张慰：《"重要性理论"之梳理与批判——基于德国公法学理论的检视》，载《行政法学研究》2011 年第 2 期。

〔3〕 See Redeker, Konrad, Ist der Rechtsstaat wirklich in Gefahr?, NJW 1996, S. 1870. 转引自张慰：《"重要性理论"之梳理与批判——基于德国公法学理论的检视》，载《行政法学研究》2011 年第 2 期。

坚强的论据足以驳斥重要性理论的正当性,那么就只剩下研究如何把重要性标准进一步具体化或类型化的问题,以提升法的安定性。笔者赞同这种观点。同时认为,重要性理论具有其他学说无可比拟的优势。

重要性理论可以为立法与行政的权力争端提供理论解释和论证。什么事项重要,什么事项不重要,立法机关和行政机关各有发言权。但在政治重要性、对公民基本权利实现的重要程度上,立法机关有判断权,在专业技术领域的重要事项上,行政机关有发言权,这就为法律保留划出了一个大致界限。当某一事项是否重要存有争议而诉诸司法时,德国的联邦宪法法院经常提出自己的判断,从而为立法与行政的权限之争提供解决依据。从德国实务发展看,重要性理论在处理立法与行政的权限争议方面提供了一个重要的理论依据,它可以解释和论证某一事务为何属于立法的权限而不在行政的领地。正是重要性理论具有抽象、模糊的特点,才使其具有更强的解释力和包容性,也使其能随着社会发展不断地填充先进理念和新的价值。

重要性理论超越了行政行为类型的形式化取向,把握住了事务的性质和重要性。法律保留原则旨在通过约束行政权,保障公民的基本权利。重要性理论的核心,是指对公民基本权利的实现或对共同体利益具有重要影响的规则必须由立法机关通过法律规定,而不得由行政机关自行处理。这种理论既把握住了立法权对行政权在重要事务上的控制,又在其他事务上给行政权留出了自由的空间。无论侵害行政、给付行政,抑或特别权力关系等,只要所涉事务符合重要性标准,都应归属于法律的调控范围。它避免了传统学说仅仅以行政行为对相对人的影响是负担或授益作为判断标准的形式化,超越了侵害行政、给付行政的狭隘视野,直接触及公民的基本权利,而这种基本权利既包括不受行政权主动侵犯的权利,又包括要求行政权提供给付的权力,因此,在控制行政权、保障公民基本权利的目的上,重要性理论符合现代服务型政府的发展方向,契合了人全面发展的时代需求。

重要性理论超越了行政行为类型标准的单一化取向,不仅提供了法律保留范围的识别标准,而且提供了依事项重要性程度而变化的法律保留强度或密度标准。这使仅局限于法律保留范围标准的传统学说,发展为既关注法律保留范围又考量法律保留强度,从而使法律保留理论发展到一个全新的阶段。

第三节　法律保留范围的中国探索

法律保留原则以权力分立为思想基础，以民主、法治、基本权利保障为理论依据。在1912年之前的封建朝代，中国没有真正的权力分立思想基础。1912年中华民国成立后，历经《中华民国临时约法》《中华民国约法》《中华民国宪法》等主要法律文本，但都未建立起真正的宪法制度。中华人民共和国成立后，1954年《宪法》正式确立了中国的宪法制度。但直到1982年《宪法》及之后的修正案才正式建立起具有中国特色的社会主义宪法制度，法律保留原则才有了存在的空间。由于法律保留所涉事项的重要程度不同，法律保留的规范形式也有很大差异。本书认为法律保留中的“法律”既包含宪法、法律，又包含行政法规、地方性法规、规章等。但基于事项的重要性，国内外研究多是围绕狭义的法律探讨保留范围。此处主要探讨狭义的法律保留范围，即由全国人大及其常委会专属立法权调整的事项范围。如前文所述，专属立法权限与法律保留既有区别又有联系，前者既可能拘束行政权，又可能制约地方立法权，后者主要是基于拘束行政权的初衷而设计的。但不可否认的是，法律保留原则也具有维护法制统一的制度功能，这就意味着法律保留的范围同时具有拘束行政权和立法权的双重功能。

一、《宪法》中的法律保留事项

我国法律关于法律保留事项的范围，主要体现于《宪法》《立法法》以及其他单行法律中。

《宪法》关于法律保留事项的规定分为两个方面，一是《宪法》明确规定由法律予以保留的事项，二是《宪法》虽然没有明确规定由法律调整，但属于全国人大及其常委会职权范围内的事项。

（一）我国《宪法》明确规定由法律予以保留的事项

1.《宪法》第一章总纲中法律保留的事项。该部分规定的法律保留事项主要有 13 项。[1] 具体如下：

(1)有关人民管理国家事务、经济和文化事业、社会事务的事项。《宪法》第 2 条第 3 款规定，有关人民管理国家事务、经济和文化事业、社会事务的事项，必须由法律予以调整，人民依照相关法律规定进行管理。[2]

(2)有关集体经济组织的劳动者经营自留地、自留山、家庭副业和饲养自留畜的事项。根据《宪法》第 8 条的规定，集体经济组织的劳动者经营自留地、自留山、家庭副业和饲养自留畜的事项，应由法律调整，劳动者只能在法律规定的范围内行使上述经营权利。[3]

(3)有关森林、山岭、草原、荒地、滩涂不属于国家所有而属于集体所有的规定事项。根据《宪法》第 9 条的规定，自然资源中的矿藏、水流属于国家所有，这是宪法规定的事项。而森林、山岭、草原、荒地、滩涂原则属于国家所有，这也是宪法予以规定的，但亦有属于集体所有的例外情况。这种例外事项属于法律保留的事项，即只有法律才可以规定这种例外。[4]

(4)有关农村和城市郊区土地国家所有的规定事项。根据《宪法》第 10 条第 2 款的规定，农村和城市郊区的土地原则上属于集体所有，例外情况下属于国家所有，这种例外情况应由法律予以规定，属于法律保留的事项范围。[5]

(5)有关土地征收、征用与补偿的事项。根据《宪法》第 10 条第 3 款的规定，土地征收、征用与补偿的事项属于法律保留事项。[6] 目前，对此类事项予以调整

---

[1] 《宪法》总纲第 5 条、第 18 条第 2 款、第 32 条第 1 款中的“法律”，要么从法律效力角度规定法律不得与宪法抵触，要么从权益保护或守法角度使用“法律”，后者应解释为广义的法律。因此，上述条文中的“法律”与法律保留无关，不统计在法律保留事项范围内。

[2] 《宪法》第 2 条第 3 款规定，人民依照法律规定，通过各种途径和形式，管理国家事务，管理经济和文化事业，管理社会事务。

[3] 《宪法》第 8 条第 1 款规定，参加农村集体经济组织的劳动者，有权在法律规定的范围内经营自留地、自留山、家庭副业和饲养自留畜。

[4] 《宪法》第 9 条第 1 款规定，矿藏、水流、森林、山岭、草原、荒地、滩涂等自然资源，都属于国家所有，即全民所有；由法律规定属于集体所有的森林和山岭、草原、荒地、滩涂除外。

[5] 《宪法》第 10 条第 2 款规定，农村和城市郊区的土地，除由法律规定属于国家所有的以外，属于集体所有。

[6] 《宪法》第 10 条第 3 款规定，国家为了公共利益的需要，可以依照法律规定对土地实行征收或者征用并给予补偿。

的法律，如《土地管理法》第2条第4款、[1]《民法典》第245条、[2]《农村土地承包法》第17条第4项。[3]

(6)有关土地使用权转让的事项。《宪法》第10条第4款规定了土地使用转让必须依照法律规定。[4] 有关土地转让的法律主要是《土地管理法》。[5]

(7)有关非公有制经济的事项。根据《宪法》第11条的规定，作为社会主义市场经济重要组成部分的非公有制经济必须由法律规定，[6] 如《个人独资企业法》《外商投资法》《合伙企业法》《公司法》中的非公有制经济等。

(8)有关公民的私有财产权和继承权保护的事项，包括公民的私有财产征收、征用与补偿的事项。《宪法》第13条规定，国家依照法律规定保护公民的私有财产权和继承权。相关法律如《民法典》。《宪法》第13条第3款规定，国家为了公共利益的需要，可以依照法律规定对公民的私有财产实行征收或者征用并给予补偿。这说明对公民私有财产的征收、征用与补偿事项，属于法律保留的范围。

(9)有关国有企业自主经营和民主管理的事项。根据《宪法》第16条的规定，国有企业自主经营的范围、民主管理的形式都由法律规定。[7] 体现该事项法律保留的法律主要是《全民所有制工业企业法》。

(10)有关集体经济组织民主管理的事项。根据《宪法》第17条第2款的规定，集体经济组织选举和罢免管理人员，决定经营管理的重大问题，必须依照法律

[1] 《土地管理法》第2条第4款规定，国家为了公共利益的需要，可以依法对土地实行征收或者征用并给予补偿。

[2] 《民法典》第245条规定，因抢险救灾、疫情防控等紧急需要，依照法律规定的权限和程序可以征用组织、个人的不动产或者动产。被征用的不动产或者动产使用后，应当返还被征用人。组织、个人的不动产或者动产被征用或者征用后毁损、灭失的，应当给予补偿。

[3] 《农村土地承包法》第17条第4项规定，承包地被依法征收、征用、占用的，承包方有权依法获得相应的补偿。

[4] 《宪法》第10条第4款规定，任何组织或者个人不得侵占、买卖或者以其他形式非法转让土地。土地的使用权可以依照法律的规定转让。

[5] 《土地管理法》第2条第3款规定，任何单位和个人不得侵占、买卖或者以其他形式非法转让土地。土地使用权可以依法转让。

[6] 《宪法》第11条第1款规定，在法律规定范围内的个体经济、私营经济等非公有制经济，是社会主义市场经济的重要组成部分。

[7] 《宪法》第16条规定，国有企业在法律规定的范围内有权自主经营。国有企业依照法律规定，通过职工代表大会和其他形式，实行民主管理。

规定。[1] 目前有关农村集体经济组织的法律缺位。

(11)有关外国资本在中国投资的事项。根据《宪法》第18条第1款的规定，外国经济主体在中国投资，必须依照中国法律。[2] 体现该事项法律保留的法律主要有《外商投资法》。

(12)有关社会力量举办教育事业的事项。《宪法》第19条第4款规定，举办各种教育事业必须依照法律规定。[3] 体现该事项法律保留的法律主要是《民办教育促进法》。

(13)有关特别行政区实行的制度的事项。根据《宪法》第31条的规定，[4] 特别行政区的设立制度属于宪法保留事项，而特别行政区内实行的制度按照具体情况由全国人大通过法律予以规定，因而，特别行政区内实行什么制度的事项属于法律保留的范围。体现该事项法律保留的法律主要是《香港特别行政区基本法》《澳门特别行政区基本法》。

2.《宪法》第二章公民的基本权利和义务部分法律保留的事项。该部分规定的法律保留事项主要有6项。具体如下：

(1)不享有选举权和被选举权的人的范围。根据《宪法》第34条的规定，剥夺公民的政治权利必须依照法律规定。[5] 被剥夺政治权利的人不享有选举权与被选举权。由于选举权与被选举权是宪法规定的政治权利，对其剥夺，必须加以严格控制。此处就规定了这种剥夺的依据必须是法律，即对政治权利的剥夺属于法律保留。《立法法》第12条规定政治权利的剥夺属于法律的绝对保留范围。

---

[1] 《宪法》第17条第2款规定，集体经济组织实行民主管理，依照法律规定选举和罢免管理人员，决定经营管理的重大问题。

[2] 《宪法》第18条第1款规定，中华人民共和国允许外国的企业和其他经济组织或者个人依照中华人民共和国法律的规定在中国投资，同中国的企业或者其他经济组织进行各种形式的经济合作。

[3] 《宪法》第19条第4款规定，国家鼓励集体经济组织、国家企业事业组织和其他社会力量依照法律规定举办各种教育事业。

[4] 《宪法》第31条规定，国家在必要时得设立特别行政区。在特别行政区内实行的制度按照具体情况由全国人民代表大会以法律规定。

[5] 《宪法》第34条规定，中华人民共和国年满18周岁的公民，不分民族、种族、性别、职业、家庭出身、宗教信仰、教育程度、财产状况、居住期限，都有选举权和被选举权；但是依照法律被剥夺政治权利的人除外。

我国《刑法》第34条规定,剥夺政治权利是附加刑的一种类型,第54条规定了剥夺政治权利的内容。[1] 而《刑法》分则在许多罪名下规定了剥夺政治权利的刑罚方法。这说明对政治权利的剥夺是我国《刑法》的保留事项。

(2)检查公民通信的程序。《宪法》第40条规定了公民的通信自由和通信秘密受法律保护的权利。在例外情况下,国家有关机关可以限制该权利。[2] 公民通信自由和通信秘密的权利受限制的理由、限制机关、限制程序以及限制方式都有明确规定。其中限制的理由(国家安全或追查刑事犯罪的需要)、限制机关(公安机关或检察机关)、限制的方式(检查通信)均由《宪法》进行了明确规定,即这些事项属于《宪法》保留的范围,但限制的程序由《宪法》授权给法律保留,即公安机关或检察机关依照法律规定的程序对通信进行检查。

(3)请求国家赔偿的权利。根据《宪法》第41条第3款的规定,[3] 请求国家赔偿的权利属于法律保留范围,由法律予以调整。我国《国家赔偿法》对此作了详细规定。

(4)退休制度。根据《宪法》规定,[4] 退休制度属于法律保留的范围。与此相关的法律主要是规定公务员退休制度的《公务员法》(第92—94条)以及第五届全国人大常委会第二次会议批准的《国务院关于安置老弱病残干部的暂行办法》和《国务院关于工人退休、退职的暂行办法》(国发〔1978〕104号)。[5]

---

〔1〕《刑法》第54条规定,剥夺政治权利是剥夺下列权利:(1)选举权和被选举权;(2)言论、出版、集会、结社、游行、示威自由的权利;(3)担任国家机关职务的权利;(4)担任国有公司、企业、事业单位和人民团体领导职务的权利。

〔2〕《宪法》第40条规定,中华人民共和国公民的通信自由和通信秘密受法律的保护。除因国家安全或者追查刑事犯罪的需要,由公安机关或者检察机关依照法律规定的程序对通信进行检查外,任何组织或者个人不得以任何理由侵犯公民的通信自由和通信秘密。

〔3〕《宪法》第41条第3款规定,由于国家机关和国家工作人员侵犯公民权利而受到损失的人,有依照法律规定取得赔偿的权利。

〔4〕《宪法》第44条规定,国家依照法律规定实行企业事业组织的职工和国家机关工作人员的退休制度。

〔5〕按照《立法法》的规定,《国务院关于安置老弱病残干部的暂行办法》和《国务院关于工人退休、退职的暂行办法》(国发〔1978〕104号)不符合法律的制定程序,但这两个文件颁布于《立法法》施行之前,都经过全国人大常委会决议批准。根据当时的法律制定程序规定(主要是惯例),这两个文件被视为法律。

(5)服兵役和参加民兵组织。根据《宪法》第55条第2款的规定,[1]服兵役和参加民兵组织属于法律保留事项。规定该事项的法律主要是《兵役法》。

(6)纳税义务。《宪法》第56条确立了税收法定原则。[2]公民纳税属于法律保留的事项,必须由法律予以规定。《税收征收管理法》及其他税收单行法律是这一规定的体现。当然,出于各种原因,许多税种开始是由国务院根据全国人大及其常委会的授权通过行政法规规定的。

3.《宪法》第三章国家机构部分法律保留的事项。该部分规定的法律保留事项主要有23项。具体包括如下事项。

(1)全国人大代表名额和代表产生办法。根据《宪法》第59条第3款的规定,全国人大代表名额和代表产生办法由法律规定。[3]体现该规定的法律主要是《全国人民代表大会和地方各级人民代表大会选举法》。

(2)全国人大代表和全国人大常委会组成人员提出议案的程序。《宪法》第72条规定,全国人大代表和全国人大常委会组成人员提出议案的程序由法律规定。[4]体现该规定的法律主要是《全国人民代表大会议事规则》《全国人民代表大会常务委员会议事规则》。

(3)全国人大代表及全国人大常委会组成人员提出质询案的程序。根据《宪法》第73条规定,全国人大代表及全国人大常委会组成人员提出质询案的程序由法律规定。[5]体现该事项法律保留的法律主要是《全国人民代表大会组织法》《全国人民代表大会议事规则》《全国人民代表大会常务委员会议事规则》。

(4)原选举单位罢免全国人大代表的程序。根据《宪法》第77条的规定,原

---

〔1〕《宪法》第55条第2款规定,依照法律服兵役和参加民兵组织是中华人民共和国公民的光荣义务。

〔2〕《宪法》第56条规定,中华人民共和国公民有依照法律纳税的义务。

〔3〕《宪法》第59条第3款规定,全国人民代表大会代表名额和代表产生办法由法律规定。

〔4〕《宪法》第72条规定,全国人民代表大会代表和全国人民代表大会常务委员会组成人员,有权依照法律规定的程序分别提出属于全国人民代表大会和全国人民代表大会常务委员会职权范围内的议案。

〔5〕《宪法》第73条规定,全国人民代表大会代表在全国人民代表大会开会期间,全国人民代表大会常务委员会组成人员在常务委员会开会期间,有权依照法律规定的程序提出对国务院或者国务院各部、各委员会的质询案。受质询的机关必须负责答复。

选举单位罢免全国人大代表的程序由法律规定。[1] 体现该事项法律保留的法律主要是《全国人民代表大会和地方各级人民代表大会选举法》。

(5)全国人大及其常委会的组织和工作程序。《宪法》第78条规定了全国人大及其常委会的组织和工作程序由法律调整。[2] 体现该事项法律保留的法律主要是《全国人民代表大会组织法》《全国人民代表大会议事规则》《全国人民代表大会常务委员会议事规则》。

(6)国务院的组织事项。《宪法》第86条第3款规定,国务院的组织由法律规定。体现该事项法律保留的法律主要是《国务院组织法》。

(7)有关戒严的事项。根据《宪法》第89条第16项规定,决定省级范围内部分地区进入紧急状态,由法律规定。[3] 规定该事项的法律是《戒严法》。

(8)行政人员任免、培训、考核和奖惩的规定。根据《宪法》第89条第17项的规定,行政人员任免、培训、考核和奖惩由法律规定。[4] 体现该事项法律保留的法律主要是《公务员法》。

(9)审计机关独立行使审计监督权的规定。《宪法》第91条第2款规定了审计机关独立行使审计监督权属于法律调整事项。[5] 体现该事项的法律主要是《审计法》。

(10)地方各级人大和政府的组织事项。根据《宪法》第95条第2款规定,地方各级人大和政府的组织事项属于法律保留范围。[6] 体现该事项的法律主要是《地方各级人民代表大会和地方各级人民政府组织法》。

---

[1] 《宪法》第77条规定,全国人民代表大会代表受原选举单位的监督。原选举单位有权依照法律规定的程序罢免本单位选出的代表。

[2] 《宪法》第78条规定,全国人民代表大会和全国人民代表大会常务委员会的组织和工作程序由法律规定。

[3] 《宪法》第89条第16项规定,国务院行使下列职权:依照法律规定决定省、自治区、直辖市的范围内部分地区进入紧急状态。

[4] 《宪法》第89条第17项规定,国务院行使下列职权:审定行政机构的编制,依照法律规定任免、培训、考核和奖惩行政人员。

[5] 《宪法》第91条第2款规定,审计机关在国务院总理领导下,依照法律规定独立行使审计监督权,不受其他行政机关、社会团体和个人的干涉。

[6] 《宪法》第95条第2款规定,地方各级人民代表大会和地方各级人民政府的组织由法律规定。

(11)自治机关的组织和工作事项。根据《宪法》第95条第3款规定,自治机关的组织和工作事项属于法律保留范围。[1] 规定该事项的法律主要是《民族区域自治法》。

(12)地方各级人民代表大会代表名额和代表产生办法。根据《宪法》第97条第2款规定,地方各级人民代表大会代表名额和代表产生办法属于法律保留范围。[2] 规定该事项的法律是《全国人民代表大会和地方各级人民代表大会选举法》。

(13)地方各级人大及民族乡人大的职权。根据《宪法》第99条第1款和第3款规定,地方各级人大及民族乡人大的职权属于法律保留范围。[3] 规定地方人大职权的法律依据主要是《地方各级人民代表大会和地方各级人民政府组织法》第11条。规定民族乡人大职权的法律依据主要是《地方各级人民代表大会和地方各级人民政府组织法》第12条。

(14)地方人大代表的选举单位和选民的罢免权行使程序。根据《宪法》第102条第2款规定,地方人大代表的选举单位和选民的罢免权行使程序属于法律保留范围。[4] 规定这种罢免程序的法律主要是《全国人民代表大会和地方各级人民代表大会选举法》。

(15)县级以上地方各级人大常委会任免国家机关工作人员的权限。根据《宪法》第104条的规定,县级以上地方各级人大常委会任免国家机关工作人员的权限属于法律保留范围。[5] 规定这种权限的法律主要是《地方各级人民代表

---

[1] 《宪法》第95条第3款规定,自治机关的组织和工作根据《宪法》第三章第五节、第六节规定的基本原则由法律规定。

[2] 《宪法》第97条第2款规定,地方各级人民代表大会代表名额和代表产生办法由法律规定。

[3] 《宪法》第99条第1款规定,地方各级人民代表大会在本行政区域内,保证宪法、法律、行政法规的遵守和执行;依照法律规定的权限,通过和发布决议,审查和决定地方的经济建设、文化建设和公共事业建设的计划。第3款规定,民族乡的人民代表大会可以依照法律规定的权限采取适合民族特点的具体措施。

[4] 《宪法》第102条第2款规定,地方各级人民代表大会代表的选举单位和选民有权依照法律规定的程序罢免由他们选出的代表。

[5] 《宪法》第104条规定,县级以上的地方各级人民代表大会常务委员会……依照法律规定的权限决定国家机关工作人员的任免……

大会和地方各级人民政府组织法》第50条。

(16)县级以上地方各级人民政府的职权。根据《宪法》第107条的规定,县级以上地方各级人民政府的职权属于法律保留范围。[1] 规定县级以上地方各级人民政府权限的法律依据主要是《地方各级人民代表大会和地方各级人民政府组织法》第73条。

(17)地方各级审计机关行使审计监督权的规定。根据《宪法》第109条的规定,地方各级审计机关行使审计监督权事项属于法律保留范围。[2] 体现该事项法律保留的法律主要是《审计法》。

(18)居民委员会、村民委员会同基层政权的相互关系。根据《宪法》第111条的规定,居民委员会、村民委员会同基层政权的相互关系属于法律保留范围。[3] 规定该事项的法律主要是《村民委员会组织法》和《城市居民委员会组织法》。

(19)人民法院的组织事项。《宪法》第129条第3款规定,人民法院的组织由法律规定。目前规定人民法院组织的法律主要有《人民法院组织法》《刑事诉讼法》《民事诉讼法》《行政诉讼法》等。全国人大常委会还通过了《关于在沿海港口城市设立海事法院的决定》(1984年),并制定《海事诉讼特别程序法》,规定了有关海事法院的组织和职权;全国人大常委会《关于新疆维吾尔自治区生产建设兵团设置人民法院和人民检察院的决定》(1998年)对新疆生产建设兵团人民法院的组织和职权作出了规定。2014年8月31日全国人大常委会通过了《关于在北京、上海、广州设立知识产权法院的决定》,对三地知识产权法院的组织和职权作出了规定。2018年、2021年、2022年,全国人大常委会先后作出设立上海金融法院、北京金融法院、成渝金融法院的决定。

(20)不公开审理的案件范围。《宪法》第130条规定,人民法院审理案件,除

---

[1] 《宪法》第107条第1款规定,县级以上地方各级人民政府依照法律规定的权限,管理本行政区域内的经济、教育、科学、文化、卫生、体育事业、城乡建设事业和财政、民政、公安、民族事务、司法行政、计划生育等行政工作,发布决定和命令,任免、培训、考核和奖惩行政工作人员。

[2] 《宪法》第109条规定,地方各级审计机关依照法律规定独立行使审计监督权,对本级人民政府和上一级审计机关负责。

[3] 《宪法》第111条第1款规定,居民委员会、村民委员会同基层政权的相互关系由法律规定。

法律规定的特别情况外，一律公开进行。不公开审理的案件属于法律保留范围，必须由全国人大及其常委会通过法律予以规定。目前，不公开审理的案件主要由《刑事诉讼法》《行政诉讼法》《民事诉讼法》等规定。

（21）人民法院独立行使审判权的依据。根据《宪法》第131条的规定，人民法院独立行使审判权事项属于法律保留范围。[1] 规定独立行使审判权的法律依据主要是《人民法院组织法》《刑事诉讼法》《行政诉讼法》《民事诉讼法》等。这些法律一方面明确规定或重申人民法院独立行使审判权，另一方面还从程序上为独立行使审判权提供了保障。

（22）人民检察院的组织事项。根据《宪法》第135条第3款的规定，人民检察院的组织由法律规定。体现该事项法律保留的法律主要是《人民检察院组织法》。

（23）人民检察院独立行使检察权的事项。根据《宪法》第131条的规定，人民检察院独立行使检察权事项属于法律保留范围。与人民法院独立行使审判权的法律规定一样，人民检察院独立行使检察权的法律依据除了《人民检察院组织法》外，还包括《刑事诉讼法》《行政诉讼法》《民事诉讼法》等。

（二）《宪法》虽未明确规定由法律予以保留，但根据全国人大及其常委会的职权，需要由法律调整的事项

凡是在全国人大及其常委会职权范围内的事项，需要用法律予以调整的，全国人大及其常委会都可以制定法律。因此，这些事项也属于法律保留的范围。

1.《宪法》第62条规定了由全国人大行使职权的事项。该条共规定了15项具体的职权事项，同时又在第16项规定了一个兜底条款：应当由最高国家权力机关行使的其他职权。这个兜底条款中的“应当”表明这是一个客观判断标准。根据事项的性质，凡是具有创制性、全局性、根本性的事项，应当由最高国家权力机

[1] 《宪法》第131条规定，人民法院依照法律规定独立行使审判权，不受行政机关、社会团体和个人的干涉。

关行使职权。[1] 在前15项具体的职权中,有的已经制定了法律,如根据第14项"决定特别行政区的设立及其制度"职权,全国人大相继制定了《香港特别行政区基本法》《澳门特别行政区基本法》。

2.《宪法》第67条规定了由全国人大常委会行使职权的事项。该条共规定了21项具体的职权事项,同时在第22项规定了一个兜底条款:全国人大授予的其他职权。在所有这些职权事项中,有些需要全国人大常委会制定法律,如第16项、第17项。[2] 关于军衔和其他衔级制度,全国人大常委会已经制定了《中国人民解放军军官军衔条例》《人民警察警衔条例》《海关关衔条例》等。关于国家的勋章和荣誉称号,全国人大常委会于2015年12月制定了《国家勋章和国家荣誉称号法》。

二、《立法法》中的法律保留事项

《宪法》规定由法律予以调整的事项,基本上反映了法律保留的事项范围。但《宪法》在规定这些事项时,并未清楚地表明所涉事项是否只能由法律规定,抑或也可由法律以外的其他规范性文件规定。《宪法》在规定由法律调整的事项时,使用的概念主要有"依照法律规定""依照法律""由法律规定""以法律规定""在法律规定范围内"等,这种表述虽然没有明确规定是否属于全国人大及其常委会的专属立法权限,但从立宪原意和法解释学的角度也可以解读为所涉事项属于全国人大及其常委会的专属立法权限,即属于法律保留的事项范围。因此,准确来说,《宪法》的这些条款是《立法法》第11条的根据。[3] 根据《宪法》规定,总结我国的立法经验,《立法法》第11条规定了11项只能由法律予以调整的事项。

(一)国家主权的事项

所谓主权(sovereignty),按照布莱克法律词典的解释,有如下几层含义:最高

---

〔1〕 参见许安标、刘松山:《〈中华人民共和国宪法〉通释》,中国法制出版社2003年版,第184页。

〔2〕 《宪法》第67条第16项、第17项规定,全国人民代表大会常务委员会行使下列职权:规定军人和外交人员的衔级制度和其他专门衔级制度;规定和决定授予国家的勋章和荣誉称号。

〔3〕 参见郑淑娜主编:《〈中华人民共和国立法法〉释义》,中国民主法制出版社2015年版,第31页。

统治权、权威或统治,包括人民主权和国家主权;一个独立国家的最高政治权威;国家本身,包括对外主权和对内主权。[1] 国家主权大致包括政治主权、经济主权、领土主权、对外主权和属人主权。[2] 应当由全国人大及其常委会享有专属立法权的主权事项,主要包括以下几类。

1. 涉及国家的政治制度、社会制度和经济制度的事项。[3] 国家领土事项,如全国人大常委会已制定了《领海及毗连区法》《专属经济区和大陆架法》;国防事项,按照《国防法》(2020 年)第 2 条的规定,指国家为防备和抵抗侵略,制止武装颠覆和分裂,保卫国家主权、统一、领土完整、安全和发展利益所进行的军事活动,以及与军事有关的政治、经济、外交、科技、教育等方面的活动。全国人大常委会已经制定了《国防法》《国防动员法》等国防方面的法律。

2. 外交事项。外交(diplomacy),是指各国政府之间通过谈判等方式处理国际关系的方法和实践。[4] 这方面的法律,如《外交特权与豁免条例》。

3. 国籍事项。国籍(nationality),指个人作为某一特定国家的成员而与该国之间发生和存续的一种特别而稳定的法律关系,实质上是个人隶属于某一特定国家从而取得和享有的一种公民资格或国民资格,旨在表明一种法律资格或身份。[5] 全国人大已经制定了《国籍法》。

4. 中国公民出境入境和外国人入境出境管理制度。1985 年 11 月 22 日全国人大常委会颁布了《公民出境入境管理法》《外国人入境出境管理法》,2012 年 6 月 30 日全国人大常委会颁布了《出境入境管理法》,该法自 2013 年 7 月 1 日起施行,《外国人入境出境管理法》和《公民出境入境管理法》同时废止。

5. 国旗、国徽、国歌。这些都是一个主权国家的象征和标志,体现了一个主权国家的传统、民族精神和尊严,因此,这些事项应由宪法或法律予以规定。我国全

---

[1] See Bryan A. Garner, *Black's Law Dictionary*, Eighth Edition, West Publishing Co. ,2004,p. 1430.

[2] 参见郑淑娜主编:《〈中华人民共和国立法法〉释义》,中国民主法制出版社 2015 年版,第 34 页。

[3] 我国的政治制度、社会制度和经济制度等重要事项主要是由全国人大通过《宪法》予以规定。严格来说,这些事项属于宪法保留的范围。

[4] 参见薛波主编:《元照英美法词典》,法律出版社 2003 年版,第 416 页。

[5] 参见薛波主编:《元照英美法词典》,法律出版社 2003 年版,第 946 页。

国人大常委会已经颁布了《国旗法》《国徽法》。[1] 关于国歌立法的呼声早已有之。[2]

(二)各级人民代表大会、人民政府、监察委员会、人民法院和人民检察院的产生、组织和职权

从宪法规定看,人民代表大会、人民政府、监察委员会、人民法院和人民检察院是国家机构的重要组成部分。这些国家机构的产生、组织和职权因为直接反映了我国国家机构的本质,因此,这些事项应由全国人大及其常委会通过法律予以规定。[3] 有关这些事项的法律如《全国人民代表大会和地方各级人民代表大会选举法》《全国人民代表大会组织法》《国务院组织法》等。

(三)民族区域自治制度、特别行政区制度、基层群众自治制度

我国《宪法》第4条第3款规定:"各少数民族聚居的地方实行区域自治,设立自治机关,行使自治权。各民族自治地方都是中华人民共和国不可分离的部分。"这说明,民族区域自治制度是我国《宪法》规定的一项基本政治制度。这种基本政治制度的事项应当由法律保留。全国人大1984年就通过了《民族区域自治法》,并且该法在序言中明确规定:《民族区域自治法》是实施《宪法》规定的民族区域自治制度的基本法律。

特别行政区制度,是我国宪法规定的一项基本政治制度。有学者认为,它不仅在宪法、法律上是基本政治制度,在事实上也已成为我国的基本政治制度之一。[4] 根据《宪法》第31条规定,[5]特别行政区内实行的制度只能由全国人大

---

〔1〕 本部分参见郑淑娜主编:《〈中华人民共和国立法法〉释义》,中国民主法制出版社2015年版,第34页。

〔2〕 翟文蓉等30名代表曾提出议案,建议全国人大常委会草拟、制定《国歌法》。参见《关于制定"国歌法"的议案》,载《中国人大》2002年第13期。

〔3〕 参见郑淑娜主编:《〈中华人民共和国立法法〉释义》,中国民主法制出版社2015年版,第35页。

〔4〕 参见童之伟:《特别行政区制度已成为我国基本政治制度》,载《政治与法律》2011年第4期。

〔5〕 《宪法》第31条规定,国家在必要时得设立特别行政区。在特别行政区内实行的制度按照具体情况由全国人民代表大会以法律规定。

以法律形式规定。据此,1990年全国人大通过了《香港特别行政区基本法》,1993年全国人大通过了《澳门特别行政区基本法》。两部法律都规定了特别行政区的制度和政策,包括社会、经济制度,有关保障居民的基本权利和自由的制度,行政管理、立法和司法方面的制度,以及有关政策等。

基层群众自治制度。党的十七大报告将基层群众自治制度与人民代表大会制度、中国共产党领导的多党合作和政治协商制度、民族区域自治制度并列表述,将其定性为我国的一种政治制度。[1] 根据《宪法》规定,基层群众自治组织同基层政权的相互关系由法律规定。[2] 作为我国政治制度的一种,对其进行细化必须由法律规定。1987年11月24日全国人大常委会通过了《村民委员会组织法(试行)》,1998年11月4日全国人大常委会修订通过了《村民委员会组织法》。该法对村民委员会的组成和职责、村民委员会的选举、村民会议和村民代表会议、民主管理和民主监督等事项作出了具体规定。1954年12月31日全国人大通过了《城市居民委员会组织条例》,1989年12月26日全国人大常委会通过了《城市居民委员会组织法》。该法对居民委员会的任务、组成、决策原则等事项作出了规定。

(四)犯罪和刑罚

犯罪的本质特征是行为的严重社会危害性。刑罚是"国家对不法行为作为法律上的效果给个人科处的法益的剥夺"[3]。犯罪和刑罚都应当由国民的代表机关或最高权力机关以法律规定,这就是罪刑法定原则。1789年法国的《人权宣

---

〔1〕 党的十七大报告提出,坚定不移发展社会主义民主政治,坚持和完善人民代表大会制度、中国共产党领导的多党合作和政治协商制度、民族区域自治制度以及基层群众自治制度,不断推进社会主义政治制度自我完善和发展。

〔2〕 《宪法》第111条第1款规定,城市和农村按居民居住地区设立的居民委员会或者村民委员会是基层群众性自治组织。居民委员会、村民委员会的主任、副主任和委员由居民选举。居民委员会、村民委员会同基层政权的相互关系由法律规定。

〔3〕 [日]牧野英一:《日本刑法》(第64版)(上卷),有斐阁1939年版,第572~573页。转引自马克昌:《比较刑法原理:外国刑法学总论》,武汉大学出版社2002年版,第822页。

言》第8条规定了罪刑法定原则。[1] 这是从实体上明确规定罪刑法定原则的法律文件。现在罪刑法定原则已经成为法治国家遵守的一项重要原则。当代各国关于罪刑法定主义的立法大致有3种情况：(1)只在宪法中规定，未在刑法典中规定。例如，1889年《日本国宪法》第23条，1946年《日本国宪法》第31条、第39条均对罪刑法定主义作了规定，但1907年的日本刑法即现行刑法则未规定罪刑法定主义。(2)只在刑法典中规定，未在宪法中规定，如1917年修正的《瑞士刑法典》第1条。[2] 该条文前的标题为"罪刑法定主义"。但《瑞士联邦宪法》并无类似规定。(3)在宪法和刑法典中均规定罪刑法定主义，如1949年《德国基本法》第103条第2款及1976年修正的《联邦德国刑法典》第1条、第2条第1款。[3]

在我国，犯罪和刑罚事项主要是由全国人大通过的《刑法》予以规定，全国人大常委会不断通过修正案的方式对《刑法》的规定进行修改，到2023年12月29日，全国人大常委会已经通过了12个刑法修正案。

(五)对公民政治权利的剥夺、限制人身自由的强制措施和处罚

1. 剥夺公民的政治权利。何为公民政治权利？"政治权利"这一用语在国外宪法中罕有出现，但在中国的历次宪法中均有规定。[4] 《宪法》虽然明确提到了政治权利，[5] 但既没有对何为政治权利给出界定，又没有对其内容进行列举。因

---

[1] 《人权宣言》第8条规定："法律只应当制定严格地、明显地必需的刑罚，而且除非根据在违法行为之前制定、公布并且合法地适用的法律，任何人都不受处罚。"参见马克昌：《比较刑法原理：外国刑法学总论》，武汉大学出版社2002年版，第60页。

[2] 《瑞士刑法典》第1条规定："行为之处罚，以法律明文规定科刑者为限。"

[3] 1949年《德国基本法》第103条第2款规定："如法律业已明文规定但仍发生违法行为，应受处罚。"1976年修正的《联邦德国刑法典》第1条规定："本法只处罚行为前法律已有明文规定的行为。"第2条第1款规定："刑罚及其法律效果依行为时有效的法律。"参见马克昌：《比较刑法原理：外国刑法学总论》，武汉大学出版社2002年版，第82页。

[4] 参见刘松山：《宪法文本中的公民"政治权利"——兼论刑法中的"剥夺政治权利"》，载《华东政法学院学报》2006年第2期。

[5] 我国《宪法》第34条规定，中华人民共和国年满18周岁的公民，不分民族、种族、性别、职业、家庭出身、宗教信仰、教育程度、财产状况、居住期限，都有选举权和被选举权；但是依照法律被剥夺政治权利的人除外。

此,何为政治权利及其所包含的具体内容就成了必须探讨的问题。

按照《布莱克法律词典》的解释,政治权利,是指参与政府创立或管理的权利,如选举权、担任公职的权利等,亦称政治自由。[1] 我国学者对政治权利含义的表述各有不同。有学者把政治权利称为参政权,即参与政治的权利。[2] 有观点认为,政治权利是指公民依据宪法和法律的规定,参与国家政治生活行为的可能性。[3] 也有观点认为,政治权利是指公民参与并影响政治生活从而得以在社会的政治生活领域实现人的内在需要的权利。[4] 还有观点认为,在宪法意义上,所谓政治权利,实质就是参与国家公共政策制定和推行的权利或者资格。[5]

政治权利的内容有哪些?我国《刑法》第54条规定了剥夺政治权利的内容。[6] 据此,有学者认为,政治权利的表现形式有两种:一种是公民参与国家、社会组织与管理的活动,以选举权与被选举权的行使为基础;另一种是公民在国家政治生活中自由地发表意见,表达意愿的自由,通常表现为言论、出版、集会、结社、游行、示威自由,简称为政治自由[7]。有学者认为,《刑法》第54条关于剥夺言论、出版、集会、结社、游行、示威等六大自由的权利之规定,“不能从广义上解释,而只能从狭义上理解为限于‘政治性’的范围之内”,并且,该学者认为《刑法》第54条剥夺的“言论自由就是《宪法》规定的言论自由,而不是宪法之外的言论自由。事实上,宪法规定的言论自由也是指公民具有发表政治性言论的自由,而不是一般日常生活意义的说话自由”[8]。笔者认为,刑法剥夺公民的六大自由,应限于剥夺其政治性的自由,但《刑法》中的六大自由与《宪法》中的六大自由之

---

[1] See Bryan A. Garner, *Black's Law Dictionary*, Eighth Edition, West Publishing Co., 2004, p. 1348.

[2] 参见韩大元、林来梵、郑贤君:《宪法学专题研究》,中国人民大学出版社2004年版,第389页。

[3] 参见韩大元:《宪法学基础理论》,中国政法大学出版社2008年版,第256页。

[4] 参见李琦:《公民政治权利研究》,载《政治学研究》1997年第3期。

[5] 参见刘松山:《宪法文本中的公民“政治权利”——兼论刑法中的“剥夺政治权利”》,载《华东政法学院学报》2006年第2期。

[6] 《刑法》第54条规定,剥夺政治权利是剥夺下列权利:(1)选举权和被选举权;(2)言论、出版、集会、结社、游行、示威自由的权利;(3)担任国家机关职务的权利;(4)担任国有公司、企业、事业单位和人民团体领导职务的权利。

[7] 参见韩大元:《宪法学基础理论》,中国政法大学出版社2008年版,第256页。

[8] 马克昌主编:《刑罚通论》(根据1997年刑法修订),武汉大学出版社1999年版,第231~232页。

概念是否相同,值得探讨。有学者认为,“我国宪法规定的公民有言论、出版、集会、结社、游行、示威的自由,不应仅理解为对政治性表达自由的保护,它与刑罚中剥夺政治自由所列举的表达自由具有不同含义,后者应该仅指剥夺其政治性表达自由,不能以后者(普通法)来证明前者(根本法),认为表达自由仅属于政治自由”[1]。《刑法》剥夺的言论、出版、集会、结社、游行、示威等六大自由的内涵和外延都小于《宪法》的规定,前者仅限于政治性的范围内。[2] 也有学者认为,宪法文本中公民的政治权利只能限于选举权和被选举权。[3]

上述关于剥夺政治权利范围的理解,尤其是关于六大自由的理解,仅是学者的理论阐释,实践中我国有关机关对上述问题则有明确的规定。公安部颁布的《公安机关办理刑事案件程序规定》(2020 年)第 312 条规定了剥夺政治权利涉及的事项范围。[4] 该规定在剥夺选举权和被选举权,担任国家机关职务,担任国有公司、企业、事业单位和人民团体的领导职务的权利方面,理论与实务观点未有明确区别,但在剥夺六大自由权利方面,与学者的观点并不完全一致。在集会、游行、示威、结社自由方面,该规章并未区分是否具有政治性,而是规定一概予以剥夺,即不得组织或者参加集会、游行、示威、结社活动。即使是组织或参加一个烹饪或文学方面的社团,也不允许。在出版自由方面,该规章亦未区分拟出版物是否具有政治性,而一概剥夺出版权,即不得出版、制作、发行书籍、音像制品。这说

---

[1] 杜承铭:《论表达自由》,载《中国法学》2001 年第 3 期。

[2] 参见刘飞宇:《对于刑法中剥夺政治权利的宪法学思考》,载《法学家》2005 年第 1 期。

[3] 该学者认为,作为公民基本权利的政治权利,应当是宪法专门为满足公民的政治生活而设定的权利,即“权利”与“政治”之间是充分必要条件的关系,“权利”是专为政治而设的,政治活动的实现必须以“权利”的行使为基础。这个特点决定了宪法文本中公民政治权利的封闭性。另外,宪法文本中的政治权利必须是可以依据刑法被剥夺的权利。所以,对照这些特点,该学者认为,宪法文本中公民的政治权利应当是很狭义的范畴,实际只能限于选举权和被选举权。参见刘松山:《宪法文本中的公民“政治权利”——兼论刑法中的“剥夺政治权利”》,载《华东政法学院学报》2006 年第 2 期。

[4] 《公安机关办理刑事案件程序规定》(2020 年)第 312 条规定,被剥夺政治权利的罪犯在执行期间应当遵守下列规定:(1)遵守国家法律、行政法规和公安部制定的有关规定,服从监督管理;(2)不得享有选举权和被选举权;(3)不得组织或者参加集会、游行、示威、结社活动;(4)不得出版、制作、发行书籍、音像制品;(5)不得接受采访,发表演说;(6)不得在境内外发表有损国家荣誉、利益或者其他具有社会危害性的言论;(7)不得担任国家机关职务;(8)不得担任国有公司、企业、事业单位和人民团体的领导职务。

明即使出版与政治无关的作品也无权利。在言论自由方面,规章从两个方面进行了规定:不得接受采访,发表演说;不得在境内外发表有损国家荣誉、利益或者其他具有社会危害性的言论。应当说,这种规定亦与政治事务没有直接或必然联系,不具有明显的政治性。接受采访、发表演说,涉及的内容可能完全与政治无关,而"其他具有社会危害性的言论"也并不必然与政治有关。因此,公安部的上述规章关于剥夺六大自由权利的细化规定,并不是以是否具有政治性作为判断标准的。无独有偶,司法部对剥夺六大自由权利的理解,与公安部基本一致。2020年7月20日,司法部监狱管理局在对一罪犯撰写书稿的处理问题的请示的复函中指出,由于该罪犯被剥夺政治权利,其中包括了被剥夺出版权,因此,其不能出版书籍。[1]

剥夺公民政治权利为何要法律保留?政治权利,无论其具体范围和内容是否达成共识,其作为公民的一项基本权利已无疑义。日本宪法学家小林直树认为,在宪法学上,参政权乃属于一种为实现其他宪法权利而存在的宪法权利,具有"作为高层阶之手段的性质"[2],是一种"主权上的权利"[3](此处主要针对选举权)。"充分保证公民享有各项政治权利是实现亿万人民当家作主、行使国家权力的保证,因而对公民政治权利的剥夺必须十分严肃和慎重。"[4]因此,剥夺公民政治权利必须由法律予以保留。

剥夺政治权利的法律保留情形。从我国现有法律规定看,剥夺政治权利主要是由全国人大及其常委会刑事立法予以保留。《刑法》规定剥夺政治权利主要有附加适用和独立适用两种。《刑法》第56条、第57条规定了附加适用剥夺政治权

---

〔1〕 参见刘飞宇:《对于刑法中剥夺政治权利的宪法学思考》,载《法学家》2005年第1期。

〔2〕 [日]小林直树:《宪法讲义》(新版)(上),东京大学出版会1980年版,第595页。转引自韩大元、林来梵、郑贤君:《宪法学专题研究》,中国人民大学出版社2004年版,第391页。

〔3〕 参见韩大元、林来梵、郑贤君:《宪法学专题研究》,中国人民大学出版社2004年版,第392页。

〔4〕 郑淑娜主编:《〈中华人民共和国立法法〉释义》,中国民主法制出版社2015年版,第38页。

利的对象及剥夺期限。[1] 1997年12月31日最高人民法院《关于对故意伤害、盗窃等严重破坏社会秩序的犯罪分子能否附加剥夺政治权利问题的批复》规定,对故意伤害和盗窃等其他严重破坏社会秩序的犯罪,犯罪分子主观恶性较深和犯罪情节恶劣、罪行严重的,也可以依法附加剥夺政治权利。[2]

2. 限制人身自由的强制措施和处罚。人身自由是人的最基本权利,是其他一切权利和自由的基础。早在1215年,英国《大宪章》就规定了人身自由的保障制度。[3] 1791年《美国宪法第五修正案》、[4] 1789年《人权宣言》第7条、[5] 1948年《世界人权宣言》第9条、[6] 1949年《德国基本法》第2条、[7] 1966年《公民权利和政治权利国际公约》第9条,[8] 都对人身自由保障作出了规定。可见,对人身自由权的保护已经得到国际公约和主要法治发达国家的宪法保障,并且,对其限制必须基于法律规定。

我国《宪法》第37条第1款规定,中华人民共和国公民的人身自由不受侵犯。《立法法》第11条规定,限制人身自由的强制措施和处罚只能由法律规定。目前,我国法律规定的暂时剥夺或限制人身自由的方法包括以下3类:行政强制

---

〔1〕《刑法》第56条第1款规定,对于危害国家安全的犯罪分子应当附加剥夺政治权利;对于故意杀人、强奸、放火、爆炸、投毒、抢劫等严重破坏社会秩序的犯罪分子,可以附加剥夺政治权利。第57条规定:对于被判处死刑、无期徒刑的犯罪分子,应当剥夺政治权利终身。在死刑缓期执行减为有期徒刑或者无期徒刑减为有期徒刑的时候,应当把附加剥夺政治权利的期限改为3年以上10年以下。

〔2〕最高人民法院通过司法解释规定适用剥夺政治权利的情形,对公民政治权利的剥夺属于绝对法律保留范围的规定。

〔3〕英国《大宪章》第39条规定,任何自由人,如未经其同级贵族之依法裁判,或经国法判决,皆不得被逮捕,监禁,没收财产,剥夺法律保护权,流放,或加以任何其他损害。

〔4〕1791年《美国宪法第五修正案》规定,无论何人,不经正当法律程序,不得被剥夺生命、自由或财产。

〔5〕1789年《人权宣言》第7条规定,除非在法律规定的情形下,并按照法律规定的手续,不得控告、逮捕或拘留任何人。

〔6〕1948年《世界人权宣言》第9条规定,任何人不得被任意逮捕、拘禁或放逐。

〔7〕1949年《德国基本法》第2条规定,人人有生命与身体之不可侵犯权。个人之自由不可侵犯。此等权利唯根据法律始得干预之。

〔8〕1966年《公民权利和政治权利国际公约》第9条规定,人人有权享有人身自由和安全。任何人不得加以任意逮捕或拘禁。除非依照法律所确定的根据和程序,任何人不得被剥夺自由。

措施和行政处罚;司法强制措施和司法处罚;刑事强制措施和刑事处罚。[1] 限制人身自由的司法强制措施和司法处罚主要包括拘传和拘留,这些已经由《民事诉讼法》《行政诉讼法》予以规定。限制人身自由的刑事强制措施主要包括拘传、刑事拘留、逮捕等,这些均由《刑事诉讼法》规定。限制人身自由的刑事处罚主要包括管制、拘役、有期徒刑、无期徒刑,这些由《刑法》规定。限制人身自由的行政强制措施,常见的如保护性约束、立即拘留、强制扣留、强制搜查、强制隔离、强制治疗、现场管制、强行驱散等。按照《行政强制法》第 9 条、第 10 条、第 11 条的规定,限制人身自由的行政强制措施只能由法律规定,如《治安管理处罚法》第 15 条第 2 款规定的保护性约束。[2] 此处的保护性约束就是一种限制人身自由的行政强制措施。限制人身自由的行政处罚主要指行政拘留。《行政处罚法》第 10 条规定,限制人身自由的行政处罚只能由法律设定。目前,规定行政拘留处罚的法律主要是《治安管理处罚法》《国家安全法》《反间谍法》,以及有关的环境法律等。

限制人身自由的强制措施或处罚,由于直接关涉公民的最基本权利,在我国法治发展史上,个别限制人身自由的强制措施或处罚曾经引起了社会极大关注,相关个案也成为推动中国法治进步的里程碑事件。例如,收容遣送制度是一种典型的限制人身自由的行政强制措施,是由民政机关、公安机关对流浪乞讨人员、"三无人员"(无合法证件、无固定住所、无稳定收入)采取限制人身自由、收容遣返的一种强制措施。但该制度却是由国务院于 1982 年通过的《城市流浪乞讨人员收容遣送办法》予以规定的,这显然不符合《立法法》关于法律保留原则的规定。被收容者孙某刚之死使这一制度受到合法性、合宪性的重新考量,并引起了全社会的广泛质疑和批判,最终该制度被废止。劳动教养制度也是一种限制人身自由的行政强制措施,它是由劳动教养管理委员会(实质是公安机关,与公安机关是"两个牌子一套班子")对被劳动教养者采取限制人身自由,强制进行劳动、教育和培养的一种措施。这种限制人身自由的最高期限为 4 年。劳动教养制度

---

〔1〕 参见周伟:《保护人身自由条款比较研究——兼论宪法第 37 条之修改》,载《法学评论》2000 年第 4 期。

〔2〕 《治安管理处罚法》第 15 条第 2 款规定,醉酒的人在醉酒状态中,对本人有危险或者对他人的人身、财产或者公共安全有威胁的,应当对其采取保护性措施约束至酒醒。

最初是由全国人大常委会于1957年批准设立的,1979年,全国人大常委会明确了劳动教养的期限。但1982年,公安部制定、国务院转发的《劳动教养试行办法》却扩大了适用劳动教养的对象范围,这已经形成了事实上的重新立法。因此,《劳动教养试行办法》的相关规定违反了《立法法》关于法律保留原则的规定。在各方的不断努力下,2013年11月15日,党的十八届三中全会通过的《全面深化改革决定》提出,废止劳动教养制度。2013年12月28日,第十二届全国人大常委会第六次会议通过决定,废止了劳动教养制度。收容遣送制度和劳动教养制度是法律保留原则发展历程的一个缩影,也是中国法治进程取得点滴进步的体现。

与收容遣送、劳动教养制度类似的另一种限制人身自由的行政强制措施——收容教育制度,因黄某波嫖娼事件〔1〕也进入了公众视野。收容教育,按照《卖淫嫖娼人员收容教育办法》第2条规定,是指对卖淫、嫖娼人员集中进行法律教育和道德教育,组织参加生产劳动以及进行性病检查、治疗的行政强制教育措施。该制度的主要依据是1991年全国人大常委会通过的《关于严禁卖淫嫖娼的决定》。其中规定:"对卖淫、嫖娼的,可以由公安机关会同有关部门强制集中进行法律、道德教育和生产劳动,使之改掉恶习。期限为六个月至二年。具体办法由国务院规定。"1993年国务院根据全国人大常委会上述文件的授权,颁发了《卖淫嫖娼人员收容教育办法》。而正是国务院的上述行政法规规定了收容教育制度,成了收容教育制度饱受争议的重要原因。1991年全国人大常委会通过的《关于严禁卖淫嫖娼的决定》是一种法律性文件,该文件有权规定限制人身自由的行政强制措施——收容教育。而根据该文件的授权,国务院制定《卖淫嫖娼人员收容教育办法》是一种有权立法。因此收容教育制度并不存在合法性问题,不违反法律保留原则。〔2〕 但该制度仍然应当废止,主要原因在于:(1)该制度不符合程序

〔1〕 2014年5月,演员黄某波因嫖娼被北京警方行政拘留,行政拘留期满后,黄某波并未被释放,而被直接转为收容教育6个月。公安机关对嫖娼者采取先行政拘留后收容教育这种连续限制人身自由的行政处罚和行政强制措施的处理方式,一时间引起舆论哗然。收容教育制度的正当性、合法性及存废之争成了舆论热点,也引起了学者的关注。

〔2〕 参见何海波:《论收容教育》,载《中外法学》2015年第2期。

正义。对人身自由进行如此长时间的限制,却没有通过司法机关、依照司法程序作出,而是由公安机关依照行政程序完成,这并不符合程序正义的要求。(2)该制度不符合比例原则,造成了过度侵害。与大部分轻罪的刑罚相比,收容教育的惩罚严厉程度有过之而无不及,但卖淫嫖娼仅仅是治安行政违法,而非犯罪。因此,对不构成犯罪或轻于犯罪的卖淫嫖娼者,施加重于许多轻罪的惩罚措施,显然不符合比例原则所要求的过罚相当。当然,收容教育制度应当被废止的原因还有很多。[1] 2019 年 12 月 28 日通过的全国人大常委会《关于废止有关收容教育法律规定和制度的决定》废止了全国人大常委会《关于严禁卖淫嫖娼的决定》第 4 条第 2 款、第 4 款,以及据此实行的收容教育制度。2020 年 3 月,《卖淫嫖娼人员收容教育办法》被废止。

(六)税种的设立、税率的确定和税收征收管理等税收基本制度

税收法定原则,又称税收法律主义,是民主法治理念在税收领域的具体表现,是现代国家通行的税法基本原则。[2] 《立法法》将税种的设立、税率的确定和税收征收管理等税收基本制度规定为法律保留的范围,正是税收法定原则的体现。

1. 税收基本制度为什么要法律保留

税收,按照《牛津法律大辞典》的解释,"传统上,是有组织的社会中的统治阶级压榨、盘剥、剥削某些国民的一种主要方式。很早的时代,人们就熟悉了税收;从最早的时代,人们就畏惧、痛恨、憎恶收税人"[3]。税收是政府为了满足社会公共需要,凭借政治权力,强制、无偿地取得财政收入的一种形式。[4] 可见,税收是国家利用公权力强制、无偿剥夺公民财产权的一种形式。征税对公民基本权利的影响巨大,因此,"征税的权力及其行使经常成为国王和下议院之间的争议事项"[5]。在英国,这种争议逐渐演变为国王要想征税,必须经过代议机关同意,而

---

〔1〕 其他原因,可参见何海波:《论收容教育》,载《中外法学》2015 年第 2 期。

〔2〕 参见刘剑文:《落实税收法定原则的现实路径》,载《政法论坛》2015 年第 3 期。

〔3〕 [英]戴维 · M. 沃克:《牛津法律大辞典》,李双元等译,法律出版社 2003 年版,第 1094 页。

〔4〕 参见杨捷主编:《税法》,重庆大学出版社 2015 年版,第 1 页。

〔5〕 [英]戴维 · M. 沃克:《牛津法律大辞典》,李双元等译,法律出版社 2003 年版,第 1094 页。

无代表不纳税也成为一个重要原则。代议机关同意征税的文件多是法律。这就是税收法定原则。英国的税收法定原则被包括美国在内的世界其他国家吸收和借鉴,规定于各自的宪法文件中。

税收基本制度的内容。税收基本制度主要包括税种制度、税收要素制度和征税程序制度。税收要素具体包括哪些内容,有不同观点。有三要素说,即税收基本要素包括课税对象、税率、纳税人;四要素说,即课税主体、负税主体、税收客体与税收比率;六要素说,即纳税人、课税对象、税率、税负调整、纳税期限、违章处理;七要素说,即纳税人、征税对象、税率、纳税环节、期限和地点、减免税、税务争议和税收法律责任,或者如纳税人、课税对象、税目、税率、纳税环节、纳税期限、减免税;八要素说,即纳税主体、征税客体、税率、税目、纳税环节、纳税期限、减税免税及违章处理,或者如征税对象、纳税义务人、税率、纳税环节和纳税期限、税目、税的减免、附加和加成、违法处理。[1]

2. 税收法定原则的起源与发展

税收法定原则最早源于英国。1215 年英国《大宪章》第 12 条规定:"如无全国公意许可,将不征收任何免役税与贡金。"这被认为是税收法定原则的源头。[2] 1295 年 11 月 13 日,为筹措战争军费,爱德华一世召集议会开会,这次议会的议题只有一个,即协助国王征税。但由于该次议会首次有骑士和市民代表参加,其具有了代议性质;并且,该次议会确立了向郡市征税需经郡市同意的原则。因此,此届议会被称为"模范议会"(model parliament)。[3] 1689 年,英国议会通过了《权利法案》,该法案第 4 条规定:"凡未经国会准许,借口国王特权,为国王而征收,或供国王使用而征收钱财,超出国会准许之时限或方式者,皆为非法。"1776 年 6 月,《弗吉尼亚权利法案》规定"未经其本人同意,或其选出的代表同意,不能对其征税",正式确立"无代表不课税"原则(No taxation without representation)。1787 年,《美国宪法》第 1 条规定,将税收立法权授予联邦国会,并明确界定了联邦各

---

〔1〕 参见刘剑文:《税法专题研究》,北京大学出版社 2002 年版,第 8 ~9 页。
〔2〕 参见刘剑文:《落实税收法定原则的现实路径》,载《政法论坛》2015 年第 3 期。
〔3〕 参见蒋劲松:《议会之母》,中国民主法制出版社 1998 年版,第 2 ~3 页。

州的税收立法权限,从而正式确立了美国的税收法定原则。

3. 中国税收法定原则的现状与问题

《宪法》第 56 条规定“中华人民共和国公民有依照法律纳税的义务”,是否能从该规定中得出我国宪法已经确立了税收法定原则的结论呢?有学者认为,该规定只是确认了公民的纳税义务,并非对税收立法权配置的规定,因此,税收法定原则目前还没有在我国宪法层面得到完整确立。[1] 1992 年《税收征收管理法》第 3 条是税收法定原则在我国法律中的最早体现。[2] 当然,1992 年《税收征收管理法》目的在于“加强税收征收管理,保障国家税收收入,保护纳税人的合法权益”(第 1 条立法目的),因此,该法对税收法定原则的规定并不全面。虽然经过多次修改,但《税收征收管理法》的立法目的没有当然也不能有根本变化,这是该部法律的名称已经预先设定的。2000 年通过的《立法法》第 8 条第 8 项规定,下列事项只能制定法律:基本经济制度以及财政、税收、海关、金融和外贸的基本制度。这说明有关税收的基本制度只能由法律规定。这可以说是税收法定原则的最明确规定。但由于全国人大常委会的两个授权决定,税收法定原则落实得并不理想。这两个授权决定分别是 1984 年全国人大常委会《关于授权国务院改革工商税制发布有关税收条例草案试行的决定》(2009 年 6 月 27 日被废止)和 1985 年第六届全国人民代表大会第三次会议《关于授权国务院在经济体制改革和对外开放方面可以制定暂行的规定或者条例的决定》。基于这两个授权决定,出现了大部分税收基本制度由国务院行政法规甚至更下位阶的规范性文件规定的局面。截至 2016 年 5 月 1 日(全面推开营改增试点起始日),中国有 17 个税种,其中有 3 个是法律规定的税种:全国人大通过的《个人所得税法》,规定了个人所得税;全国人大通过的《企业所得税法》,规定了企业所得税;全国人大常委会通过的《车船税法》,规定了车船税。其他 14 个税种都是全国人大常委会授权国务院规定的。在涉税的规范性文件方面,截至 2016 年 10 月 1 日,涉税的法律共有 5 部:

[1] 参见刘剑文:《落实税收法定原则的现实路径》,载《政法论坛》2015 年第 3 期。

[2] 《税收征收管理法》(1992 年)第 3 条第 1 款规定,税收的开征、停征以及减税、免税、退税、补税,依照法律的规定执行;法律授权国务院规定的,依照国务院制定的行政法规的规定执行。

《税收征收管理法》《个人所得税法》《企业所得税法》《车船税法》《契税法》。法律以下位阶的涉税规范性文件大致情况是：约 30 部税收行政法规、约 50 部税收行政规章和超过 5500 部税收通告。[1] 截至 2023 年 12 月 31 日，中国有 18 个税种，其中有 12 个税种已经制定法律，有 9 个税种的法律是在 2015 年（《立法法》修正时重申税收法定原则）之后制定出台的，尚有 6 个税种未制定法律。

上述情况出现的原因主要有以下几个方面：一是全国人大常委会 1984 年和 1985 年的两个授权决定，使国务院拥有了就税收基本制度立法的权力。二是中国的经济体制改革在当时还处于探索之中，对税收的基本制度还没有清晰准确的认识。三是《立法法》规定的疏漏。2000 年的《立法法》仅规定授权立法时授权决定应明确授权的目的和范围，没有授权期限的要求。这就使全国人大或其常委会对国务院的授权立法有始期无终期。于是，有关税收的暂行或试行条例暂行或试行期有的长达几十年。

全面落实税收法定原则的政策和法律保障。2013 年，党的十八届三中全会通过的《全面深化改革决定》提出落实税收法定原则。但该文件是将落实税收法定原则作为加强社会主义民主政治制度建设的内容予以表述的，而不是将其作为推进法治中国建设的内容。但毕竟税收法定原则已经出现在党的重要文件中，这是一大进步。2015 年修正的《立法法》弥补了授权立法时没有授权期限要求的漏洞，规定了授权期限。[2] 这一规定有望尽快结束授权立法变为长久立法的缺漏。按照 2015 年“两会”期间，全国人大发言人傅莹的发言，到 2020 年之前，全面落实税收法定原则。[3] 这一期限与修正后的《立法法》对授权立法期限的规定基本一致。授权期限最长不超过 5 年，如果从 2015 年 3 月 15 日《立法法》修正之日起算，以前的授权立法期限都要受最长 5 年的限制，那么，到 2020 年前这些授权立

---

〔1〕 参见刘剑文：《落实税收法定原则的现实路径》，载《政法论坛》2015 年第 3 期。

〔2〕 《立法法》（2015 年）第 10 条规定，授权决定应当明确授权的目的、事项、范围、期限以及被授权机关实施授权决定应当遵循的原则等。授权的期限不得超过 5 年，但是授权决定另有规定的除外。被授权机关应当在授权期限届满的 6 个月以前，向授权机关报告授权决定实施的情况，并提出是否需要制定有关法律的意见；需要继续授权的，可以提出相关意见，由全国人民代表大会及其常务委员会决定。

〔3〕 参见李林、周凯：《2020 年前全面落实税收法定原则》，载《中国青年报》2015 年 3 月 5 日，T04 版。

法的授权期限也应该到期,有关税收的授权立法期限也应该到2020年前。因此,发言人说到2020年之前,要全面落实税收法定原则。但从前述梳理看,截至2023年12月31日,仅有12个税种由法律调整,尚有6个税种属于授权行政法规调整。

(七)对非国有财产的征收、征用

征收是国家为了公共利益的需要,将私人的合法财产所有权强制收归国有并予以补偿的一种行政手段。征用是国家为了公共利益的需要,将私人的合法财产使用权强制收归国家,由国家使用一段时间并予以补偿的一种行政手段。征收一般转移财产的所有权,征用一般不转移财产的所有权,仅转移使用权。

我国《宪法》规定了对土地和私有财产的征收、征用及补偿制度。[1] 但我国没有关于非国有财产的征收、征用的统一法律规定。现有的规定多散见于单行法律中,如《土地管理法》《民法典》《农村土地承包法》等。

(八)民事基本制度

民事基本制度是指民事活动中最主要的民事行为准则。[2] 民事基本制度对维护市民社会的和谐稳定、保障市场经济的有序运行具有重要意义。因此,有关民事基本制度的事项应当由法律保留。民事基本制度主要包括以下几个方面:有关民事主体资格的制度,有关物权方面的制度,有关知识产权方面的制度,有关债权方面的制度,有关婚姻、家庭、收养、继承等方面的制度,等等。全国人大通过的《民法典》已经就民事基本制度作出了详细规定。

(九)基本经济制度以及财政、海关、金融和外贸的基本制度

1. 基本经济制度。基本经济制度直接影响和决定着国家的政治制度等上层

---

〔1〕《宪法》第10条第3款规定,国家为了公共利益的需要,可以依照法律规定对土地实行征收或者征用并给予补偿。第13条第1款规定,公民的合法的私有财产不受侵犯。第3款规定,国家为了公共利益的需要,可以依照法律规定对公民的私有财产实行征收或者征用并给予补偿。

〔2〕参见郑淑娜主编:《〈中华人民共和国立法法〉释义》,中国民主法制出版社2015年版,第44页。

建筑,影响和决定着国家和社会的性质。[1] 因此,基本经济制度必须由高位阶的法律文件予以规定。我国的基本经济制度是由《宪法》予以保留的。体现《宪法》保留的条款主要是《宪法》第6条第2款,但要全面理解我国的基本经济制度,要综合把握《宪法》第6条、第7条、第11条。[2] 宪法保留确保了基本经济制度的法律地位。但对基本经济制度的细化不可能再由宪法操刀,只能委诸下位法。而鉴于基本经济制度的重要性,《立法法》明确将其列为法律保留的事项范围,因此,对基本经济制度的细化规定,只能由法律为之。目前,关于基本经济制度的细化规定,主要有全国人大制定的《全民所有制工业企业法》《外商投资法》,以及全国人大常委会制定的《个人独资企业法》《合伙企业法》《公司法》。从法律的制定主体也可以看出各种具体制度在基本经济制度中的地位和影响。

2. 财政、海关、金融和外贸的基本制度。这些制度都是宏观调控的重要制度。《宪法》第15条第2款规定,国家加强经济立法,完善宏观调控。落实宪法的规定,制定具体的宏观调控制度只能由全国人大及其常委会以法律形式落实。

(1)财政的基本制度。所谓财政,是国家为了实现公共职能的需要,凭借政治权力及财产权力,参与一部分社会产品或国民收入分配和再分配所进行的一系列经济活动,包括组织收支、调节控制和监督管理的活动等。[3] 目前,有关财政基本制度的法律主要有全国人大制定的《预算法》、全国人大常委会制定的《政府采购法》《企业国有资产法》等。而有关财政转移支付、财政监督等的法律缺失,有待立法弥补。

(2)海关的基本制度。海关是国家的进出关境监督管理机关,它对促进对外经济贸易和科技文化交往,保障社会主义现代化建设,维护我国的主权和利益都具有重要的意义。因此,有关海关的基本制度应当由法律保留。全国人大常委会

---

〔1〕 参见郑淑娜主编:《〈中华人民共和国立法法〉释义》,中国民主法制出版社2015年版,第45页。

〔2〕 《宪法》第6条第2款规定,国家在社会主义初级阶段,坚持公有制为主体、多种所有制经济共同发展的基本经济制度,坚持按劳分配为主体、多种分配方式并存的分配制度。第7条规定,国有经济,即社会主义全民所有制经济,是国民经济中的主导力量。国家保障国有经济的巩固和发展。第11条第1款规定,在法律规定范围内的个体经济、私营经济等非公有制经济,是社会主义市场经济的重要组成部分。

〔3〕 参见王国清、马骁、程谦主编:《财政学》(第2版),高等教育出版社2010年版,第15页。

已经制定了《海关法》。

(3)金融的基本制度。金融是指货币的发行、流通和回笼,贷款的发放和收回,存款的存入和提取,汇兑的往来以及证券交易等经济活动。[1] 金融的基本制度对国家稳定、社会发展和人民生活水平的不断提高具有重要意义,因此,必须由全国人大及其常委会以法律形式规定。目前,有关金融基本制度的事项,全国人大已经制定了《中国人民银行法》,全国人大常委会制定了《商业银行法》《票据法》《保险法》《证券法》。

(4)外贸的基本制度。外贸,是对外贸易的简称,指货物进出口、技术进出口和国际服务贸易(《对外贸易法》第2条)。有关外贸的基本制度,对扩大我国对外开放、发展对外贸易、维护对外贸易秩序、保护对外贸易经营者的合法权益、促进社会主义市场经济的健康发展都具有重要意义,因此,应当由法律保留。目前,全国人大常委会已经制定了《对外贸易法》。

(十)诉讼制度和仲裁基本制度

在法治国家,争端解决的主要途径是国家设立的各种公力救济制度。原则上法治国家排斥私力救济。公力救济可以使争端解决垄断在国家手中,而私力救济可能使社会处于不受国家控制的危险之中,从而危及社会的安定,动摇国家的统治基础。在公力救济制度中,诉讼制度和仲裁基本制度是最重要的两种制度。

1. 诉讼制度

诉讼制度是保障公民诉讼权的各种制度。诉讼权是人民于其权利受侵害时,依法享有向法院提起适时审判之请求权,且包含听审、正当法律程序、公开审判请求权及程序上之平等权等。[2] 在域外很多国家或地区,诉讼权被规定为公民宪法上的一种基本权利。《日本国宪法》第32条规定,不得剥夺任何人在法院接受裁判的权利。《德国基本法》第10条第1款规定,在法院被控告之人,有请求公平

---

〔1〕 参见中国社会科学院语言研究所词典编辑室编:《现代汉语词典》(第6版),商务印书馆2012年版,第672页。

〔2〕 参见陈慈阳:《宪法学》(第2版),台北,元照出版公司2005年版,第627页。

审判之权。第19条第4款规定,任何人之权利受官署侵害时,得提起诉讼。在美国,公民诉讼权的确立和保障首先为宪法所规范,《美国宪法第十四修正案》关于正当程序、平等保护的条款蕴含公民的司法救济权即诉讼权的内容。[1] 英美司法实践中关于诉讼权的宪法权利认知更是俯拾皆是。[2] 同时,诉讼权也被许多国际公约明确规定。《世界人权宣言》第10条、[3]《公民权利和政治权利国际公约》第14条第1款均规定了诉讼权。[4]

诉讼权如此重要,保障该项权利有效实现的各种制度必须由法律保留。目前,全国人大及其常委会已经就主要的诉讼制度制定了法律,如《民事诉讼法》《刑事诉讼法》《行政诉讼法》。

《诉讼费用交纳办法》是否违反法律保留原则?2006年国务院常务会议通过了《诉讼费用交纳办法》。该办法对当事人进行民事诉讼、行政诉讼交纳诉讼费用的问题作了规定。那么,国务院是否有权制定该办法,该办法是否违反法律保留原则?

第一,要明确的是,诉讼费用是当事人寻求司法救济、实现接近法院权利的成本,它的标准的高低直接影响当事人诉讼权的实现,因此,诉讼费用是诉讼制度的一个重要内容。

第二,按照《立法法》第12条的规定,法律保留范围内的事项,尚未制定法律的,全国人大及其常委会可以授权国务院先制定行政法规。诉讼费用属于诉讼制度,应由法律保留,但目前尚未制定法律,因此,如果有全国人大或其常委会的授权决定,国务院就可以制定行政法规,规范诉讼费用。但从《诉讼费用交纳办法》中看不出国务院获得了该项立法的授权。该办法第1条规定,根据《民事诉讼法》和《行政诉讼法》的有关规定,制定本办法。该条作为立法依据没有提及立法

[1] 参见左卫民、朱桐辉:《公民诉讼权:宪法与司法保障研究》,载《法学》2001年第4期。
[2] 参见刘练军:《何谓诉讼权——兼论诉讼权入宪应当缓行》,载《浙江社会科学》2013年第3期。
[3] 《世界人权宣言》第10条规定,人人完全平等地有权由一个独立而无偏倚的法庭进行公正的和公开的审讯,以确定他的权利和义务并判定对他提出的任何刑事指控。
[4] 《公民权利和政治权利国际公约》第14条第1款规定,所有的人在法庭和裁判所前一律平等。在判定对任何人提出的任何刑事指控或确定他在一件诉讼案中的权利和义务时,人人有资格由一个依法设立的合格的、独立的和无偏倚的法庭进行公正的和公开的审讯。

权的来源，而仅依据《民事诉讼法》和《行政诉讼法》进行立法，难免让人质疑其是否具有立法主体资格。

第三，诉讼费用不属于行政法规的规范对象，不能通过行政法规规范。《立法法》（2023年）第72条规定了行政法规的调整范围。[1] 其中，"为执行法律的规定需要制定行政法规的事项"，指的是国务院或者下级行政机关为执行法律的规定需要制定行政法规的事项。如果这个法律的执行主体不是国务院或下级行政机关，而是人民法院、人民检察院或者立法机关，则国务院无权就该法律规定的事项制定行政法规，即国务院只能就其职权范围内的事项，依法制定行政法规。诉讼费用属于诉讼制度的内容，《民事诉讼法》和《行政诉讼法》都对诉讼费用的收取作了规定。同时，这两部法律也规定：收取诉讼费用的办法另行制定。国务院不是《民事诉讼法》和《行政诉讼法》的执行主体，无权对这两部诉讼法律中的具体事项进行细化规定。因此，诉讼费用既不属于国务院或下级行政机关为执行法律的规定需要制定行政法规的事项，又不属于《宪法》第89条规定的国务院行政管理职权的事项，国务院无权就诉讼费用事项进行规定，行政法规也无权就该事项进行调整。《诉讼费用交纳办法》的制定主体不适格。[2]

第四，既然国务院无权就诉讼费用事项作出规定，行政法规无权调整该事项，那么，作为诉讼制度的一种，诉讼费用就只能保留由法律调整，即只能由全国人大及其常委会对诉讼费用收取办法制定法律。从这个角度上说，《诉讼费用交纳办法》违反了法律保留原则。

第五，《诉讼费用交纳办法》也与诉讼费用的性质和法律规定相悖。1989年最高人民法院、财政部颁布了《关于加强诉讼费用管理的暂行规定》，其中明确规定，各级人民法院依法收取的诉讼费用属于国家规费。既然是国家规费，就属于征收的范围。既然是征收，就应该体现公权力对公民财产权的单向收取。另外，无论是《民事诉讼法》，还是《行政诉讼法》，都规定的是"收取"诉讼费用的办法

---

[1] 《立法法》第72条第2款规定，行政法规可以就下列事项作出规定：(1)为执行法律的规定需要制定行政法规的事项；(2)《宪法》第89条规定的国务院行政管理职权的事项。

[2] 类似观点参见廖永安：《〈诉讼费用交纳办法〉之检讨》，载《法商研究》2008年第2期。

另行制定,而不是“交纳”诉讼费用的办法另行制定。因此,笔者认为,现行《诉讼费用交纳办法》的名称既与诉讼费用的性质不符,又与《民事诉讼法》和《行政诉讼法》的规定相悖。

2. 仲裁基本制度

仲裁制度是指由仲裁机构对平等主体的公民、法人和其他组织之间发生的合同纠纷和其他财产权益纠纷进行裁决的一种制度。2023 年《立法法》修改时对仲裁制度的法律保留范围作出改变,规定仲裁基本制度由法律保留,而仲裁的非基本制度不再属于法律保留范围。

仲裁实行一裁终局的制度。裁决作出后,当事人就同一纠纷再申请仲裁或者向人民法院起诉的,仲裁委员会或者人民法院不予受理。该制度与劳动人事争议仲裁制度不同,后者一般不实行一裁终局制度,当事人对劳动人事争议仲裁裁决不服的,原则上可以向人民法院提起诉讼。目前,全国人大常委会已经制定了《仲裁法》。

(十一)必须由全国人民代表大会及其常务委员会制定法律的其他事项

这是法律保留范围的兜底条款。由于受认知水平、实践经验和法治发展程度等条件的限制,除了前述 10 项列举的事项外,还存在目前没有认识到的应受法律保留的事项。为了给今后立法留下空间,故设立该兜底条款。同时,法律保留范围的兜底条款,也符合《宪法》对全国人大及其常委会职权的规定。《宪法》第 62 条规定,全国人大行使下列职权:……(16)应当由最高国家权力机关行使的其他职权。《宪法》第 67 条规定,全国人大常委会行使下列职权:……(22)全国人大授予的其他职权。从《宪法》的上述规定看,应当由全国人大及其常委会行使职权的范围无法通过列举穷尽,至少在当下,这种职权范围具有开放性和扩展的空间。而只要在全国人大及其常委会职权范围内的事项,如果需要通过法律予以规范,都可以制定法律。因此,《立法法》在规定法律保留的事项范围时,为了与《宪法》中全国人大及其常委会的职权范围保持一致,规定兜底条款是必要的。

根据《宪法》及相关法律的规定,必须由全国人大及其常委会制定法律的其他事项,主要包括以下情况。

第一，不属于《立法法》第11条前10项的事项范围，但又在《宪法》规定的法律保留事项范围内的事项。例如，《宪法》第19条第4款规定，国家鼓励集体经济组织、国家企业事业组织和其他社会力量依照法律规定举办各种教育事业。这说明民办教育事项必须由法律规定，属于法律保留的范围，但这种事项又不在《立法法》第11条前10项的事项范围之内。因此，民办教育事项属于《立法法》第11条第11项规定的"其他事项"。第二，不属于《立法法》第11条前10项的事项范围，但又属于单行法律规定的必须制定法律的事项。例如，《枪支管理法》第3条第1款规定，国家严格管制枪支。禁止任何单位或者个人违反法律规定持有、制造（包括变造、装配）、买卖、运输、出租、出借枪支。这说明持有、制造（包括变造、装配）、买卖、运输、出租、出借枪支的事项必须由法律规定，而该事项又不在《立法法》第11条前10项的事项范围内，因此，该事项就属于《立法法》第11条第11项中的"其他事项"。[1] 第三，不属于《立法法》第11条前10项的事项范围，但随着认知水平、社会进步和法治的发展，国家最高权力机关认为应当由其制定法律予以调整的事项。这一事项的范围处于不断探索中。

三、我国法律保留范围的标准

从前述关于《宪法》《立法法》以及单行法中法律保留的规定看，我国法律保留范围的标准是在继受传统侵害保留说的基础上，采纳了重要性理论。

（一）侵害保留说的继受

各国法治发展首先是从限制公权的积极侵害开始的，并且，这一任务构成了法治发展过程中的主要任务之一。因为相对于普通公民、法人或其他组织的侵害而言，以暴力机器为后盾的国家公权力机构对公民合法权益造成的侵害更为严重、更难以被纠正；相对于国家不提供给付和福利而言，国家的积极侵害行为更难接受、影响更大、危害更深。因此，各国法治建设无疑都把公权力的积极侵害行为列为规制的主要任务。中国作为法治后进国家，在法治建设的启蒙时期，已经形

〔1〕 参见郑淑娜主编：《〈中华人民共和国立法法〉释义》，中国民主法制出版社2015年版，第49页。

成了侵害保留的思想基础。“法无规定即禁止”“依法行政”等的最主要含义也是针对侵害行政而言的。事实上,各国的法治发展过程,基本都是从控制侵害行政开始。随着经济和社会发展,才逐渐扩大到给付行政。给付行政与国家的经济发展状况密切相关。它解决的问题多数情况下是公民通过自己的努力可以解决或改善的,这就产生了既然可以自力更生,就不要依赖他人或国家的朴素思想。在公民自力更生价值观的支配下,民众对控制给付行政的愿望和要求并不太高,尤其是在经济不发达时期。加之,给付行政要求国家履行一定的积极作为义务,而在王权至上的时代,缺少公民要求国家提供给付的基础。即使近现代,公民要求国家提供给付的权利也是逐渐形成并发展的。但在侵害行政领域,国家只要履行不作为义务即可。这个义务很容易履行,民众对此期待也高。而如果公权力机构不履行不作为义务,转而积极地去侵害公民的合法权益,这时公民就会要求其有明确的法律依据。

我国的行政法治发展,也是从优先制定侵害保留的法律开始的。《宪法》关于土地所有权、使用权的征收、征用,公民选举权与被选举权的剥夺,公民的纳税义务等的规定,均体现了法律保留原则。《立法法》第 11 条前 10 项法律保留的事项中,有 4 项(第 4—7 项)应该属于对相对人造成不利影响的侵害事项。这些事项只能由法律调整。从《行政处罚法》《行政强制法》的规定看,对相对人合法权益造成不利影响的行政处罚和行政强制行为,都属于法律保留的范围。《宪法》《税收征收管理法》《土地管理法》《城市房地产管理法》等规定了对税收、土地、房产的征收事项。当然,《宪法》《立法法》和单行法律的规定并不能推导出我国继受了侵害保留说。因为除了行政处罚、行政强制、行政征收等行为外,还存在其他侵害行政的类型或形式,如行政收费也是一种侵害行政,但至今尚未有统一的法律调整。在域外,德国制定了《联邦行政收费法》、捷克制定了《行政收费法》、加拿大制定了《使用者付费法》、哈萨克斯坦制定了《规费法》。[1] 美国规范行政收费权的最主要法律依据是《独立办公室拨款法》(the Independent Offices Appro-

---

〔1〕 参见肖明:《行政收费制度的法理研究》,载《政府法制研究》2010 年第 12 期。

priation Act of 1951)。[1] 我国学者主张制定统一的“行政收费法”。[2] 早在2006年,“行政收费法”就已经列入第十届全国人大常委会立法规划。“行政收费法”的出台只是时间问题。至此,经过梳理可以发现,我国比较典型的侵害行政行为,要么已经进入了法律保留的范围,要么已经纳入了法律保留的视野。即使还有其他侵害行政行为没有在前述梳理中出现,也不能否定侵害行政受法律保留原则拘束的理念和趋势。因此,一定程度上可以说,我国继受了侵害保留学说。

(二)重要性理论的参考

从《宪法》、《立法法》(第11条)规定的法律保留事项看,除了对公民权益造成侵害的事项外,还有大量的有关国家结构、基本政治制度、基本经济制度、基本民事制度等的事项。这些事项要么对基本权利的实现是重要的,要么具有“政治重要性”,因此,他们都属于“重要性”事项,满足重要性理论的判断标准。

首先,《宪法》是一国的根本大法,它规定国家的根本任务和根本制度,即社会制度、国家制度的原则和国家政权的组织以及公民的基本权利义务等内容。能入宪法“法眼”的事项,绝非小事,因此,《宪法》规定的法律保留事项都符合重要性理论的标准。

其次,从《立法法》第11条的规定看,必须由法律调整的事项,前10项规定的主要是国家主权,国家机构的组织和职权,宪法规定的基本政治制度(民族区域自治制度、特别行政区制度、基层群众自治制度),对公民人身权、财产权的侵害事项,民事基本制度,基本经济制度,基本的纠纷解决制度,等等。这些制度要么具有“政治重要性”,要么对基本权利的实现是重要的,因此,也符合重要性理论的标准。

最后,我国中央与地方立法权限的划分标准决定了法律保留范围的标准。从《宪法》和《立法法》的有关规定来看,我国主要是按照立法事项的“重要程度”而

---

〔1〕 参见苏苗罕:《美国联邦政府行政收费的法律规范研究》,载《行政法学研究》2013年第4期。
〔2〕 参见章剑生:《行政收费的理由、依据和监督》,载《行政法学研究》2014年第2期。

非“影响范围”,作为划分中央与地方立法权限的标准。[1] 而《立法法》第11条规定的专属中央立法事项就是按照事项的重要程度进行规定的。这恰恰构成了法律保留事项的范围标准。

四、我国法律保留范围立法的检讨

我国现行《立法法》第11条、第12条被认为是我国第一次“全面完整、具体明确”规定法律保留原则的法律。[2] 但《立法法》第11条关于法律保留事项范围的规定也存在诸多不足。

(一)未明确《宪法》及单行法律中法律保留事项与《立法法》法律保留原则的关系

《立法法》是宪法性法律,其以专属立法权的形式规定法律保留的事项范围,是对全国人大及其常委会的专属立法权限所作的集中、统一和完整规定。这一规定既表明国家立法权的专属调整范围,又树立了国家最高权力机关的权威和地位。因此,《立法法》应全面规定法律保留的事项。但考虑到法律保留的事项繁多,《宪法》与很多单行法律也都规定了法律保留的事项,《立法法》在规定法律保留原则时,应对《宪法》及单行法律中关于法律保留事项的问题作出统一的规定。

既然《立法法》第11条是对法律保留原则的集中、全面、完整、明确、具体的规定,那么,《立法法》就应该在此处规定《宪法》与单行法律中的法律保留事项,至少应有一个援引式说明,这样法律保留范围就更全面、完整和严谨。

(二)没有对公民基本权利和义务事项作出全面规定

法律保留原则的缘起是限制王权,保障公民的基本权利。法律保留原则应以保障公民的基本权利实现为主要着眼点和立足点。因此,法律保留原则的理论阐

---

〔1〕 参见封丽霞:《中央与地方立法权限的划分标准:“重要程度”还是“影响范围”?》,载《法制与社会发展》2008年第5期。

〔2〕 参见黄学贤:《行政法中的法律保留原则研究》,载《中国法学》2004年第5期。

释和制度建设都应围绕公民基本权利的保护这一中心。但我国《立法法》在规定法律保留原则时却没有给予公民基本权利应有的重视和保障。该法第 11 条列举了 10 项法律保留的事项,其中只有一项明确涉及公民基本权利,即第 5 项:对公民政治权利的剥夺、限制人身自由的强制措施和处罚。这一项主要涉及的是政治权利和人身自由权。除此之外,另有 3 项是在规定国家的刑事基本制度(犯罪和刑罚),税收基本制度,对非国有财产的征收、征用制度时涉及公民的人身权、财产权等权利的。其余 6 项主要是规定国家机关的组织,国家的基本经济制度、政治制度,纠纷解决制度,等等。可见,《立法法》在规定法律保留原则时,没有将公民基本权利事项作为主要的规范事项。其导致的直接后果是,在规定法律保留原则的基本立法中,仅有部分基本权利进入了法律保留的范围,公民的其他基本权利则没有涉及。尽管可能有《宪法》及单行法律对公民的其他基本权利作出规定,但其他基本权利在法律保留原则基本立法中的缺位,一定程度上会降低人们对于公民基本权利地位的认识和评价,与法律保留制度的设立初衷和价值追求难以契合。

(三)没有明确法律保留范围的标准

法律保留范围是必须由法律予以调整和控制的事项范围。根据不同的划分标准,法律保留范围也会产生变化。例如,侵害保留说认为,给公民权利造成侵害的行政行为必须有法律根据,其他行为则无须法律保留。而全面保留说、权力行政保留说、给付行政保留说、折中说等学说的法律保留范围明显大于侵害保留说。目前,尽管尚有争议,但重要性理论已然成为域外国家或地区确定法律保留范围的重要依据。法律保留范围的标准确定后,在立法时就应考虑将这一标准体现于法律规定中。

立法者在通过列举方式规定法律保留的范围时,存在列举不尽的弊端。通常立法者会采纳“示范性列举 + 概括性兜底”的立法模式,以直观、全面地规定调整事项。“概括性兜底”是对示范列举事项的高度抽象,是对列举事项性质的高度概括,它体现了法律所欲调整事项的本质特征。立法者在规定法律保留的范围时,理想的立法模式也是采纳“示范性列举 + 概括性兜底”模式。应当说,我国

《立法法》第 11 条就是采纳的该种立法模式。但遗憾的是,第 11 条的"概括性兜底"没有体现我国法律保留范围的本质特征,没有以立法表明我国法律保留范围的决定标准。"必须由全国人民代表大会及其常务委员会制定法律的其他事项",这样的表述相当于"必须由法律保留的其他事项"之表述,使法律保留范围的决定标准付诸阙如。我国台湾地区"法规标准法"在规定法律保留原则的范围时,先示范性列举,然后以概括性兜底的方式规定了法律保留事项的标准,如该条的兜底性条款是,"左列事项应以法律定之:四 其他重要事项之应以法律定之者"。

五、我国法律保留范围立法的完善

我国《立法法》关于法律保留范围的立法模式值得肯定。示范性列举可以起到明示、指引的作用,概括性兜底条款可以对未被列举的事项起到一个兜底作用,不致出现立法的疏漏。但基于法律保留原则的重要性,我国的法律保留立法应该在以下方面予以完善。

(一)明确《宪法》、单行法律中应由法律调整的事项与《立法法》中法律保留事项的关系

我国《立法法》制定于 2000 年,在此之前,《宪法》中已经规定了许多由法律调整的事项,而单行法律中规定的由法律调整的事项也有很多。《宪法》与单行法律中规定的法律调整事项与《立法法》第 11 条的关系如何?是独立于《立法法》第 11 条的规定,是一种并列的存在,还是具有包含关系?至少目前没有明确的立法规定。

《立法法》是对我国立法进行全面统一规范的宪法性法律,是有关立法活动的基本法。第 11 条是对全国人大及其常委会专属立法权的集中、统一规定,也是对法律保留事项范围的基本规定,因此,《立法法》第 11 条应当就我国法律保留事项作出集中、统一的安排。《宪法》、单行法律中规定应由法律调整的事项,应体现于这种集中、统一安排之中,而不应将其置于《立法法》第 11 条之外。否则,就无法充分体现《立法法》作为立法活动基本法的地位,也无法使现有关于全国

人大及其常委会专属立法权的规定统一起来。

因此,建议《立法法》第11条增加一项作为第1项,明确规定《宪法》与单行法律中规定应由法律调整的事项也属于法律保留的事项范围。具体可表述为:第×条下列事项只能制定法律:(1)宪法或法律规定只能制定法律的事项……这样可以使全国人大及其常委会的专属立法权限在立法活动的基本法中得到统一规定,使《宪法》、单行法律与《立法法》中有关法律保留事项的规定成为一个有机联系的整体。同时,这种立法技术也可以大大减轻示范性列举的负担,即《宪法》、单行法律中规定应由法律调整的事项,此处可以不再列举,而这种立法语言的简练,使立法的包容性更强。

(二)将已经达成共识的法律保留事项明确列举出来

《宪法》、单行法律中已经规定由法律调整的事项,不必在此处列举,但在《宪法》和单行法律中没有规定,或者仅对个别事项作了规定的情况下,《立法法》在规定法律保留事项时,可以也应当对必须由法律调整的某类事项作出统一规定,如有关公民基本权利、义务的规定。尽管《宪法》对公民的基本权利和义务进行了列举,但要想使这些权利得到落实,义务得到遵守,还必须有下位法的详细规定。下位法在落实这些基本权利和义务时,是否必须由法律予以调整并细化,目前没有统一的规定。《立法法》第11条明确、直接规定只能制定法律的公民基本权利事项,是第5项"对公民政治权利的剥夺、限制人身自由的强制措施和处罚"。而《宪法》规定的公民基本权利除了政治权利和人身自由外,还包括平等权、言论、出版、集会、结社、游行、示威的自由、宗教信仰自由、人格尊严权、住宅权、通信自由、受教育权等。

目前,很多基本权利事项是由国务院通过行政法规予以调整的。例如,有关出版事项,由《出版管理条例》(2020年)调整,有关结社的事项,由《社会团体登记管理条例》(2016年)调整,有关宗教信仰自由的事项,由《宗教事务条例》(2017年)调整。行政法规调整基本权利事项是否一定不利于基本权利的保障?首先,根据《立法法》第12条规定,如果尚未制定法律,除了对公民政治权利的剥夺和限制人身自由的强制措施和处罚外,其他基本权利事项即使属于法律保留事项,全国人大及其常委会也可以授权国务院制定行政法规调整。这说明前述基本权利事项由行政法规调整没有根本性障碍。但如果按照 2015 年 3 月修正的《立法法》关于授权立法的规定,前述行政法规即使有授权立法的根据,也要接受授权目的、期限以及被授权机关实施授权决定应当遵循的原则等的考量和检验。如果以此标准检验,则前述行政法规大有值得商榷的余地。其次,行政法规难以从根本上避免立法部门化倾向和行政本位主义的弊端。作为行政机关,国务院在制定有关基本权利方面的行政法规时,不可避免地会从有利于行政管理、维护行政管理秩序角度考虑问题,这就有可能将基本权利保障的行政立法异化为限制基本权利行使的行政管理之法。最后,事实上,目前有关基本权利的行政法规,存在异化为权利限制法的问题。[1] 因此,尽管行政法规并不必然导致基本权利保障的异化,但由于行政立法天然的部门化倾向和本位主义问题,将基本权利保护委诸行政法规,一定程度上无异于"与虎谋皮",其无法有效实现权利保障的授权立法目的是大概率事件。

有些基本权利事项,甚至没有法律、行政法规的专门调整,而是通过《刑法》《刑事诉讼法》的个别规定予以保障的,如通信自由权,是在《宪法》第 40 条规定基础上,由《刑法》(2023 年)第 252 条(侵犯通信自由罪)、《刑事诉讼法》(2018 年)第 143 条的规定予以保障的。这种权利保障方式仅是从严重侵害通信自由构成犯罪和特定机关的干预角度入手,无法全面系统规定通信自由的本质和权利范围,无法对其他的侵害通信自由权的违法行为予以有效打击,因而,无法全面完整、充分有效地保障公民的通信自由权。住宅权的保护方式也大抵如此。

那么,是不是将基本权利纳入法律保留的范围,就一定可以有效实现基本权利保障的目的?答案是否定的。这是因为法律保留也可能出现"多数人的暴政""多数人对少数人的侵害"等现象。因此,对基本权利保护,仅有法律保留原则并不充分,有时还要宪法保留。而在法律保留原则下,基本权利立法也应遵循一定的原则和标准,以保护基本权利的核心不被掏空。这一问题将在后文详述。

总之,在基本权利保障已经成为宪治和法治核心要义的当下,将公民基本权

---

[1] 参见魏治勋:《全面有效实施宪法须加快基本权利立法》,载《法学》2014 年第 8 期。

利纳入法律保留范围已经成为时代命题,在我国已成刻不容缓的国家义务。

与基本权利一样,对公民基本义务的规定也应由法律保留。

(三)兜底条款应明确法律保留范围的决定标准

在立法中,为了严密法律之网,兜底条款的设置不仅是不可或缺,难以避免的,而且,兜底条款在增强法律的适应性、稳定性、公正性以及文本的简洁性等方面有其独具的功能价值和优越性。[1]《立法法》第11条关于只能制定法律的事项范围,受立法技术、语言局限以及社会的发展等因素影响,通过列举穷尽该类事项,不具有可行性。因此,在这种有关事项范围的立法中,使用兜底条款实现立法目的是常见的一种立法技术。

1. 兜底条款的本质特征

立法中的兜底条款一般具有如下本质性特征。

(1)与列举事项具有同质性。在规定调控事项时,为了使人对调控事项有一个大致清晰的认识和把握,有利于行政执法和司法适用,一般立法者首先会采用列举方式把重要或常见的调控事项规定于法律文本中,如《行政诉讼法》第12条第1款前11项属于受案范围案件的列举,《立法法》第11条前10项只能制定法律事项的列举,等等。如前所述,受立法语言局限、认知能力的不足、社会发展阶段制约等因素影响,立法列举难以周全和严密,因此,兜底条款可以弥补列举不尽的缺陷,提升立法语言的简洁性,并使立法具有较强的适应性。但兜底条款要想发挥"兜底"的作用,必须与前述列举事项具有相同的性质。只有性质相同,兜底条款才能通过抽象与概括的表述方式把同类事项涵括进去。如果性质不同,兜底条款就无法起到兜底的作用。有时,列举事项的共同性质并非显而易见,需要通过思维加工进行提炼、抽象与概括,才能反映出它们的共同性质。在这种抽象与概括本质特征的过程中,必须以立法所欲保护的法益作为根本的判断标准。因此,兜底条款对列举事项的概括其实就是立法保护的法益性质的反映。例如,《行政诉讼法》第12条第1款前11项基本是以行政行为类型为标准进行列举的,

---

[1] 参见张建军:《论刑法中兜底条款的明确性》,载《法律科学(西北政法大学学报)》2014年第2期。

如果不考虑行政诉讼保护的法益性质，则无法直接从前11项列举中看出其共同性质，但如果考虑到行政诉讼保护的法益类型，就可以在前11项列举中抽象出他们的共同本质，即侵犯“人身权、财产权等合法权益”。《立法法》第11条的列举与兜底条款也具有同质性，即都是非常重要，需要由全国人大及其常委会制定法律的事项。

综上所述，兜底条款与列举事项具有同质性是兜底条款的根本特征。

(2)与列举事项具有并列性。兜底条款是在列举事项的基础上，为弥补列举不尽的弊端，采用抽象、概括的语言表达与列举事项具有相同性质事项的一种立法技术。兜底条款所概括的事项虽然与列举事项具有同质性，这种概括也可以将列举事项涵盖于内，但兜底条款的表述一般采用“其他”作为与列举事项具有同质性的事项的限制词，这样就使兜底条款具有了与列举事项并列的地位，如最高人民法院《关于审理行政协议案件若干问题的规定》(2019年)第2条对行政协议的兜底规定。[1] 其中，“行政协议”是对前两项列举事项的性质概括，“其他”是对行政协议的限制，即除政府特许经营协议，土地、房屋等征收征用补偿协议等之外的行政协议，这样就实现了其他行政协议这种兜底事项与前述列举事项的并列。

2. 兜底条款的表述方式

法律中兜底条款的表述通常有以下几种。

(1)抽象出列举事项本质特征的概括性语言表述。这是最常见、也最能体现立法目的的立法语言表述方式。兜底条款要想起到“兜底”的作用，必须将列举事项的共同性质与法律所欲保护的法益结合起来，借以概括出列举事项与兜底事项的共同本质。对列举事项共同性质的概括方式，可以采用性质描述的方式，也可以采用法律概念的方式。前者如《行政诉讼法》第12条第1款第12项的兜底

[1] 最高人民法院《关于审理行政协议案件若干问题的规定》(2019年)第2条规定，公民、法人或者其他组织就下列行政协议提起行政诉讼的，人民法院应当依法受理：(1)政府特许经营协议；(2)土地、房屋等征收征用补偿协议；(3)矿业权等国有自然资源使用权出让协议；(4)政府投资的保障性住房的租赁、买卖等协议；(5)符合本规定第1条规定的政府与社会资本合作协议；(6)其他行政协议。

表述——认为行政机关侵犯其他人身权、财产权等合法权益的，就是对前述列举事项共同性质进行描述式的概括。后者如最高人民法院《关于审理行政协议案件若干问题的规定》(2019年)第2条的兜底条款表述——“其他行政协议”。在采用法律概念进行兜底表述时，通常法律会对该概念进行界定，如最高人民法院《关于审理行政协议案件若干问题的规定》(2019年)第1条就对行政协议进行了界定。[1]

(2)如果兜底条款中的概括性语言不能清楚地表明列举事项与兜底事项的共同本质，则兜底事项将因过于模糊而使立法的调控范围具有不确定性，兜底条款的“兜底”、封闭与指引功能将难以发挥，立法对相关法益的保护也将支离破碎，甚至挂一漏万。

(3)抽象出列举事项部分(或表面)特征的概括性语言表述。与抽象出列举事项本质特征的概括性语言表述类似，有些兜底条款仅仅将列举事项的部分特征或表面特征进行了抽象与概括，然后予以语言表述。这种对列举事项部分或表面特征的概括性表述，由于没有触及列举事项的本质性特征，在判断相关事项是否属于兜底条款中的事项时，难免会出现混乱现象，无法进行准确判断。例如，《立法法》第11条前10项列举的只能制定法律的事项，其表面特征是均由全国人大或其常委会制定法律调整的事项，第11项的兜底条款表述为，“必须由全国人民代表大会及其常务委员会制定法律的其他事项”。兜底条款与列举事项的表面共同特征是制定主体相同。但这种制定主体的相同，并不能反映只能制定法律调整的事项范围的本质特征，或者说无法反映法律保留范围的实质决定标准。在对相关事项立法时，立法者仍需要对该事项是否应由法律保留作出判断，然后才能决定是否由全国人大或其常委会制定法律调整。这种兜底条款没有反映立法所欲调整事项的本质特征，由于欠缺明确性，无法发挥指引功能。

(4)授权相关主体决定的表述。这种兜底条款不是一种典型的兜底条款。

---

[1] 最高人民法院《关于审理行政协议案件若干问题的规定》(2019年)第1条规定，行政机关为了实现行政管理或者公共服务目标，与公民、法人或者其他组织协商订立的具有行政法上权利义务内容的协议，属于《行政诉讼法》第12条第1款第11项规定的行政协议。

典型的兜底条款一般具有对列举事项共同性质的概括性表述，但授权相关主体决定法律调整范围的表述，没有抽象出列举事项的共同性质，而将兜底事项的范围委由相关主体予以决定，这样就使法律的调控范围具有不确定性，难以发挥兜底条款的"兜底"、封闭与指引功能。授权相关主体决定的兜底条款，有两种表现形式，一种是授权不同位阶的法律规范予以规定，另一种是授权特定主体进行决定。前者如《行政许可法》第12条可以设定行政许可的事项，在列举了前5项事项后，第6项兜底事项委由"法律、行政法规"予以规定，即"法律、行政法规规定可以设定行政许可的其他事项"。这种兜底至少从规范解释角度看，没有表现出与前述列举事项的同质性，也无法对法律、行政法规的设定权予以有效的规制。后者如《反垄断法》第17条关于禁止具有竞争关系的经营者达成垄断协议的情形，在列举了前5项垄断协议后，第6项兜底的情形委由国务院反垄断执法机构对需要禁止的其他垄断协议进行决定，即"国务院反垄断执法机构认定的其他垄断协议"。这种"兜底条款，并不具有概括性的禁止功能"〔1〕。

综上所述，作为立法技术的兜底条款，要想实现"兜底"功能，采用第一种表述方式最为理想，即抽象出列举事项本质特征的概括性语言表述。

3.《立法法》第11条兜底条款的表述亟待完善

《立法法》第11条实质是关于法律保留范围的规定，但由于第11项兜底条款没有抽象出列举事项的本质特征，仅将其表面特征（制定主体）予以概括，这就无法发挥"兜底条款"应有的制度功能。在确定相关事项是否应由法律保留时，全国人大及其常委会仍然需要对该事项是否与第11条前10项具有相同的性质，进行识别和判断，而这种识别和判断的标准仍然有待明确。从法律保留范围相关理论的介绍中，可以发现重要性理论已经成为通说的判断标准。再分析我国《立法法》第11条前10项事项的列举，可以发现，《立法法》第11条在规定只能制定法律的事项时，其实已经不自觉地采纳了重要性理论作为判断标准。因此，在第11项兜底条款的表述上，立法者应该明确地使用重要性理论进行概括，即"应当制

---

〔1〕 唐晋伟：《试析我国〈反垄断法〉规制垄断协议的立法模式——以第13条和第14条中的兜底条款为考察对象》，载《行政法学研究》2008年第1期。

定法律的其他重要事项”。

(四)法律保留事项的合并与简化

基于前述,我国《立法法》第11条关于法律保留范围的规定零散、繁杂且无规律可循。如果第11条能实现前述的改造与完善,则第11条的示范性列举可以适当合并与简化。根据重要性理论,法律保留事项主要是对公民基本权利实现具有重要性的事项或者具有政治重要性的事项。而《宪法》规定的内容恰恰是公民的基本权利与具有政治重要性的事项。因此,法律保留范围与宪法调整的范围具有高度重合性,当然,有些事项是《宪法》保留的范围,法律也不能予以改变或违反。从我国《宪法》的结构看,其调整的内容主要包括总纲、公民的基本权利和义务、国家机构、国旗、国歌、国徽、首都。那么,在这些事项中,除了《宪法》保留的事项外,其余可纳入法律保留的范围。结合我国《立法法》第11条的列举,可以把与公民基本权利有关的事项均合并为“有关公民基本权利和义务的事项”,这些合并的事项可以包括:“(四)犯罪和刑罚;(五)对公民政治权利的剥夺、限制人身自由的强制措施和处罚;(六)税种的设立、税率的确定和税收征收管理等税收基本制度;(七)对非国有财产的征收、征用;(八)民事基本制度;(九)基本经济制度以及财政、海关、金融和外贸的基本制度;(十)诉讼制度和仲裁基本制度。”可以把有关国家机构的事项合并成“有关国家机构与组织的事项”,这些合并的事项可以包括:“(二)各级人民代表大会、人民政府、监察委员会、人民法院和人民检察院的产生、组织和职权;(三)民族区域自治制度、特别行政区制度、基层群众自治制度。”经过这样的合并,《立法法》第11条的列举事项就只剩下“国家主权的事项”,而国家主权的事项,在《宪法》或单行法中已经有了明确规定,可以将该项列举予以删除。

通过增加、合并、删除与兜底条款的完善,《立法法》第11条关于法律保留范围的立法将变为如下内容:

第×条　下列事项只能制定法律:

(一)宪法或法律规定只能制定法律的事项;

(二)有关公民基本权利和义务的事项;

（三）有关国家机构和组织的事项；

（四）应当制定法律的其他重要事项。

本章小结

法律保留范围是法律保留原则的核心。它反映了行政权受立法权拘束的范围。法律保留与行政保留是对立的概念，前者反映了立法权限制行政权的范围，后者体现了行政权自主活动的空间。影响法律保留范围的因素，主要是一国宪治架构下立法权与行政权的关系、事务的性质与重要性、对公民权利的影响。这是理解一国法律保留范围的基础。

法律保留范围的决定标准是确定法律保留范围的依据。这种决定标准分为传统学说与现代理论。传统学说是以侵害行政为参照、以行政行为类型为基础发展起来的。但学理化的行政行为类型标准无法充分彰显宪治架构下不同权力之间的关系，行政行为类型标准的形式化无法全面反映所涉事务的性质和重要性，行政行为类型标准的单一化无法准确体现所涉事务对相对人权益影响的不同程度。因此，以对基本权利实现是否重要为标准的重要性理论成为占优势的学说。以重要性理论为标准，剖析我国立法中的法律保留制度，可以发现我国《立法法》关于法律保留范围的规定存在诸多不足。提出相关立法不足的完善建议，是本研究的重要使命。

本章主要探讨了全国人大及其常委会制定“法律”的保留范围，即狭义“法律”的保留范围，未涉及其他位阶法规范的保留事项，这也符合法律保留原则的通常使用语境。

第四章　法律保留强度

法律保留原则源于立法权对行政权的控制,要求重要性事项必须有法律的授权依据,行政机关才能作出相应的行政处理。法律保留原则本质上是调控立法权与行政权之间横向关系的一种制度。但在将某些事项确定为只能由法律予以调整的事项时,法律保留原则的制度功能就有了延展和扩大。当某些事项被确定为只能由法律调整时,除了行政机关的相应行为需要法律授权外,全国人大及其常委会以外的其他立法主体也负有不得就这些事项进行立法调整的义务。根据重要性理论,法律保留原则是根据事务的重要性程度分别由不同层级法律规范调整,在此意义上,法律保留原则就具有了纵向划分立法权限的功能,同时也表征了某一事务的法律保留强度。

第一节　法律保留强度的含义与意义

一、法律保留强度的含义

法律保留强度是指法律对某一领域事务保留的程度或深度。当某一事务被确定为法律保留事项时,法律对该事务的调整也并非事无巨细、面面俱到地予以规范,而是要根据一定的标准进行筛选,然后据此标准,分别由宪法、法律或更低位阶的规范进行调整。这种根据一定的标准决定对某一领域事务调整程度或深度的制度，就是法律保留强度。依据不同的保留强度，由不同层级规范保留所形成的体系就是层级化保留体系，或称法律保留强度体系。

不同位阶法律规范对特定事项的保留往往具有不确定性、流变性或重合性。

1. 特定事项保留规范层级的不确定性。由于各国不同的历史传统和法治实践，对同一事项重要性程度的认识可能不同，某一事项在不同的国家可能由不同的法律规范保留，如我国的基本经济制度是由宪法保留，但有些国家却并未置诸宪法之内。我国宪法虽然规定了各种基本权利，但明确把人权列入宪法也只是2004年《宪法修正案》之时。因此，对特定事项保留的规范层级各国做法可能不同，具有不确定性。

2. 特定事项保留规范层级的流变性。随着人们对不同事项的认识变化，特定事项的保留规范层级可能也会发生变化。在某一时期由高位阶规范保留的事项，在另一时期可能纳入低位阶规范的保留视野，反之亦然，在某一时期由低位阶规范保留的事项，在另一时期可能由高位阶规范保留，如我国原来的收容遣送制度和劳动教养制度就是由行政法规规定的，后被废止。今后关于人身自由限制的行政处罚和强制措施均由法律绝对保留。我国有关税收立法的趋势也是将行政法规的税收调整权逐步改变为法律的绝对保留事项。随着行政审批制度改革，有些事项原本由法律调整，以后可能授权下位法尤其是地方政府通过规章调整。因此，特定事项的规范保留层级具有流变性。

3. 特定事项保留规范层级的重合性。高位阶规范能否调整低位阶规范保留的事项，不可一概而论。在单一制国家，国家的权力集中于中央，重要的事项都由中央集中行使权力。地方的权力多数是由中央授予的。因此，在单一制国家，低位阶规范保留的事项，高位阶规范也可予以调整，这时低位阶规范与高位阶规范在特定事项的保留上具有重合性。例如，我国法律中经常规定的"法律、行政法规另有规定的除外"，这一立法用语表明，例外规定是由法律与行政法规保留的。与单一制国家不同，联邦制国家联邦的权力来自各州的让渡，通常宪法采取授权的模式给联邦规定权力范围，宪法没有规定由联邦行使的权力，都保留在地方各州。因此，联邦制国家的地方通过法律保留的事项，联邦法律无权调整。

法律保留强度亦称法律保留密度。[1] 德国学者毛雷尔认为，在法律保留的总体范围内，什么事务应当由立法机关自行调整，什么事务可以授权法令制定机关，法律的调整应当精确到什么程度，这是法律保留的调整密度问题。[2] “纵使在根本上应由法秩序规范的地方，此种规范秩序的强度也可能差异性颇大。在此，法治国家也不要求极大值：法律明确性的要求并不强制立法者不断地以非常精确的要素来制定法律构成要件。”[3] 此处所指亦为法律保留的强度。《德国基本法》采取了区分式保留方法，对作为限制基本权利的公益目的，作了不同层次且逐条不同的限制方式。[4] 《德国基本法》第 2 条第 2 款规定，人身自由只能根据法律限制，这是单纯的法律保留，立法者只要依据公益通过法律就可以限制；第 14 条第 3 款规定，财产征收只能基于公共利益且在公正补偿的前提下才能实施，这是加重的法律保留，基本法对该权利的可限制性及条件进行了提前设定；第 2 条第 1 款规定，人自由发展其人格的权利，以不侵害他人之权利或不违反宪政秩序或道德规范为限，这是概括限制的法律保留；第 4 条规定，信仰与良心之自由及宗教与世界观表达之自由不可侵犯，这是毫无限制的保留。[5] 我国台湾地区相关解释体现了法律保留强度或密度理论。[6] 该解释以规范密度为基础，提出了建立如同德国之层级化保留体系（或分别等级之保留）的理论。

法律保留强度与保留范围的关系。二者可以看作一个问题的两个方面，具有明显的联系。法律保留范围与保留强度都具有规制行政权的作用，都是为了实现法律对行政的控制，把行政权限制在“制度的笼子里”而设置的制度。在法律保

---

〔1〕 参见［德］哈特穆特·毛雷尔：《行政法学总论》，高家伟译，法律出版社 2000 年版，第 109 页；陈清秀：《依法行政与法律的适用》，载翁岳生编：《行政法（2000）》（上册），中国法制出版社 2002 年版；吴庚：《行政法之理论与实用》（增订 8 版），中国人民大学出版社 2005 年版，第 70 页。

〔2〕 参见［德］哈特穆特·毛雷尔：《行政法学总论》，高家伟译，法律出版社 2000 年版，第 109 页。

〔3〕 ［德］施密特·阿斯曼：《秩序理念下的行政法体系建构》，林明锵等译，北京大学出版社 2012 年版，第 58 页。

〔4〕 参见陈新民：《德国公法学基础理论》（下册），山东人民出版社 2001 年版，第 350 页。

〔5〕 参见陈新民：《德国公法学基础理论》（下册），山东人民出版社 2001 年版，第 350～352 页。

〔6〕 “……至何种事项应以法律直接规范或得委由命令予以规定，与所谓规范密度有关，应视规范对象、内容或法益本身及其所受限制之轻重而容许合理之差异。”参见吴庚：《行政法之理论与实用》（增订 8 版），中国人民大学出版社 2005 年版，第 70 页。

留范围内的事项,行政权只有根据法律的授权才能进行调整,而在法律保留强度射程内的事项,行政权同样不能擅自行动,也要有法律授权根据才能作出行政行为。法律保留强度一般是以保留范围为前提和基础的。某事项只有确定属于法律保留范围后,才有必要讨论是否有关该事项的所有问题都应当由法律保留的问题,而这个问题正是法律保留强度的探讨对象。因此,一定程度上可以说,法律保留强度是法律保留范围的下位概念。例如,税收法定原则表明,税收事项属于法律保留范围,但是否有关税收的所有事项都应当由法律保留,则不无疑问。这也正是2015 年3 月《立法法》修改时对税率应否写入法律的问题引起激烈争论的原因。虽然税率属于法律保留的事项,但是否有关税率的所有事项都应当由法律保留,也值得探讨。法律可以就某税种设定一个税率幅度,然后授权下位法根据情况决定某一时期该税种的具体税率。当然,法律保留范围与保留强度有时难以区分,如特别权力关系领域内的事项,在传统特别权力关系理论时期,处于特别权力关系中的事务属于内部事务,不接受法律保留原则的约束。但随着该理论的破产,特别权力关系领域内的事项并非不受法律保留原则的拘束,只是法律调整的密度或强度与普通行政法律关系不同。就这个角度而言,传统特别权力关系领域内的学校开除学生的事项,现在属于法律保留的范围,也在法律保留强度的射程之内。一定程度上可以说,在学校开除学生事项上,法律保留范围与保留强度的概念难以明显区分。

尽管法律保留范围与保留强度具有紧密联系,但二者也具有明显的区别。法律保留范围主要调整横向的权力之间的关系,即行政权与立法权之间的关系,是行政必须在法律的授权根据下才能处理的事项范围。法律保留强度调整的也是立法权与行政权的关系,但它与法律保留范围的切入点和侧重点不同。法律保留强度是法律对特定事项介入的深度或程度,体现的是一种纵向关系。这种纵向表现为两个方面:一是法律规范对特定事项介入的深度。仍以税收事项为例。由税收到税率、再到法定幅度内税率的调整,即税收→税率→法定幅度内的税率调整,这种事项范围上的由大到小、程度上的由浅入深、概念上的由抽象到具体的变化,通常会对法律介入的程度产生影响,或者说全国人大及其常委会制定的法律在设定了一个税种的税率幅度范围后,在具体实施过程中,对该税种的税率在法定幅度范围内的调整，没有必要再由法律介入。二是由不同位阶或层级的法律规范对某一事项的介入程度不同所形成的层级化保留体系，如我国台湾地区相关解释对规范密度的论述就体现了因法律保留强度不同而形成的层级化保留体系。这种层级化保留体系就是法律保留强度的纵向表现形式之一。

法律保留范围与保留强度的关系类似于行政诉讼受案范围与司法审查强度的关系。前者反映的是立法权与行政权的关系，是从根据上控制和约束行政权，是立法权约束和控制行政权的范围和强度；后者体现的是司法权与行政权的关系，是从事后救济的角度控制和约束行政权的，是司法权监督和审查行政权的范围和强度。在时间顺序上，尽管并不严谨，但大致的情形是一致的，即对某事项是否属于法律保留范围的判断一般先于保留强度，与之类似，对某事项是否属于行政诉讼受案范围的判断先于司法审查强度。

二、法律保留强度的意义

法律保留是依法行政原则的重要内容，在规制行政权方面，它比法律优先原则更为重要。学者在论述法律保留原则时，多聚焦于法律保留范围，很少专门探讨法律保留强度，即使有所探讨，也多是在讨论法律保留范围时提及保留密度或强度问题。但事实上，法律保留强度在认识特定事项的范围、重要性变化、确定法律保留范围、厘定行政自主活动的范围、确定不同层级法律规范之间就某事项的调整范围等方面都具有重要的意义。

（一）有利于彰显特定事项在范围、重要性等方面的变化，为相关主体对特定事项的重视和保护提供依据

法律保留强度反映了某类事项在范围、重要性等方面的变化，如行政处罚设定权这一有关行政处罚制定依据的权力，就因行政处罚涉及相对人权益的重要程度不同而不同。我国《行政处罚法》根据所涉事项的重要性程度分别赋予法律、法规、规章不同的处罚设定权。[1]《行政处罚法》关于行政处罚设定权的规范层

〔1〕 参见《行政处罚法》第10—16条。

级变化是以行政处罚涉及的权益性质和重要性为依据的,即由针对人身权的人身罚→针对企业经营权的行为罚→针对精神的申诫罚和针对财产权的财产罚,这种处罚权类型的变化反映了行政处罚对相对人权利的影响由大到小的程度变化,或者说针对的相对人权利重要性由大到小的变化。如税收法定原则中,由税→税种→税率→法定幅度内税率的调整,与这种变化对应的是,调整的规范层级由高到低、由法律到法规的变化,这种保留强度的变化反映了事项范围的由大到小变化过程。

法律保留强度有利于使相关事项获得重视和保护。既然法律保留强度体现了相关事项的重要程度,不同层级规范予以保留的事项必然会获得不同程度的重视和保护。《立法法》第11条、第12条规定了限制人身自由的强制措施和处罚只能制定法律,这是一种绝对法律保留,法律以下层级的规范不得予以调整。这说明限制人身自由的强制措施和处罚所针对的人身自由权对公民十分重要,这种重要性在我国当下的法律体系中,是财产权益无法比拟的。《行政处罚法》在行政处罚的设定权上遵循了这一精神,规定只能由法律设定限制人身自由的行政处罚。《立法法》《行政处罚法》针对人身自由的上述法律保留规定,是以人身自由对公民个人的重要性和社会大众的普遍认知为前提和基础的。法律对公众认知和相关事实的确认,反过来又强化了社会公众对该种事实和认知的重视,从而也强化了社会公众对他人人身自由的尊重,提高了其注意义务。侵害公民人身自由的公权力行为,不仅会引起权利人的激烈反抗,亦会引发社会的广泛关注。2003年的孙某刚事件及其引发的对收容遣送行政法规存在问题的强烈质疑就是典型。无独有偶,劳动教养制度也在经历了社会大众持续的诟病与批判后废止。除了社会大众的关注外,相关行政主体和司法机关对法律保留强度较高的限制人身自由的强制措施和处罚也十分重视,行政机关对公民人身自由权的保护力度大于财产权,[1]法院对限制公民人身自由的强制措施和处罚的审查也更为严格。与限制人身自由的强制措施和处罚不同,法律对财产罚的保留强度明显较弱。《行政处

[1] 这既是应然角度的解读,又是对事实的一种描述。但不可否认的是,轻视或侵害公民人身自由权的事件的发生,正是需要强调法律保留原则、全面推进依法行政所需解决的问题。

罚法》规定所有层级法律规范(包括法律、法规、规章)均可设定罚款的行政处罚。相关行政主体和司法机关在处理涉及公民财产权的行政强制措施和处罚案件时,尊重和保护力度也明显较人身权案件小。行政诉讼中的证明标准也大致反映了司法权对相关权益的尊重和保护力度。例如,在执勤交警对"闯红灯"者罚款5元案中,在原告和执勤交警"一对一"证据的情况下,法院采纳了被告的证据,判决维持被告的处罚决定。[1] 类似因"闯红灯"被处罚款而提起行政诉讼最终败诉的案例并非个案。这说明对少量财产权的行政处罚,司法保护力度较小。而对法律保留强度较高的事项,司法保护力度则较大,如对限制人身自由的行政处罚,法院就会采用严格证明标准。

(二)有利于明确立法权介入行政权的深度,确定行政自主的范围

法律保留强度是在某事项属于法律保留范围的前提下,确定法律介入该事项的深度或程度,也是行政权能够自主作出决定的权限空间。行政权在多大程度上受立法权拘束,或者说行政活动在多大程度上必须有法律依据,这是一个至今仍有争议的话题。行政权的规范依据是否必须为法律,如果不是,那么什么情况下行政权必须有法律依据,什么情况下可以法规、规章作为依据,什么情况下行政权可以自定的行政规范性文件(规章以下的规范性文件)作为依据,这是一个值得深入探讨的问题。

法律保留强度可以为行政活动提供一个多层次规范组成的依据体系。《全面推进依法治国决定》提出,在全面推进依法治国的当下,行政机关要坚持法定职责必须为、法无授权不可为,行政机关不得法外设定权力,没有法律法规依据不得作出减损公民、法人和其他组织合法权益或者增加其义务的决定。《法治政府建设实施纲要(2015—2020年)》提出"把政府工作全面纳入法治轨道"。这说明

---

[1] 案情为:执勤交警认定黄某驾驶机动车辆"闯红灯",对她当场罚款5元。黄某提起行政诉讼。在诉讼中,被告提交的唯一证据是唯一在场的执勤交警的书面陈述,称交警执行公务时看到原告违反交通规则。原告黄某坚持自己没有闯红灯。在原告和执勤交警"一对一"证据的情况下,法院采纳了被告的证据,并判决维持被告的处罚决定。参见何海波:《举证责任分配:一个价值衡量的方法》,载《中外法学》2003年第2期。

行政权的行使必须有法律法规等依据已经成为法治政府建设的基本原则。但“把政府工作全面纳入法治轨道”是否意味着所有的行政活动都必须有全国人大及其常委会制定的法律作为依据,答案显然是否定的。至少从《全面推进依法治国决定》中可以看出,“法无授权不可为,行政机关不得法外设定权力”中的“法”是包括法律和法规的。因为上述决定指出“没有法律法规依据不得作出减损公民、法人和其他组织合法权益或者增加其义务的决定”。另外,从《立法法》的规定看,其调整的法不仅包括法律、行政法规、地方性法规、自治条例和单行条例,也包括国务院部门规章和地方政府规章。从《行政诉讼法》第 2 条的规定看,法律、法规和规章授权的组织都被视为行政主体。这说明依法行政的法包括法律、法规和规章,相关组织可以在法律、法规和规章的授权下成为行政主体。因此,把政府工作全面纳入法治轨道和法无授权不可为中的“法”应包括法律、法规和规章。那么,政府进行行政活动时,什么事项必须有法律依据、什么事项必须有法规依据、什么事项必须有规章依据?这是法律保留强度所要解决的问题。法律保留强度理论就是根据一定的标准,决定哪些事项必须由法律保留、哪些事项由法规保留、哪些事项由规章保留,进而形成一个多层级的规范保留体系,为行政活动提供依据。

法律保留强度可以为行政的自主空间提供理论支撑。一方面,法律保留强度可以为行政权提供就某事项自行制定调整规范的权力依据。根据法律保留强度理论,法律、法规、规章对某一事项的介入深度各有不同。在法律介入的限度之外,是法规的领地,在法规介入的限度之外,是规章的领地。在明确了全国人大及其常委会的“法律”保留限度后,就可以确定国务院行政法规的调整空间。国务院可以依职权或授权就不属于“法律”保留的事项制定行政法规进行调整。在明确了行政法规和地方性法规的保留强度后,就可以确定规章的调整范围。规章制定主体可以依职权或授权就由其调整的事项制定规章。行政主体制定行政法规或规章调整相关事项的权力,本质上依据的就是法律保留强度理论。另一方面,法律保留强度理论也可以为行政活动提供一个无须规范依据即可自行作出行政决定的理论依据。法律保留强度理论根据一定的标准对相关事项进行分类调整,这种标准使相关事项在保留的规范层级上有一个由高到低,最后到无须保留的趋势,而这个无须保留的事项即行政自主活动的空间和范围。在这个空间内,行政主体有权自由地作出决定,实施相关行政行为。

（三）有利于划定不同位阶法律规范之间的权限秩序,维护法律体系的统一

法律保留强度在确定不同层级规范介入相关事项的深度时,形成了一个多层级规范保留体系。这个由不同位阶法律规范形成的层级化保留体系在确立行政权与立法权界限的同时,也在客观上划定了不同位阶法律规范之间的权限秩序,使不同层级法律规范因调整事项的不同而形成一个有序的层级规范体系。这种规范体系的有序性保障了法律体系内部的和谐统一。违反了这种体系内部的有序性,则会出现立法上的"错位"或"越位",直接造成法律体系的混乱与失序。这种失序主要表现为两个方面。

一是下位法越权行使了应该由上位法保留的权力,对应由上位法调整的事项进行了调整。例如,《城市流浪乞讨人员收容遣送办法》(已废止)以行政法规的形式对公民的人身自由进行限制,违反了《立法法》的绝对法律保留规定。劳动教养制度虽有全国人大常委会的规定和授权依据,但实践中以行政法规的形式扩大了劳动教养的适用对象,违反了法律保留原则。正是因为这两个有关人身自由的重要制度违反法律保留原则,才引起了社会的广泛批评和诟病。当然,地方立法中违反法律保留原则侵犯上位法权限的情形亦不少见。在泰丰大酒店有限公司诉大同市土地管理局土地使用权出让纠纷案中,被告大同市土地管理局以《山西省城镇国有土地使用权出让和转让实施办法》(已失效)为依据,以原告泰丰大酒店有限公司在合同约定的期限内没有交清土地使用权出让金为理由,不予退还原告所交的定金及出让金。二审法院认为,"山西省实施办法第十一条规定的'不予退还',既未经行政法规授权,又与行政法规抵触,是无效的"[1]。该案中,

---

[1] 参见泰丰大酒店有限公司诉大同市土地管理局土地使用权出让纠纷案,载《最高人民法院公报》2000年第4期。本案中,适用《城镇国有土地使用权出让和转让暂行条例》(1990年)第14条规定:"土地使用者应当在签订土地使用权出让合同后六十日内,支付全部土地使用权出让金。逾期未全部支付的,出让方有权解除合同,并可请求违约赔偿。"第53条规定:"本条例由国家土地管理局负责解释;实施办法由省、自治区、直辖市人民政府制定。"《山西省城镇国有土地使用权出让和转让实施办法》(已废止)第11条规定:"受让方不履行合同的,出让方可以依法解除合同,所支付的定金及出让金不予退还。出让方不履行合同的,应双倍返还定金并退还出让金;受让方可以依法解除合同,并可以依法根据合同规定要求赔偿。"

国务院发布的《城镇国有土地使用权出让和转让暂行条例》没有授权省级政府对出让转让违约行为增加规定违约责任，只授权其制定实施办法。这说明违约责任的规定仍然保留在出让转让暂行条例中，而《山西省城镇国有土地使用权出让和转让实施办法》（已废止）增加规定“不予退还”违约责任，侵犯了上位法的保留事项，因此，是一种无效的规定。

二是上位法对应该由下位法调整的事项进行调整，过度挤压了下位法的空间。法律保留强度为不同层级法律规范的专属调整事项划定了界限。下位法不能染指上位法的专属调整事项，但这并不意味着上位法不可以在专属事项之外对由下位法规范的事项进行调整。在联邦制国家，联邦与各州的立法调整范围有明确的宪法规定。宪法未授权给联邦的权限都保留在各州，如《德国基本法》第 70 条第 1 款规定，本基本法未赋予联邦立法之事项，各邦有立法之权。我国是单一制国家，全国人大及其常委会的立法权不仅及于《立法法》第 11 条规定的专属立法事项，还包括其他事项。只要全国人大及其常委会认为必要，就可以通过法律调整所有可由下位规范调整的事项。这样就使下位法很难有专属立法事项。下位法的保留事项都在上位法的调整权限内，而国家又形成了自上而下的管理路径依赖，这时通过大量的中央立法调整各种事务，包括地方性事务，也就成为顺理成章之事。但这样做的弊端也显而易见。中央立法机关由于远离基层和地方，不熟悉具体的操作事务，其制定的相关立法可操作性较差，实施效果难以达到预期，又因中央政府权力过大、挤压了地方的自主空间，地方的积极性难以发挥，因此，上位法对应该由下位法调整的事项进行规范，是对下位法调整权限的侵蚀，不利于下位法功能的发挥。

法律保留强度理论通过提供层级化的保留体系，可以为不同层级法律规范的权限范围提供标准和依据。在防止下位法僭越上位法的专属权限方面，法律保留强度理论提供了一道“防火墙”。同时，在防止上位法对下位法无节制的权限挤压方面，法律保留强度理论也具有重要的指导意义。因为从立法主体对地方事务、基层社会的了解和接近程度看，地方立法更具有现实针对性和可操作性。为充分调动地方的积极性，有必要在可由地方立法保留的事项范围内，减少或排除上位法的干预。法律保留强度理论，可以明确下位法规范的保留界限，为减少或排除上位法的干预提供理论支撑。

第二节　法律保留强度的标准

法律保留强度是某一法律规范介入特定事务的深度。根据不同规范的保留强度,法律保留原则构建了一个层级化的规范保留体系。在这个多层级的规范保留体系中,有两个相互关联的问题需要明确:一是如何确定某一法律规范对特定事务的介入深度或程度;二是如何确定不同层级法律规范对特定事务的保留强度,或保留界限。这两个问题其实是一个问题,即法律保留强度的标准问题。因为各个层级法律规范的保留强度一旦确定,不同层级法律规范组成的保留体系也自然形成,不同层级之间的保留界限也随之确定。

一、法律保留强度的标准:重要性理论

德国联邦宪法法院通过一系列判例确立的重要性理论,虽有批评之声,但它仍然是至今占优势的学说。"法律保留的范围和强度取决于有关事务的重要性。"[1]在划定立法权与行政权之间的边界时,重要性理论发挥着无可替代的作用。在权力分立的横向维度上,重要性理论为法律保留范围提供了重要的判断依据,为立法权与行政权的界分提供了判准。在纵向维度上,重要性理论为特定法律规范的保留强度以及不同层级规范的保留强度提供了判断依据。

一般来说,某一事项被确定为法律保留范围的事项时,该事项将只能由法律予以调整和规范。但属于法律保留范围的事项,其概念的外延有时也需要进行界定,以确定法律保留的强度。在确定应由法律保留的事项之概念外延时,不可避免地以重要性理论作为衡量标准。

(一)事项的全部由法律保留

某类事项对公民基本权利的实现或者对政治共同体来说,是如此重要,以至

〔1〕［德］哈特穆特·毛雷尔:《行政法学总论》,高家伟译,法律出版社2000年版,第106页。

于涉及该事项的所有问题,都只能由法律调整,如对公民政治权利的剥夺和限制人身自由的强制措施,全部由法律保留。有关犯罪与刑罚的事项,必须由全国人大及其常委会的法律予以调整。犯罪与刑罚概念的外延如何确定直接影响法律保留的范围。我国现行《刑法》第13条明确了犯罪的概念。[1] 刑罚,是国家对不法行为作为法律上的效果给个人科处的法益的剥夺。刑法将一定的法益剥夺称为刑。因而以在此特别称为刑的名称之下所承认的制度为形式意义上的刑罚。[2] 犯罪与刑罚概念的外延,就涉及犯罪的预备、未遂、中止、共同犯罪、单位犯罪、刑罚的种类、刑罚的具体运用以及各种具体犯罪的犯罪构成、刑事责任等,这些都属于犯罪与刑罚的内容。这些事项只能由法律调整,在我国是由《刑法》以及全国人大及其常委会制定的规范性文件调整的,法律以下位阶的规范性文件不得调整犯罪与刑罚事项。犯罪与刑罚的全部事项均由法律保留,说明该类事项对公民基本权利的实现非常重要,只能由国家代议机关——全国人大及其常委会通过法律这种严格的规范形式进行调整,这就是罪刑法定原则的由来。但犯罪与刑罚的全部由法律保留并不排斥犯罪构成要件中的部分要素可以授权立法。

(二)事项的基本或核心部分由法律保留,其余则不属于法律保留范围

下面以税收法定原则的不断明确为例,说明重要性理论对法律保留强度的作用。

学者对税收法定原则的内容有不同的概括。例如,有观点认为,税收法律主义的内容包括课税要素法定主义、课税要素明确主义、合法性原则及程序的保障原则。[3] 有观点认为,税收法定原则的内容为3个子原则:课税要素法定原则、

---

〔1〕《刑法》第13条规定:"一切危害国家主权、领土完整和安全,分裂国家、颠覆人民民主专政的政权和推翻社会主义制度,破坏社会秩序和经济秩序,侵犯国有财产或者劳动群众集体所有的财产,侵犯公民私人所有的财产,侵犯公民的人身权利、民主权利和其他权利,以及其他危害社会的行为,依照法律应当受刑罚处罚的,都是犯罪,但是情节显著轻微危害不大的,不认为是犯罪。"

〔2〕参见[日]牧野英一:《日本刑法》(第64版)(上卷),有斐阁1939年版,第573~574页。转引自马克昌:《比较刑法原理:外国刑法学总论》,武汉大学出版社2002年版,第823页。

〔3〕参见[日]金子宏:《日本税法原理》,刘多田、杨建津、郑林根译,中国财政经济出版社1989年版,第50页。

课税要素明确原则和程序合法原则。[1] 亦有观点认为税收法定原则的内容包括税种法定原则、税收要素确定原则、程序法定原则。[2] 各种观点大同小异。上述税收法定原则的内容应该视为税收基本制度的内容，纳入法律保留的范围。但法律对税收事项的保留强度不仅止于前述的税种、课税要素、程序等税收事项，还应明确到课税要素的具体内容。法律对税收事项的保留强度恰恰体现在对税收重要事项的介入深度上。而根据重要性理论，凡是影响公民基本权利的重要税收事项，都应纳入课税要素范围而为法律所保留。如何确定课税要素的具体内容，亦有不同观点。“所谓课税要素，是指构成纳税义务成立的必要条件。如何决定课税要素，虽然属于立法政策上的问题，但作为各种税收的共同课税要素，其内容一般包括纳税义务人、课税对象、课税对象的归属、课税标准以及税率五种。”[3] 有观点认为，税法要素具体包括税种、征税主体、纳税主体、征税对象、税率、纳税环节、期限和地点、减免税、税务争议和税收法律责任等内容。[4] 尽管不同的观点会影响法律对税收事项的保留强度，但法律介入课税要素的强度，受立法政策的影响，并且这种影响也是以相关要素的重要性为判准的。基于重要性理论，课税要素一定是纳税义务成立的重要因素，是其必要条件。

我国法律对税收事项的保留强度经历了一个逐渐具体、明确、深化的过程。2013 年，《全面深化改革决定》明确提出要“落实税收法定原则”，这是我国第一次明确提出税收法定原则的中央文件。但税收的外延相当广泛，是否所有的税收事项都需要法律保留，也值得探讨。首先，我国《宪法》从公民的基本义务这一重要问题入手，规定了税收法律保留原则。《宪法》第 56 条规定，中华人民共和国公民有依照法律纳税的义务。这可视为我国税收法定原则的间接表达，是税收法律保留原则的宪法依据。当然，“税收法定主义在我国宪法上规定并不明确”[5]。事实上，《宪法》仅规定法律对纳税进行保留，是从公民的基本义务角度

---

〔1〕 参见张守文：《论税收法定主义》，载《法学研究》1996 年第 6 期。
〔2〕 参见覃有土、刘乃忠、李刚：《论税收法定主义》，载《现代法学》2000 年第 3 期。
〔3〕 [日]金子宏：《日本税法原理》，刘多田、杨建津、郑林根译，中国财政经济出版社 1989 年版，第 93 页。
〔4〕 参见覃有土、刘乃忠、李刚：《论税收法定主义》，载《现代法学》2000 年第 3 期。
〔5〕 张守文：《论税收法定主义》，载《法学研究》1996 年第 6 期。

进行规定的,而作为公民基本义务的纳税与税收仍属不同的概念。其次,基于征收问题的重要性,《税收征收管理法》从正面专门规定了税收的征收事项属于法律保留。该法第3条第1款规定,税收的开征、停征以及减税、免税、退税、补税,依照法律的规定执行;法律授权国务院规定的,依照国务院制定的行政法规的规定执行。该条规定了税收的征收法定原则,使理论上的税收法定原则具体化为税收的征收法定原则。法律保留强度由税收深入到税收的征收。最后,基于税收基本制度的重要性,《立法法》明确、全面规定了税收法定原则。第一次明确、全面规定税收法定原则的是2000年通过的《立法法》。该法第8条第8项[1]规定税收的基本制度只能通过制定法律来实现。这样,税收法定原则就从理论变为具体的制度,法律对税收事项保留的强度就由税收深入税收的基本制度,有关税收的非基本制度不属于法律保留的范围也逐渐明确。但税收基本制度仍是一个不确定法律概念,何为税收基本制度有待明确。2015年3月修正的《立法法》第8条第6项对税收基本制度进行了示范性列举,即税种的设立、税率的确定和税收征收管理等税收基本制度只能制定法律。这样,法律对税收事项的保留强度进一步明晰化了。尤其是税率在2015年《立法法》修改时经历了是否应明确写入法律的反复讨论,更表明税收法律保留强度的重要意义。在税率入"法"的争议与博弈中,关于税率是否明确写入《立法法》有两种不同的意见:一是反对论。时任全国人大常委会法制工作委员会副主任阚珂认为,税种里面包括了税率,开征一个税种自然也是要规定税率的,这并不违背法治的精神。如果将税率写进立法法草案(如二审稿)就是将"'父亲'和'儿子'写到了一块"[2]。二是支持论。支持论以部分人大代表、政协委员与学者为代表,他们认为应将税率写入立法法。如北京大学法学院刘剑文教授认为,"将税种与其他要素比喻为'父亲'与'儿子'是不恰当的,相对某一税法而言,'税种'与征税对象、税率、纳税人、计税依据和税收优惠一样平等,都是儿子。如同某一人有姓名、性别、职务和国籍等身份,'税种'

[1] 在2023年《立法法》修正中该条为第11条第6项。

[2] 刘星、卢义杰、王亦君:《阚珂:原来的写法把"父亲"和"儿子"写到了一块》,载《中国青年报》2015年3月10日,第2版。

则相当于人的姓名。税种只是名,其他基本要素则是实”。“天津财经大学教授李炜光对媒体表示,‘税收法定应该是具体的、细致的、准确的、指向明确的,税收直接涉及公民财产权,必须非常确切’。”[1] 最终税率被重新写入《立法法》。税率之所以重回《立法法》,主要是人大代表、政协委员及专家学者充分认识到税率对公民财产权的重要性,并极力呼吁税收的重要要素应由法律明确、具体规定,而不能模糊处理。本质上,税率入法的理论依据仍然是重要性理论。当然,在某一税种的税率或税率幅度确定后,法律可以授权下位法在法律确定的税率幅度内进行适时调整,这是因为法定幅度内的税率调整对公民基本权利的影响比税率幅度的最初确定要小,所以,基于重要性理论,法律对法定幅度内税率调整的保留强度可以稍低。

从税收→税收征收→税收基本制度→税率,这些事项是否由法律保留,在法律对税收事项介入程度不断深化的过程中,重要性理论提供了判断标准和依据。

(三)实施细则或执行细则属于下位法的事项范围,不属于法律保留范围

一般而言,法律是通过一个社会组织集团的力量来调整社会关系规范人们行为的体制。[2] 法律调整人们行为的方式主要是通过规定人们的权利和义务,从而发挥法律的指引、评价、预测、教育、强制等功能。但有时法律的实施还需要制定相关实施细则或执行性规范。这些实施细则只能是为落实法律规定,对原法律文本所进行的详细解释或说明,不能改变法律规定的权利和义务内容。既然实施细则或执行性规范不涉及权利义务内容的创设或调整,其对公民基本权利的影响显然小于法律本身。因此,实施细则或执行性规范多是由法律制定机关的下级机关或其职能部门予以规定,如政府采购涉及财政性资金的支出,需要由全国人大常委会通过法律调整。2002 年,全国人大常委会制定通过了《政府采购法》。但为了使该法得到贯彻落实,国务院制定了行政法规《政府采购法实施条例》。

如果某事项是由行政法规调整,则该行政法规的实施细则一般由制定该法规

---

[1] 冯禹丁:《“辩法”四天:立法法“税收法定”修订逆转背后》,载《南方周末》2015 年 3 月 19 日,经济版。
[2] 参见[英]戴维·M. 沃克:《牛津法律大辞典》,李双元等译,法律出版社 2003 年版,第 654 页。

的机关的下级机关或其职能部门制定。例如,关于工伤保险问题,国务院制定通过了《工伤保险条例》,各省人民政府都制定了该条例的实施办法,如《江苏省实施〈工伤保险条例〉办法》。有些事项由国务院行政法规调整,其实施细则是由国务院职能部门制定,如国务院2014年制定通过了《不动产登记暂行条例》,原国土资源部制定了《不动产登记暂行条例实施细则》。

总之,当法律规范对某类事项予以保留时,关于该事项的实施或执行细则性事务一般由调整该事项的法律规范的下位阶规范进行规定。

二、法律保留强度的标准:影响范围

重要性理论自始就具有确定法律保留强度的意义,它的适用不可避免地带来法律保留体系的层级化。在这个层级化保留体系中,重要性理论无疑也成了中央与地方立法权限划分的标准。而在中央与地方权限划分方面,除重要性理论外,事务的影响范围也是重要的标准。

事务的影响范围是联邦制国家划分联邦与地方权限的重要标准。在美国,"联邦宪法对联邦政府和州政府权力的分配采取两种方式:对联邦政府积极地规定具有什么权力,对州政府消极地规定禁止行使什么权力"。[1] 宪法未授予联邦政府也未禁止州行使的权力,仍保留在州政府或人民手中。例如,《美国宪法第十修正案》规定,美利坚合众国宪法未授予联邦、也未禁止各州行使的权力,由各州或人民保留。《德国基本法》第30条规定,除非本法另有规定或许可,国家权力行使及国家职责之履行,是各邦的职责。这说明联邦制下的联邦政府是一个有限政府,宪法没有授予联邦政府的权力仍由各州或人民保留。宪法授予联邦的权力主要涉及全体国民利益的事务,即超越各州范围的事务,各州州内的事务主要由各州自治管理,这既符合人民主权原则,又符合地方自治原则。这种权限划分的标准即事务的影响范围。

《美国宪法》第1条第8款规定了国会拥有的权力,这些权力的影响都超越了各州,而具有全国性或国际性影响。第8款最后一项,相当于兜底条款,即国会

[1] 王名扬:《美国行政法》,中国法制出版社2005年版,第81页。

有权制定为执行以上各项权力和依据本宪法授予合众国政府或政府中任何机关或官员的其他一切权力所“必要的和适当的”(necessary and proper)法律。这些都为美国联邦与各州权限的划分提供了判断依据,只不过这些依据都是静态的。随着美国社会的发展,联邦与各州的权限也不断地产生争议,而这些争议最终都诉诸法院,并经由法院的经典判决为联邦与各州的权限划分提供了“活”的判准。这些争议集中体现在州际贸易方面。根据《美国宪法》第 1 条第 8 款的规定,美国国会只能管理合众国与外国的、各州之间的以及与印第安部落的贸易,此即州际贸易条款。但在出现具体争议时,如何判断哪些事项属于该条款的适用范围,就只能仰赖法院了。在麦卡洛克诉马里兰州案(McCulloch v. State of Maryland, 17 U. S. 316,1819 WL2135,4 Wheat. 316)中,马歇尔大法官代表联邦最高法院指出,法庭认为一州主权及于其权力管辖范围内存在的或因其同意而产生的所有事物;但不及于国会为行使美国人民赋予的权力而采用的手段,因为这些权力不是由某一个州的人民赋予的,这些权力是全美国人民赋予联邦政府的,这一政府所颁布的符合宪法的法律被认为具有最高效力。因此,联邦最高法院判决,“马里兰州立法机构通过的对美国银行征税的法律违反了美国宪法,是无效的”。这个案件显然是从事务的影响范围角度厘定联邦与州之间的权限的。在库利诉费城港管理委员会案(Cooley v. Board of Wardens of Port of Philadelphia)中,联邦最高法院提出了库利原则,该(贸易)权内的任何问题,只要其性质是全国性的,或只容许一种统一制度,或管理计划,均可说成是具有一种需要只由国会立法的性质。[1] 由此可以看出,联邦与各州在规制权限上的划分,在此依赖的是事物性质,而事物性质的判断采用影响范围标准。

《德国基本法》关于德国联邦和各邦权限的规定,也体现了事务的影响范围标准。典型的如《德国基本法》第 72 条关于联邦与各州竞合立法权的规定。该条第 1 款规定,在竞合立法范围内,只有联邦不制定法律、不行使立法权时,各州才有立法权。第 2 款规定,为在联邦领域内创造同等生活条件,或出于捍卫整体国家利益、维护法制和经济统一的原因有必要制定联邦法律的,联邦在第 74 条

---

〔1〕 [美]杰罗姆·巴伦等:《美国宪法概论》,刘瑞祥等译,中国社会科学出版社 1995 年版,第 68 ~69 页。

(竞合立法权对象)第 1 款第 4 项、第 7 项、第 11 项、第 13 项、第 15 项、第 19a 项、第 20 项、第 22 项、第 25 项和第 26 项的范围内享有立法权。该条第 2 款的规定就是以事务的影响范围作为联邦行使立法权的标准。

单一制国家是否也应采用事务的影响范围作为划分中央与地方权限的标准,值得探讨。

域外,在被认为实行单一制的主要国家中,中央与地方的关系也都在不断分权改革过程中,逐渐扩大了地方政府的自治权限,从而使传统意义上的中央集权变得名实难副。法国是一个有中央集权传统的国家,但 1982 年 3 月 2 日法国国民议会颁布的《关于市镇、省和大区的权利和自由法案》,取消了国家对市镇和省的行政和财政决定的控制权,使大区议会成为经直接选举产生的机关,使省议会议长取代省长成为省的行政机关。1983 年 1 月 7 日,国民议会通过了《市镇、省、大区和国家权限划分法》(又称《地方分权法》)同时赋予大区、省和市镇在各自的区划内对基础设施、经济、社会、保健、文化和科学的管理和发展的国家职责;赋予这三级对规划和住房的某些职能(但住房政策仍然是中央的职能);对这些新转交的职能给予明确规定的财政支持。[1] 始于 1982 年的地方分权改革及后续的补充法律赋予了地方更大的自治权限,是对法国高度集权体制的重大改变。1992 年 2 月 6 日通过的《共和国地方行政法》可被看作有关地方分权的一项最新的重要法案。其主要内容包括:大区正式成为一级行政地方;进一步明确了中央与地方之间的权力划分;许多过去由中央负责的涉及地方利益的事务改交地方管理;向行政地方提供行使其新职权的必要物质手段,特别是在财力及人力方面。[2] 2003 年 3 月,法国议会通过了宪法性法律——《关于共和国地方分权化组织法》,对 1958 年《法兰西第五共和国宪法》进行了修改。其主要内容包括:(1)确立了法国是“分权化单一制”国家。修改后的第 1 条增加规定共和国的组织是“分权化”的,从而使法国由单一制国家变为分权化单一制的双轨国家。(2)确立了调整中央与地方关系的基本原则为从属原则。修改后的《法兰西第五共和国宪法》

[1] 参见董礼胜:《欧盟成员国中央与地方关系比较研究》,中国政法大学出版社 2000 年版,第 140 页。
[2] 参见许振洲:《法国的地方分权改革——理论动因与托克维尔》,载《欧洲》1995 年第 1 期。

第72条第2款规定,地方单位由人民选出的议会依照法律规定实施自治。这表明只有在领土单位层面无法最优实现的事项,才涉及国家权力的介入。这一原则其实就是联邦制国家的分权原则。该规定是对"分权化"原则的细化和保障。(3)将禁止领土单位之间的监护关系作为处理领土单位关系的基本原则,从而改变了传统中央集权制下自上而下的领导从属关系。[1] 法国自1982年以来的分权改革,动摇了传统的中央集权体制,重塑了法国中央与地方的关系,使法国中央与地方的关系具有了联邦制国家的许多特征。从这些特征(尤其是第72条第2款从属原则)可以看出,现在的法国在划分中央与地方关系时,也主要采用事务的影响范围标准。

英国是典型的单一制国家。1997年以前,地方政府的一切均操纵在国会中居于多数的政府手中。1997年,工党政府首次明确划分了中央政府与威尔士、苏格兰和北爱尔兰地区政府的权限,赋予英格兰地方政府更多的自治权,第一次明确划分了中央政府保留的权力和下放给地方政府的权力。但中央政府仍然手握大权,地方政府的职能仅限于法律有规定的领域内,并且必须能够从法律条文中符合逻辑地推论出来。[2] 由于英国中央政府保留着巨大的权力,英国的中央与地方权限划分不可能采用事务的影响范围标准。即使某事项的影响范围仅限于地方政府辖区,如果中央政府认为其重要,仍可以保留该事项的调控权力。

三、法律保留强度标准的中国选择

(一)我国法律保留强度标准的现状

1.法律规定。中国目前主要是按照事务的重要程度来划分中央与地方权限,这也构成了中国法律保留强度的主要标准。我国《宪法》第62条、第67条、第89条分别规定了全国人大及其常委会、国务院的职权,这些职权体现了事务的重要

---

〔1〕 参见张丽娟:《法国地方分权改革的新发展——以2003年法国宪法改革为中心》,载《中共云南省委党校学报》2006年第5期。

〔2〕 参见董礼胜:《欧盟成员国中央与地方关系比较研究》,中国政法大学出版社2000年版,第258~261页。

性，是依据事务的重要程度划分的。《立法法》第11条、第12条关于只能制定法律事项的规定，更鲜明地体现了我国法律保留事项的重要性。而从《行政处罚法》关于法律、行政法规、地方性法规、行政规章等不同层级法律规范对行政处罚设定权的立法规定看，重要性程度是我国法律对行政处罚事项保留强度的确定标准。从《行政许可法》关于法律、行政法规、地方性法规、省级政府规章等对行政许可设定权的规定看，重要性程度也是我国法律对行政许可事项保留强度的确定标准。《行政强制法》亦不例外。因此，从有限的梳理看，我国法律保留强度的标准主要是事项的重要性程度。

2. 我国将事项的重要性作为法律保留强度标准的合理性。首先，我国的权力架构决定了法律保留强度标准的合理性。我国是单一制国家，具有鲜明的中央集权特征。〔1〕我国《宪法》和相关法律也体现了这种特征。例如，从《宪法》第95条〔2〕、《地方各级人民代表大会和地方各级人民政府组织法》第2条规定可以看出，〔3〕地方权力机关和行政机关都是由全国人大及其常委会通过法律规定的，其产生和职权并不来自地方民意机关，而仍然受制于中央国家机关。最能体现中央集权的规定来自《地方各级人民代表大会和地方各级人民政府组织法》第69条。〔4〕这说明我国的地方人民政府不仅是地方人民代表大会的执行机关，也是中央人民政府统一领导下的国家行政机关。而地方各级人大的产生和存在根据

〔1〕“全国只有一部宪法，一个中央机关体系；各个行政单位和自治单位都接受中央的统一领导，没有脱离中央的独立的权力；不论中央与地方的分权达到什么样的程度，地方的权力都由中央通过法律文件予以规定或改变，地方权力没有宪法保障。”参见何华辉：《比较宪法学》，武汉大学出版社1988年版，第148页。

〔2〕《宪法》第95条规定，省、直辖市、县、市、市辖区、乡、民族乡、镇设立人民代表大会和人民政府。地方各级人民代表大会和地方各级人民政府的组织由法律规定。自治区、自治州、自治县设立自治机关。自治机关的组织和工作根据《宪法》第三章第五节、第六节规定的基本原则由法律规定。

〔3〕《地方各级人民代表大会和地方各级人民政府组织法》第2条规定，地方各级人民代表大会是地方国家权力机关。县级以上的地方各级人民代表大会常务委员会是本级人民代表大会的常设机关。地方各级人民政府是地方各级国家权力机关的执行机关，是地方各级国家行政机关。

〔4〕《地方各级人民代表大会和地方各级人民政府组织法》第69条规定，地方各级人民政府对本级人民代表大会和上一级国家行政机关负责并报告工作。县级以上的地方各级人民政府在本级人民代表大会闭会期间，对本级人民代表大会常务委员会负责并报告工作。全国地方各级人民政府都是国务院统一领导下的国家行政机关，都服从国务院。地方各级人民政府实行重大事项请示报告制度。

是全国人大或其常委会的法律授权,因此,地方国家权力机关和其执行机关并无独立于中央的权力。在此情况下,只要事务具有重要性,无论其影响范围是全国性的还是地方性的,本质上都是中央的当然权限,因此,中央不可能将重要事项交由地方自主处理,而更倾向于保留由中央独立负责。对影响范围限于地方性的重要事项,中央可能会派驻地方代表督导地方完成相关事务,或者由中央与地方共同完成。其次,地方政府的宪法地位决定了法律保留强度标准的合理性。在中国现实语境下,地方政府对上级政府负责,[1]会削弱其对产生它的地方人大代表机关负责的忠诚度和责任感,这时,如果将地方重要事务交其处理,无法保证地方政府以负责的态度去高质量完成相关任务。最后,地方民主制度的发展状况决定了我国法律保留强度标准的合理性。我国地方民主制度的发展仍不完善,将重要性事项交由地方立法机构负责,恐难以实现相关目的。因此,我国采用事务的重要程度作为划分法律保留强度的标准和央地权限划分的标准,既具有历史传统的因素,又具有法律依据和现实基础。

3. 我国法律保留强度标准的弊端。采用重要性标准划分中央与地方的权限,虽有其合理的一面,但仍存在诸多问题。首先,对影响范围限于地方的某些重要事项,地方无权采取适当的手段进行管理,不利于行政秩序的维护。其次,重要性标准主要是国家立法机关积极地制定法律对各种重要事务进行调整,而国家立法机关在制定调整地方重要事务的法律时,可能因距离地方较远、对地方事务不甚熟悉等导致所立之法脱离实际。最后,重要性标准依赖中央国家机关的判断,地方国家机关的积极主动性无法充分发挥,从而使地方有可能在执行国家政策或法律时产生敷衍搪塞现象。

(二)我国法律保留强度标准的再认识

我国采用重要性程度作为法律保留强度的标准,既有合理性,又有弊端。如

---

[1] 我国的行政实践事实上已经将地方政府对上级政府负责凌驾于对地方人大负责之上,这就使地方权力机关对地方政府无法形成有效的监督和制约,而地方政府也因此更倾向于为完成上级政府的各种考核指标而不顾地方的长远发展,甚至为应付考核而牺牲地方的根本利益,如为应对上级政府的GDP排名,很多地方政府不惜破坏环境,与地方人民争利。这种紧张关系也是地方政府无法独自承担重要事务的原因之一。

何扬长避短,完善我国的法律保留强度标准制度,从而为中央与地方权限划分提供科学合理的判准,是一个值得研究的问题。有学者建议,我们应当"在现行国家政治体制许可的范围之内,合理引进'影响范围'标准中的若干因素来对中央与地方的立法职责与权限进行界定"[1]。

我国法律保留强度标准应在事务重要性标准基础上,兼采影响范围标准。深处社会转型时期,我国中央与地方的关系也在不断探索之中。《全面推进依法治国决定》提出,明确立法权力边界,明确地方立法权限和范围,依法赋予设区的市地方立法权。这实际是要求明确界分中央与地方立法权限。同时该决定还提出了中央政府与各级地方政府的权限关系。[2]《法治政府建设实施纲要(2015—2020年)》重申了该决定关于中央政府与各级地方政府权限关系的上述内容。根据中国目前的国家结构和法律规定,参考域外国家相关经验,笔者认为,我国法律保留强度的标准应在事务重要性标准基础上,兼采影响范围标准。

1. 事务的重要程度标准。事务的重要程度是单一制国家划分中央与地方权限的最重要标准。一方面,在单一制国家中,无论从法律规定还是从制度实践上看,地方主要是中央政策的执行者,服从中央是其主要义务。地方的重要事项也是中央的事项,中央通过各种方式对地方的经济、社会、文化、教育、环境等各方面事务进行直接或间接管理。例如,我国《立法法》第11条规定的只能制定法律的事项,都是对公民基本权利的保障和实现、对国家的政治运转和组织结构具有重要性的事项。即使地方有独立管理权的事项,中央也有权随时通过法律或行政方式收回这些权力。中央为调动地方的积极性,通常采取权力下放的方式赋予地方更多自主权,这些下放的权力也多是涉及重要性程度与地方政府的管理能力相适应的事项。另一方面,由于单一制的中央集权特点,即使影响范围限于地方的事务,如果中央认为地方管理不当,或者地方人民对地方政府的管理不满,中央也可

[1] 封丽霞:《中央与地方立法权限的划分标准:"重要程度"还是"影响范围"?》,载《法制与社会发展》2008年第5期。

[2] 《全面推进依法治国决定》规定,推进各级政府事权规范化、法律化,完善不同层级政府特别是中央和地方政府事权法律制度,强化中央政府宏观管理、制度设定职责和必要的执法权,强化省级政府统筹推进区域内基本公共服务均等化职责,强化市县政府执行职责。

能介入干预以解决问题。另外,有些事务没有明显的地域特征,而具有高度的属人性,如公民基本权利事项。由于各地经济发展水平参差不齐,公民享有社会保障的权利也具有地区差异。但公民最基本的人身权利保障不应该存在地区差别,该问题由于关涉公民其他基本权利的实现,具有相当重要的地位,应由高位阶的规范保留,不宜交由地方处理。

2. 事务的影响范围标准。从民主自治角度看,事务的影响范围是划分中央与地方权限的最重要标准,也是确定法律保留强度的重要参考依据。只有与选民自身有利害关系的事务,选民才会更加关心和关注,并通过自己的代表行使决策权,通过代表机关对行政机关的执行情况进行监督。如果某事项与地方民众没有直接利害关系,该地民众可能就不感兴趣,进而对相关执行情况也不会认真监督。例如,偏僻山区的居民无法体会北京或上海的交通拥堵给城市生活带来的不便,自然也对其治理拥堵措施不感兴趣,让拥堵城市以外的其他地方居民投票决定交通拥堵城市的治理措施,只会出现不负责任的盲目投票和决策。参考财政事权理论,也可以在一定程度上佐证影响范围标准的科学性和合理性。英国学者 C. F. Bastable 在《公共财政》一书中提出了政府间财政支出划分的 3 个经典原则:受益原则、行动原则、技术原则。[1] 这些原则也是中央与地方权限划分的原则。它们体现的主要是事务的影响范围。

事实上,无论单一制抑或联邦制,事务的重要程度与影响范围经常呈现为“硬币的两面”。在一国范围内,一般来说,影响范围超越某个地区的事务,其重要性也会超过影响范围仅限于某个地区的事务,如国道、省道、县道和乡道的重要性与其影响范围成正比关系。因此,《公路法》第 14 条对国道、省道、县道和乡道

---

〔1〕“①受益原则。凡政府提供的服务,其受益对象是全国公众,或事关国家范围内的整体利益,则支出应属中央财政的公共支出;凡其受益对象是不同级次范围内的民众,或与地方利益有直接的关系,则支出应属地方财政的公共支出。②行动原则。凡政府公共服务的实施在行动上必须统一规划的领域或财政活动,其支出应属于中央财政的公共支出;凡政府公共活动的实施必须是因地制宜的,其支出应属地方财政的公共支出。③技术原则。凡政府活动或公共工程,其范围广、规模庞大,需要高度技术才能完成的项目,其支出应归属中央财政;一般性的而又需要适时进行监督的活动或公共工程,应归于地方财政支出。”参见文政:《中央与地方事权划分》,中国经济出版社 2008 年版,第 64 页。

的规划编制与审批权限作了区分规定。而重要程度高的事务,其影响范围往往也大,如国防、外交、空间与海洋开发利用等事项对一国的主权、对外政策和国际地位等都具有重要意义,其影响范围也超越了某个地区,而具有全国性影响。

对影响范围限于某地方或地域差异明显的事务,可以授权地方立法进行调整。在联邦制下,通常属于地方调整的事项,在单一制下,可能属于中央政府的权限。这是因为,联邦制下,联邦的权力是有限的,宪法未授予联邦的权力均保留在地方。地方具有独立于联邦的地位和权力,地方的事务与联邦的事务没有必然的联系,地方的重要事项并非一定关涉联邦。而单一制下,地方与中央是一体的,地方没有独立于中央的权力和地位,地方是中央的组成单元,中央的权力是全面的、无限的,地方的权力是中央授予或下放的权力。因此,地方的事务就是中央的事务,中央可以根据地方事务的重要程度决定是否将该事务授权地方处理。为发挥地方信息优势、调动地方积极性,对影响范围限于某地方或地域差异明显的事务,中央一般会将该事务授权地方立法予以调整,如《行政强制法》关于行政强制措施设定权的规定,[1]《人口与计划生育法》授权省级人大或其常委会制定少数民族计划生育政策。[2]

事务的影响范围会影响法律保留强度,但并非影响范围大的事务一定需要由高层级的规范保留。在影响范围同样超越地方的多个事务中,是需要法律保留,还是需要行政法规、部门规章或地方性法规保留,就需要根据事务的重要程度予以决定。因此,事务的重要程度与影响范围需要结合起来考察,才能准确确定保留的规范层级。

---

〔1〕《行政强制法》第 10 条规定,行政强制措施由法律设定。尚未制定法律,且属于国务院行政管理职权事项的,行政法规可以设定除本法第 9 条第 1 项、第 4 项和应当由法律规定的行政强制措施以外的其他行政强制措施。尚未制定法律、行政法规,且属于地方性事务的,地方性法规可以设定本法第 9 条第 2 项、第 3 项的行政强制措施。法律、法规以外的其他规范性文件不得设定行政强制措施。

〔2〕《人口与计划生育法》(2021 年)第 18 条第 3 款规定:“少数民族也要实行计划生育,具体办法由省、自治区、直辖市人民代表大会或者其常务委员会规定。”

第三节 法律保留强度的体系化

法律保留强度是立法权介入特定事务的深度。虽然法律保留强度主要调整横向的立法权与行政权之间的关系,但同时,它也在纵向上起到划分立法权限的作用。不同层级法规范根据一定标准,分别对特定事项进行不同深度的调整,进而形成层级化的规范保留体系,此即法律保留强度的体系化。

域外探讨法律保留时,主要围绕狭义的法律,即国会制定并通过的规范性文件。但当我们把法律作广义理解时,法律保留原则就演变为行政受制于法规范,行政活动必须有法的规范依据,没有规范依据,行政机关就不能实施行政行为。这时法律保留中的法律就包括宪法、法律、法规、规章等规范性文件,法律保留也相应变成了由宪法保留、法律保留、法规保留、规章保留等不同层级规范构成的保留体系。当然,如果从法律保留的本质考虑,包括行政法规和规章在内的行政立法不符合立法权限制行政权的原初意旨,不属于法律保留中"法律"的范畴。但如果从法律保留的延伸功能看,法律保留强度体系包括行政立法保留。

一、宪法保留的强度〔1〕

(一)宪法保留的产生

宪法保留的概念无疑参考了德国法上的法律保留概念。法律保留主要以民主、法治等原则为基础,旨在调整立法权与行政权的关系,它将某些重要事项保留由立法权规制,行政权必须以立法机关的法律作为行为依据。而宪法是产生立法权与行政权的根本大法,宪法已经将行政机关定位为立法机关制定法律的执行机关,司法机关是法律适用机关,行政权从属于法律是宪治架构的应有之义。宪法以国家机构的组织和运行、国家权力之间的关系、人民的自由和权利为主要调整

---

〔1〕 本部分主要内容,参见张峰振:《论宪法保留》,载《政法论坛》2018年第4期。有改动。

对象,单纯的行政权运行不是宪法的规制对象。宪法的使命多是通过代议机关以法律形式实现,因此,立法权就成了宪法使命的主要支柱。但是,托克维尔曾言:作为立法机关的代议机关也可能出现"多数的暴政"[1],"我最挑剔于美国所建立的民主政府的,并不像大多数的欧洲人所指责的那样在于它的软弱无力,而是恰恰相反,在于它拥有不可抗拒的力量。我最担心于美国的,并不在于它推行极端的民主,而在于它反对暴政的措施太少"[2]。鉴于此,制宪者们在制定宪法时也设计了防范多数暴政的措施,其中之一就是对某些重要的事项作出保留,要么不让立法机关插手,要么就明确、具体规定立法机关就某事制定法律所必需遵循的条件。这些就是学者所言的宪法保留。可见,宪法保留主要约束立法权。这是它与法律保留的本质区别。[3] 当然,宪法保留在约束立法权的同时,也毫无疑问地排斥了行政权的干预,并为司法权运行设定了边界。

(二)宪法保留的含义

所谓宪法保留,是指对某些非常重要的事项只能由宪法作出具体、明确的规定,以便给立法权划定界限、为行政权及司法权提供行为依据的制度。对宪法保留的含义,可以从以下几个方面阐述。

1. 宪法保留的事项范围是否仅限于基本权利。宪法保留是否仅针对基本权利,有不同认识。有学者在探讨宪法保留时,主要从基本权利的宪法保留角度解释宪法保留,如基本权利的宪法保留,是指对人和公民的基本权利之确认及限制,直接由宪法作出明确、具体的规定,以防止立法侵害,从而使基本权利直接受到宪法的保障。[4] 但亦有学者认为,宪法保留的事项范围不限于基本权利,还包括非

---

[1] [法]托克维尔:《论美国的民主》,董果良译,商务印书馆1988年版,第287页。

[2] [法]托克维尔:《论美国的民主》,董果良译,商务印书馆1988年版,第289~290页。

[3] 参见蒋清华:《基本权利宪法保留的规范与价值》,载《政治与法律》2011年第3期。

[4] 参见邓联繁、蒋清华:《论基本权利的宪法保留》,载《湖南大学学报(社会科学版)》2009年第6期。

常广泛的重要事项，这可以从其对宪法保留概念的界定中体现出来。[1] 笔者认为，宪法保留也是广义法律保留的一种，其保留的事项标准主要是事务的重要程度，因此，无论是基本权利，还是国家结构形式、政权组织形式以及其他事项，只要足够重要，以至于必须由宪法予以调整，立法权以及行政权均不得干涉，该事项就属于宪法保留的范围。因此，宪法保留的事项不应局限于基本权利，而应包括所有足够重要、必须由宪法予以明确、具体规定的事项。

2. 宪法保留的规定可否使用不确定法律概念。宪法保留首先是对特定事务作出的明确、具体的规定。如果宪法对某事务作出了概括性规定，则无法达到约束立法权的目的。要想控制立法的形成空间，实现控制立法权的目的，宪法保留越具体、明确，越易实现目的。“宪法对基本权利的概括限制不是宪法保留。”[2] 如何理解宪法对基本权利的规定是具体、明确，还是概括限制，值得思考。我国《宪法》第 51 条、《德国基本法》第 2 条第 1 款，是概括限制，应无疑义，但我国《宪法》第 10 条第 3 款、第 13 条第 3 款中的“公共利益”是否符合宪法保留的具体、明确要求，不无争议。有学者认为，诸如“国家利益”“社会利益”“道德准则”这些用以约束立法权的标准，都是抽象、笼统的术语，其内涵（权利可以限制的具体范围）仍须法律来确定，所以实际上只是一种未言明的法律保留，即这些不确定法律概念给了立法权施展拳脚的空间，因此，他们本质上仍是法律保留的一种。[3] 笔者认为，我国《宪法》第 10 条第 3 款、第 13 条第 3 款中基本权利限制的条件规定，应为宪法保留。首先，这些限制性条件是我国《宪法》予以规定的，其保留的层次与普通法律不同。其次，尽管这些条件是通过不确定法律概念表述的，但这并不意味着具体个案中这些条件就可以随意解释，恰恰相反，在个案中不确定法

---

〔1〕 如果宪法对某些事项加以明文规定，则人民与国家机关皆须受宪法明文规定的直接限制，立法者也因此丧失法律的形成空间，而不得制定与宪法规定相左的法律规定。这种宪法的直接限制，由于来自宪法的明文规定，无论是拘束人民还是拘束国家机关，都是合宪的，一般称为“宪法保留原则”。参见许育典：《宪法》，台北，元照出版有限公司 2006 年版，第 147 页。转引自邓联繁、蒋清华：《论基本权利的宪法保留》，载《湖南大学学报（社会科学版）》2009 年第 6 期。

〔2〕 蒋清华：《基本权利宪法保留的规范与价值》，载《政治与法律》2011 年第 3 期。

〔3〕 参见蒋清华：《基本权利宪法保留的规范与价值》，载《政治与法律》2011 年第 3 期。

律概念是可以通过价值填补和经验证明予以具体化的。[1] 因此,宪法以不确定法律概念作为限制条件能够实现保留的目的,并且,立法权要受制于具体化了的不确定法律概念。当然,亦有学者称此种保留为加重的法律保留。[2]

(三)宪法保留的事项

1. 宪法保留与宪法规定的关系

哪些事项足够重要需要由最高位阶的宪法予以保留？此处需要澄清的两个概念是宪法保留与宪法规定。宪法保留旨在强调有些事项只能由宪法规定或调整,法律及其他位阶的规范性文件以及行政权、司法权均不得在无宪法授权的前提下规定或调整。而宪法规定仅表明有些事项可以由宪法调整,至于是否只能由宪法调整则不在此概念的含义内。这只是从字面含义所作的解释。事实上,从应然的角度看,宪法保留的事项就是宪法规定或调整的事项,而宪法规定或调整的事项也应当是只能由宪法规定或调整的事项。因为宪法是国家的根本大法,具有最高的位阶和法律效力,其至上性和权威性要求其保持稳定,这就决定了宪法只能规定或调整应当由其规定或调整的事项,而不能包罗万象、面面俱到。换言之,宪法规定或调整的事项,其他公权力机关没有宪法授权不得调整。因此,从应然角度看,宪法保留的事项与宪法规定的事项具有同质性。从实然角度看,宪法保留与宪法规定事项并不总是一致的。有些国家往往在宪法中加入许多不应当由其规定的内容,致使宪法规定的事项过于杂乱。在此情况下,宪法保留的事项范围小于宪法规定的事项范围。如果有些事项既可由宪法规定,又可由一般法律规定,则该事项不应归入宪法保留的范围。以基本权利为例,即使宪法规定了公民的基本权利,法律或其他规范性文件也可对此加以规定或调整,那么,宪法对基本权利的规定就不具有排他性,不属于宪法保留。但对基本权利限制的条件规定,如果宪法没有规定限制条件,也没有授权法律对其限制,那么,法律及其他规范性文件、其他国家权力机关都不得限制公民的基本权利,宪法对公民该种基本权利限制

---

〔1〕 参见王贵松:《行政法上不确定法律概念的具体化》,载《政治与法律》2016 年第 1 期。

〔2〕 参见陈新民:《德国公法学基础理论》(上册),山东人民出版社 2001 年版,第 350 页。

条件的保留就属于宪法保留。以重要的政治性事项为例,如果宪法对其作出了明确规定,如我国的根本制度,法律及其他规范性文件、其他国家公权力机关都不得作出相异的规定或行为。因此,宪法对基本权利限制的条件规定(限制的限制)属于宪法保留;宪法对重要的政治性事项的规定,如果符合无宪法授权或规定,其他主体不得以任何形式加以限制或改变的条件,也属于宪法保留。如果宪法规定的事项并不具体、明确,无法为公权力机关提供行为依据,则该规定不属于宪法保留。

那么,要想确定宪法保留的事项范围,先要明确哪些事项不应该由宪法规定,哪些事项应该由宪法规定。

2. 宪法应该规定什么

综观世界各国宪法,虽然其内容不尽一致,但有些事项是各国宪法都予以规定的事项。这些事项彰显了宪法之成为宪法的根本原因。这不仅是理论的推演,也是各国宪法实践的体现。美国宪法最为典型地体现了应由宪法保留的事项。作为对世界产生重要影响的第一部成文宪法,1787 年《美国宪法》只有 7 个条文,依次是立法条款、行政条款、司法条款、州际关系、宪法的修改、最高法律条款、宪法的批准。可见,美国宪法最初主要以权力架构及其关系作为调整对象。之后,美国国会通过了 27 个宪法修正案(最新的修正案是 1992 年通过的),前 10 个修正案又称“权利法案”,分别规定了宗教、言论、集会和请愿的自由;携带武器的自由;军队不得进入民房;免于不合理的搜查和扣押自由;正当审判程序、一事不再理、无罪推定、征用私产需赔偿;刑事案件接受陪审团审判的权利;民事案件接受陪审团审判的权利;禁止过度严厉的刑罚和罚款;宪法未列明的权利同样受保护;宪法未赋予政府的权利都属于各州和人民。除前 10 个修正案和第 18 个、第 21 个修正案(第 18 个修正案被第 21 个修正案废止)外,其他 15 个修正案都是关于基本权利和政府权力结构的事项。法国 1958 年《法兰西第五共和国宪法》(现行宪法)由序言和 15 章正文内容组成,按照顺序分别是:序言、主权、共和国总统、政府、议会、议会和政府的关系、国际条约和协定、宪法委员会、司法机关、高级法院、经济和社会委员会、地方单位、共同体、联合协定、修改、过渡规定。在序言中,《法兰西第五共和国宪法》确认了对公民基本权利的保护:法兰西人民郑重宣告恪遵1979年宣言中所明定及《法兰西第四共和国宪法》序言中所确认与补充之人权暨国家主权原则。从《法兰西第五共和国宪法》的内容看,其宪法规定的事项主要是:公民基本权利保护、国家主权、国家的权力结构及相互关系等内容。联邦德国1949年通过的《德国基本法》是其法律和政治的基石。其由序言和11章内容组成,依次如下:序言、基本权利、联邦及各邦、联邦议会、联邦参议院(联席委员会)、联邦总统、联邦政府、联邦立法、联邦法律之执行与联邦行政(共同任务)、司法、财政、(防卫事件)、过渡及最后条款。由此可以看出,《德国基本法》的主要内容也是公民基本权利、国家的不同权力分支及其相互关系。通过梳理世界主要国家的宪法,可以发现宪法规定的事项主要是基本权利和国家结构事项。

3. 宪法不应该规定什么

有学者曾对1982年《宪法》的频繁修改进行了反思。进而,该学者建议,学者们应该认真反思一下宪法究竟应该包括哪些内容。诸如涉及经济制度之类的条款是否可以从宪法中拿走?除此之外,其他不利于宪法稳定性及中国民主发展的条款是否也可以从宪法中拿走?[1]这其实就是我国宪法应该规定什么内容,不应该规定什么内容,即宪法的保留事项问题。

(1)宪法应否规定经济制度。在1982年《宪法》第三次修改后,有学者认为,宪法的频繁修改对宪法的权威性有一定负面影响,而宪法对经济制度的规定是其频繁修改的原因之一。“从法理上看,宪法的主要作用是建立一个国家的宪政架构,明确各国家机构之间的关系以及保障公民的基本权利,经济制度并非要件之一。因此,宪法没有必要一定就经济制度作出规定。”[2]有学者建议,“在宪法总纲涉及经济生活的全部条款中,只保留属于基本经济制度范畴的条款,而将属于经济政策范畴的条款全部废除”[3]。“对于规定经济活动主体权利的条款,可按

[1] 参见林峰:《对二十一世纪中国宪法学研究内容的两点看法》,载《法学家》2000年第3期。
[2] 林峰:《对二十一世纪中国宪法学研究内容的两点看法》,载《法学家》2000年第3期。
[3] 童之伟:《与时俱进 完善宪法——循“十六大”精神修宪或释宪的十一点设想》,载《法学》2003年第1期。

‘十六大’精神简化后区分不同情况处置。”[1]有学者建议,宪法关于经济制度的规定就写2条,即现行《宪法》第15条关于市场经济的条款和第18条关于吸引外资的条款。[2] 有学者则支持我国宪法关于经济制度的规定,“虽然经济制度规定相对少见于法治发达国家的宪法,但纵观全球,即使是在有关基本权利的章节之外,也足有半数以上的国家在不同程度上加以规定(包括一半法治比较发达国家的宪法有所规定)。因此,像我国这样在宪法中设置经济制度规定,并不特殊、更非特例”[3]。由上可知,宪法应否规定经济制度并没有成规可循。而法治发达国家的宪法多不规定经济制度,如美国宪法。笔者赞同经济制度并非宪法要件的观点,但亦认为,经济制度是否由宪法规定还受一国的法治传统和现实情况影响。在当前情况下我国宪法中的经济制度条款之存在是一个既定事实,我们可以在此基础上,对现行经济制度条款进行压缩、完善。因此,就这个角度而言,经济制度事项是我国宪法的保留事项,但未来应该对其“瘦身”。

(2)宪法应否规定公民义务。有观点主张,宪法不应该规定公民义务。亦有学者明确反对宪法不应该规定公民义务的观点,认为“根据社会契约论和西方国家宪法文本,不能得出宪法不应该规定公民基本义务的结论”。有学者认为,“宪法义务的产生是源于人们对于幸福的承诺,即个人为了实现自己的幸福而在日常生活中采取一定的合作手段,并把这种建立在经验基础上的维护社群存续的合作习惯于建立国家之后以宪法契约的形式制度化。国家起源、人性论、和谐社会、自由主义等思想构成了宪法义务的理论基础”[4]。亦有学者对上述反对观点进行

---

[1] 童之伟:《修改宪法总纲中经济条款的设想》,载《政治与法律》2003年第3期。

[2] 参见马岭:《对〈宪法〉“序言”和“总纲”的修改建议》,载《法律科学(西北政法学院学报)》2003年第4期。

[3] 李响:《我国宪法经济制度规定的重新审视》,载《法学家》2016年第2期。

[4] 李勇:《宪法义务理论及发展趋势》,载《中州大学学报》2009年第3期。

了深入的批判和反思,并提出了权宜性的解释路径。[1] 笔者赞同宪法不应当规定基本义务的观点。从宪法的产生过程、发展历史、根本目的及宪治发达国家的宪法文本和宪治实践中可以得出这样的结论:宪法以保障公民基本权利为目的,国家的权力架构要围绕这一目的设计。因此,《布莱克法律词典》对宪法(constitution)的经典解释是,宪法是一国的根本大法,它规定政府的组成和结构、明确政府最高权力的范围、确保公民个人的基本权利和自由。[2] 这一解释并未提及公民的基本义务。另外,宪法只规定公民基本权利而不规定基本义务,也是权利本位论的体现。权利本位论曾是法学界热议的话题。权利本位论是在与义务本位、权力本位的争辩中确立自己的主导地位的。有学者认为,霍布斯是权利本位论的哲学奠基人,从自然权利的自然平等和自然自由出发,霍布斯论述了权利本位论的3个基本主张:权利先于义务,权利先于权力,权利先于欲望(以及意志和功利)。[3] 从义务本位到权利本位是法的发展规律。[4] 所谓权利本位,是指"义务来源于权利,义务服务于权利,义务从属于权利"[5]。也有学者将权利本位论的基本思想概括为"权利先于功利、权利先于义务、权利先于权力、权利先于立法"[6]。可以说,权利本位论已经成为共识。作为国家根本大法的宪法,只需要规定公民的基本权利和为实现基本权利而设计的国家组织架构。公民的义务是实现基本权利的手段和保障,衍生于基本权利,依附于基本权利,与基本权利不属同一位阶的问题,因此,公民的义务不应与基本权利处于同一个层次而同时规定于宪法文本中。

(3)宪法应否规定社会基本权利。所谓社会基本权利,又称社会权、积极权

---

[1] 该学者认为,"对宪法义务之理论基础提出挑战,并非要发动一场索然无味的战争,它与权利保障密切相关。以宣告公民负担为目的的宪法义务条款,不仅无须存在,而且不应存在,其背后的支持理论不仅阻碍着对现代立宪主义的正确理解,而且也是当前我国妨碍基本权利得以落实的认知原因"。对当下我国《宪法》中的义务条款建议采取权宜性解释方法,即"义务条款不是要对公民课以负担,而是为这种负担设定条件"。姜峰:《宪法公民义务条款的理论基础问题:一个反思的视角》,载《中外法学》2013 年第 2 期。

[2] See Bryan A. Garner, *Black's Law Dictionary*, Eighth Edition, West Publishing Co. ,2004, p. 330.

[3] 参见凌斌:《权利本位论的哲学奠基》,载《现代法学》2015 年第 5 期。

[4] 参见张文显:《从义务本位到权利本位是法的发展规律》,载《社会科学战线》1990 年第 3 期。

[5] 郑成良:《权利本位论——兼与封日贤同志商榷》,载《中国法学》1991 年第 1 期。

[6] 黄文艺:《权利本位论新解——以中西比较为视角》,载《法律科学(西北政法大学学报)》2014 年第 5 期。

利,是指与自由权相对的、需要国家积极提供相应给付,以解决社会问题、实现人的真正自由为目的的权利。《经济、社会及文化权利国际公约》对社会基本权利的目的给予了确认。[1] 社会基本权利与自由基本权利的区别主要表现为,前者要求国家积极提供服务,后者要求国家不得干预。"一般的自由基本权利的主要目的,是欲摆脱国家权力对人民自由范围之干涉,而社会基本权利要求国家及社会,积极介入私人之自由领域。"[2]关于社会基本权利的内容,有不同观点。荷兰学者范得文(van der Ven)认为,社会基本权利分为五大类:工作权、经济参决权、生活保障权、社会保健权、社会文化发展权。[3] 《经济、社会及文化权利国际公约》对社会基本权利的主要内容也作了规定。[4] 我国《宪法》规定的社会基本权利主要有第42条劳动权,第43条休息权,第14条、第44条、第45条社会保障权,第19条、第46条受教育权,第20条、第22条、第23条、第47条文化权,等等。有学者认为,可以把我国《宪法》第33条第3款这一人权条款与《宪法》总纲中第14条第3款相结合,解释出"基本生活水准权";可以将"国家尊重和保障人权"这一条款的规定与第45条第1款的规定以及第21条第1款的规定相结合,解释我国公民享有的"健康权"。[5]

宪法对自由基本权利的规定已经成为宪法内容的标志,那么,与自由基本权利不同的社会基本权利是否也应该由宪法规定呢?

有观点从积极权利与消极权利、自由基本权利与社会基本权利的区分角度,认为宪法不应当规定社会基本权利。积极权利与消极权利的分类可以追溯到德国公法学家格奥格·耶利内克(Georg Jellinek)的主观公权利理论。其在《主观

---

[1] 《经济、社会及文化权利国际公约》规定:按照世界人权宣言,只有在创造了使人可以享有其经济、社会及文化权利,正如享有其公民和政治权利一样的条件的情况下,才能实现自由人类享有免于恐惧和匮乏的自由的理想。

[2] 陈新民:《德国公法学基础理论》(上册),山东人民出版社2001年版,第695页。

[3] 参见陈新民:《德国公法学基础理论》(上册),山东人民出版社2001年版,第691页。

[4] 《经济、社会及文化权利国际公约》规定的社会基本权利主要包括:工作权,同工同酬权,以及享受公正、良好和安全卫生的工作条件的权利;组织和参加工会的权利;休息权,包括社会保险在内的社会保障权利;免于饥饿权;身心健康权,受教育权,参加文化生活权,妇女、儿童以及家庭、婚姻自由受保护权;获得相当生活水准的权利;等等。

[5] 参见上官丕亮:《论宪法上的社会权》,载《江苏社会科学》2010年第2期。

公法权利体系》一书中，针对个人与国家间的法律关系，提出了著名的“地位理论”。[1] 积极地位上产生的法律请求权，对个人而言，是一种被法律保护要求国家积极履行义务的能力；对国家而言，它就是为个人利益开展活动的法律义务。[2] 这也可称作耶利内克“地位理论”中的积极权利。虽然耶利内克“地位理论”有缺憾，[3]但“由这个有关分析人民权利性质的古典理论，亦可归纳出自由权利与社会基本权利的基本差异”[4]，即“地位理论”中的消极地位上享有的消极权利与积极地位上享有的积极权利，恰对应自由权利与社会基本权利。作为积极权利的社会基本权利，要想在宪法层次获得实践，可能的方式有如下几种：第一，视为方针条款，即宪法的规定是给予国家公权力（尤其是给予立法者）一种日后行为的方针指示。该规范条款并无规范拘束力，且欠缺明确性，无法规制与方针条款旨趣相异的立法，因此其政治与道德意义大于法律意义。第二，视为宪法委托，即立法者由宪法获得一个立法的委托。第三，视为制度保障，指宪法明白地规定，保障某些社会基本权利。第四，视为人民的公法权利，即认为社会基本权利应该如同其他的宪法自由权利一样，具有直接的、强行的效力，人民可以请求法院予以救济。西方学者反对社会基本权利具有个案的直接实证效力的观点，理由

---

〔1〕 主观公法权利仅由那些直接建立在法律身份上的请求权构成。第一，个人对国家的服从构成了国家有效性的基础，这种服从状态使个人处于个人的义务领域之中，处于被动地位、服从地位之上。这种地位排除了个人自决，因而排除了人格。第二，在前述被动地位产生的服从领域之外，个人获得的排除国家、否定统治的领域，是个人的自由领域、消极地位、自由地位。在这一领域中，纯粹的个人目的通过个人的自由行为得以满足。第三，国家赋予个人为满足其利益而利用国家权力和国家制度的法律上之能力，使个人获得了积极地位、市民地位。这是国家满足个人利益的全部行为的基础。第四，通过赋予个人为国家而行动的能力，国家赋予了个人一种被提升了的、赋予了资格的、主动市民的地位，此即主动地位、主动市民的地位。处于此种地位上的人有权行使严格意义上的政治权利。参见[德]格奥格·耶利内克：《主观公法权利体系》，曾韬、赵天书译，中国政法大学出版社 2012 年版，第 78 ~ 79 页。

〔2〕 参见[德]格奥格·耶利内克：《主观公法权利体系》，曾韬、赵天书译，中国政法大学出版社 2012 年版，第 109 页。

〔3〕 如耶利内克的地位理论中，在积极地位上产生的请求权既包含消极地位上享有的自由权被侵犯时的法律保护请求权，又包括要求国家进行行政活动以满足利益需求的请求权。“如此，自由权利本身无法产生诉讼权来维系之，该自由权利之效力完整性即有缺憾。”参见陈新民：《德国公法学基础理论》（上册），山东人民出版社 2001 年版，第 694 页。

〔4〕 陈新民：《德国公法学基础理论》（上册），山东人民出版社 2001 年版，第 695 页。

是：它破坏了权力分立原则；社会基本权利欠缺具体的内容；就事实角度而言，社会基本权利的实现受制于国家的资源掌握能力及分配情况；社会基本权利的实践往往也会侵害其他人的自由权利。因此，反对将社会基本权利视为公法权利，是欧洲学界的普遍见解。亦有学者据此认为，宪法不应该规定社会基本权利条款。[1]

笔者认为，宪法基本权利从自由权向社会基本权利的扩张，是宪法适应社会发展的必然趋势。以社会基本权利不具有个案的直接规范效力为由，将其拒之宪法门外，既与社会发展不相适应，又不完全符合宪法的特性和社会基本权利的本相。首先，社会基本权利入宪是社会发展的必然。自由放任的市场经济时代，国家仅负有治安、税收、国防、外交等任务，公民完全自由地发展自己，国家并不干预或很少干预，但由于市场失灵，社会的稳定发展需要国家干预，同时，随着公民权利意识的提高，要求国家提供积极给付义务的呼声渐高，社会权概念应时而生。1919 年的德国《魏玛宪法》第一次确认了社会基本权利的宪法地位，同时，《魏玛宪法》中的社会基本权利条款也成为其他许多国家宪法及其理念的参考与取材对象。第二次世界大战后，社会基本权利除了在各国宪法中或多或少获得肯定外，还被一些重要的国际公约采纳，[2] 如《世界人权宣言》《经济、社会及文化权利国际公约》《欧洲人权公约》等。

其次，社会基本权利入宪符合宪法的不完整性特征。宪法的不完整性原因可能在于：制宪者有意识期待经由宪治运作来填补；或由于制宪者无法预见的漏洞或瑕疵；或由于宪法的高度抽象性本质使然。这种不完整性在宪法条文上的表现方式，主要有 3 种：在宪法条文中使用“由法律定之”的用语；在条文中描述其概念或说明其原则，期待适用该条文的国家机关加以具体化；宪法并未明示由何国家机关来实践，也未描述其遵循的原则，但宪法上国家机关如无该规定，则无法行使宪法所赋予之权限。[3]

最后，社会基本权利并非全无规范效力。有研究认为，“社会权规范具有两

---

〔1〕 本部分内容参见陈新民：《德国公法学基础理论》（上册），山东人民出版社 2001 年版，第 696 ~ 700 页。

〔2〕 参见陈新民：《德国公法学基础理论》（上册），山东人民出版社 2001 年版，第 689 ~ 690 页。

〔3〕 参见陈慈阳：《宪法学》（第 2 版），台北，元照出版公司 2005 年版，第 73 页。

种类型:规则和原则。规则意义上的社会权是具有确定(definite)效力的宪法权利,是能够主张的主观权利,原则意义上的社会权是只具有不确定(prima facie)效力的宪法权利,它不能够被直接主张"[1]。德国联邦宪法法院在司法个案中也有直接适用社会基本权利条款的先例,如1972年大学招生名额案[2]。该判决中,联邦宪法法院适用了《德国基本法》第12条第1款的职业自由以及第20条的社会国原则。南非1996年《宪法》赋予社会权与自由权平等的地位,并巩固了宪法权利作为可直接审判的权利的地位。[3] 美国、澳大利亚、加拿大、奥地利、挪威等国家的宪法没有明确规定社会权,但确立了司法审查,通过适用正当程序和平等保护原则予以间接司法救济。[4] 综上,以社会基本权利无个案直接效力排斥宪法的调整,理由并不充分。

(四)宪法保留的强度及方式

事项的重要程度不同,宪法对其保留的强度也不同。根据保留事项的重要程度,宪法通过绝对保留和相对保留体现其保留强度。在绝对保留和相对保留中,宪法规范的语言表述方式也各不相同。

1. 宪法绝对保留

有些事项非常重要,以至于宪法对其采取了最高强度的保留方式,立法机关不得制定法律加以改变,行政机关及司法机关也不得以任何方式干预。有学者认

---

[1] 夏正林:《社会权规范研究》,中国人民大学2006年博士学位论文,第99~101页。

[2] 在1972年大学招生名额案中,联邦宪法法院指出,"对存在于教育制度领域的宪法上的基本权利的保护,不能仅限于传统自由权所具有的对抗公权力干涉的保护功能"。"基本权利在所有的法律层面均适用。"现代国家越是强烈地转向对市民的社会保障以及文化支持,那么在基本权利所具有的对抗国家以保障自由这种原初的基本要求之外,对分享国家给付以获得基本权利上保障这种补充性的要求就越来越多地进入到市民与国家之间的关系中。"选择教育机构的自由'依事物的本质'(Natur der Sache)主要涉及利用国家设施(Einrichtung)的自由,该自由如果没有国家创设的事实上的前提,则毫无价值。"参见李忠夏:《大学招生名额案》,载张翔主编:《德国宪法案例选释》(第1辑·基本权利总论),法律出版社2012年版,第95~116页。

[3] 参见[南非]S.利本堡:《在国内法律制度中保护经济和社会权利》,载[挪威]艾德等编:《经济、社会和文化的权利》,黄列译,中国社会科学出版社2003年版。转引自龚向和:《社会权司法救济之宪政分析》,载《现代法学》2005年第5期。

[4] 参见龚向和:《社会权司法救济之宪政分析》,载《现代法学》2005年第5期。

为，宪法对修宪权的限制不是宪法保留。“修宪限制的限制对象是修宪权，宪法保留的限制对象是立法权，限制对象截然不同，故修宪限制与宪法保留有着本质区别。”[1]笔者认为，无论是宪法保留，还是狭义的法律保留、法规保留、规章保留，其目的都是将某些重要事项保留由自己规范和调整，排斥其他公权力的恣意干预或侵犯。尽管法律保留源于对王权（行政权）的限制，但其体现的制度价值和精神同样可以适用于对所有国家公权力的制约，因此，将法律保留中的“法律”作广义理解，将狭义的法律保留扩展至宪法保留、法律保留、法规保留、规章保留等不同层级的立法文件保留，符合这一制度追求的价值和精神。其实，宪法中的修宪限制是不是宪法保留本身并无实际意义，其体现的限制公权力保护私权利和其他重要事项的目的才是根本所在。基于此，笔者认为，宪法保留对派生于制宪权的修宪权具有拘束力，乃理所当然，并不违背法理和现实。

宪法绝对保留的事项主要包括：基本权利和重要的政治性事项。

（1）基本权利的绝对保留。由宪法绝对保留的基本权利主要是自由基本权利，较少涉及社会基本权利。自由基本权利是各国宪法的核心内容。宪法对自由基本权利的保留强度总体上较高，但对不同的自由权保留强度仍有差别。有些自由权是任何情况下都不得限制或剥夺的，此即不可克减的权利。对不可克减的自由权，宪法通常采取最高强度的保留方式，即绝对保留。但对哪些自由基本权利属于不可克减的权利，有不同认识。《公民权利和政治权利国际公约》、《欧洲人权公约》、《美洲人权公约》、1984 年由一些国际法专家提出的“锡拉库扎原则”以及 1984 年国际法协会通过的《紧急状态下人权规范的巴黎最低标准》虽对不可克减的权利范围仍未获得一致认识，但其主要包括自由权应无疑义。[2]

（2）重要政治性事项的绝对保留。重要的政治性事项主要包括政府的组成和结构、政府最高权力的范围等，如我国《宪法》第 1 条的国家根本制度的保留即为绝对保留。[3] 当然，政治性事项是否重要以及是否由宪法规定，各国并不一

[1] 蒋清华：《基本权利宪法保留的规范与价值》，载《政治与法律》2011 年第 3 期。

[2] 参见龚刃韧：《不可克减的权利与习惯法规则》，载《环球法律评论》2010 年第 1 期。

[3] 《宪法》第 1 条规定，社会主义制度是中华人民共和国的根本制度。禁止任何组织或者个人破坏社会主义制度。

致。我国《宪法》规定的国旗、国歌、国徽、首都均为绝对保留事项,但《美国宪法》却未规定这种事项。

(3)宪法绝对保留的方式。宪法对相关重要事项的绝对保留主要表现为以下几种方式。

第一种,以否定的形式明确排斥法律或其他主体的干预。以明确排斥法律干预方式保留的事项主要是极其重要的自由基本权利。通常,宪法会明确规定任何情况下都不得加以限制或剥夺这些权利,如《南斯拉夫宪法》(1992 年)第 21 条规定的生命权保留,[1]《菲律宾共和国宪法》(1987 年)第三章第 4 条规定的言论、表达及出版自由权保留。[2] 除了自由权外,国家的重要政治制度有时也需要宪法的绝对保留,如我国《宪法》第 1 条对国家根本制度的绝对保留。

第二种,容许基本权被限制,但限制的条件(又称限制的限制)由宪法明确、具体规定。例如,我国《宪法》第 37 条第 2 款规定的就是对公民人身自由权限制(逮捕)的条件,是宪法绝对保留。[3] 立法机关制定有关逮捕的法律、司法机关决定或执行逮捕时要遵守宪法的该种保留。《美国宪法第五修正案》关于判处死罪或其他不名誉罪行的审判,必须有一个前置条件,即要"根据大陪审团的报告或起诉";剥夺生命、自由或财产,必须经"正当法律程序";私有财产充作公用,必须"给予公平赔偿"。[4] 这些对公民基本权利限制的条件,是宪法修正案明确保留的。

第三种,宪法规定某种基本权利或重要事项,没有明确规定国家公权力是否

---

〔1〕《南斯拉夫宪法》(1992 年)第 21 条规定:"人的生命是不可侵害的。对由联盟法律规定的刑事案件,不得规定死刑。"参见邓联繁、蒋清华:《论基本权利的宪法保留》,载《湖南大学学报(社会科学版)》2009 年第 6 期。

〔2〕《菲律宾共和国宪法》(1987 年)第三章第 4 条规定:"不得通过任何法律,剥夺言论、表达及出版自由,或剥夺人民和平集会和向政府申诉请愿的权利。"

〔3〕《宪法》第 37 条第 1 款、第 2 款规定,中华人民共和国公民的人身自由不受侵犯。任何公民,非经人民检察院批准或者决定或者人民法院决定,并由公安机关执行,不受逮捕。

〔4〕《美国宪法第五修正案》规定:"无论何人,除非根据大陪审团的报告或起诉,不得受判处死罪或其他不名誉罪行之审判,唯发生在陆、海军中或发生在战时或出现公共危险时服现役的民兵中的案件,不在此限。任何人不得因同一罪行为而两次遭受生命或身体的危害;不得在任何刑事案件中被迫自证其罪;不经正当法律程序,不得被剥夺生命、自由或财产。不给予公平赔偿,私有财产不得充作公用。"

可以限制这些基本权利，或改变宪法的规定，但从宪法的条文本意、宪法理论及宪法实践看，该种保留是一种绝对保留，不容许任何侵犯，如《德国基本法》第 1 条规定的人格尊严权，[1]我国《宪法》第 33 条第 2 款规定的平等权。[2]

2. 宪法相对保留

所谓宪法的相对保留，是指某些基本权利或其他重要事项，在宪法规定的某些条件下可被限制或改变。宪法保留的事项中，除了必须由宪法绝对保留的事项外，其余都属于相对保留的事项，主要包括大部分基本权利、多数重要的政治性事务。

宪法相对保留的方式，主要有以下几种。

第一种，容许基本权被限制，但限制的方式是通过概括性语言或公益条款。例如，《德国基本法》第 2 条第 1 款中，[3]自由发展人格的权利受到"他人之权利""宪政秩序""道德规范"的限制，这种限制是一种公益条款保留。《德国基本法》第 14 条关于财产权的限制规定，[4]指明了宪法保留的条件，即"由法律规定""有益于公共福利""为公共福利""法律应规定赔偿之性质与范围。赔偿之决定应公平衡量公共利益与关系人之利益。赔偿范围如有争议，得向普通法院提起诉讼"。

《德国基本法》第 19 条对限制基本权利的法律作出统一的限制性规定，[5]这种对基本权利限制的限制是宪法相对保留的重要形式。

我国《宪法》也有这种保留方式，如《宪法》第 13 条第 3 款宪法保留的是对公

---

[1]　《德国基本法》第 1 条规定："人之尊严不可侵犯，尊重及保护此项尊严为所有国家机关之义务。"

[2]　《宪法》第 33 条第 2 款规定："中华人民共和国公民在法律面前一律平等。"

[3]　《德国基本法》第 2 条第 1 款规定，人人有自由发展其人格之权利，但以不侵害他人之权利或不违犯宪政秩序或道德规范者为限。

[4]　《德国基本法》第 14 条规定，(1)财产权及继承权应予保障，其内容与限制由法律规定之。(2)财产权负有义务。财产权之行使应同时有益于公共福利。(3)财产之征收，必须为公共福利始得为之。其执行，必须根据法律始得为之，此项法律应规定赔偿之性质与范围。赔偿之决定应公平衡量公共利益与关系人之利益。赔偿范围如有争执，得向普通法院提起诉讼。

[5]　《德国基本法》第 19 条规定："一、凡基本权利依本基本法规定得以法律限制者，该法律应具有一般性，且不得仅适用于特定事件，除此该法律并应具体列举其条文指出其所限制之基本权利。二、基本权利之实质内容绝不能受侵害。"

民私有财产征收或征用的条件,即“为了公共利益”“依照法律”“补偿”。[1] 我国《宪法》第 51 条虽然针对的是所有的基本权利,但也采取了类似的保留方式。[2] 该条规定表明,如果“损害国家的、社会的、集体的利益和其他公民的合法的自由和权利”,则公民的自由和权利行使是受到限制的。

从上述宪法保留的条文看,宪法对基本权利的限制条件作出了保留,因此,有学者也称这种保留为加重的法律保留。[3]《德国基本法》第 11 条第 1 项、第 13 条第 3 项对迁徙自由权的限制、对住所自由权的限制均是这种保留方式。

第二种,授权法律保留,即由宪法授权法律对某些重要事项作出规定或调整。前文所述我国《宪法》规定由法律予以保留的事项很多。《宪法》共在 45 处明确规定了应当由法律规定的事项,其语言表达方式主要有:①表述为“由法律规定”或者“以法律规定”的共 12 处。②表述为“依照法律规定”或者“依照法律”的共 26 处。③表述为“在法律规定范围内”等其他形式的共 7 处。除了上述明确规定外,《宪法》第 67 条关于全国人大常委会职权中明确规定由全国人大常委会规定的事项(第 16 项、第 17 项关于衔级、国家勋章和荣誉称号的法律),也属于授权法律保留的事项。《宪法》虽没有规定由全国人大及其常委会制定法律或者予以规定,但属于全国人大及其常委会职权范围内应当用法律调整的事项,也属于授权法律保留的事项。[4]

第三种,宪法规定某种基本权利或重要事项,没有明确规定国家公权力是否可以限制这些基本权利,或改变宪法的规定,但从宪法解释上,学者倾向于认为这些权利或事项是可以被法律限制或改变的。例如,《德国基本法》上关于宗教自由(第 4 条)、艺术自由(第 5 条第 3 项)、职业选择自由(第 12 条第 1 项)、庇护权(第 16 条第 2 项)等,都没有“依法律限制”或类似的表述,学者称为毫无限制保

---

[1] 《宪法》第 13 条第 3 款规定:“国家为了公共利益的需要,可以依照法律规定对公民的私有财产实行征收或者征用并给予补偿。”

[2] 《宪法》第 51 条规定:“中华人民共和国公民在行使自由和权利的时候,不得损害国家的、社会的、集体的利益和其他公民的合法的自由和权利。”

[3] 参见陈新民:《德国公法学基础理论》(下册),山东人民出版社 2001 年版,第 350 页。

[4] 参见郑淑娜主编:《〈中华人民共和国立法法〉释义》,中国民主法制出版社 2015 年版,第 31 ~ 33 页。

留。但即使《德国基本法》没有规定上述权利可被限制，德国学界和联邦宪法法院也反对机械地理解上述条文，而倾向于通过各种解释（如联邦宪法法院的“宪法整体性”“整体价值秩序”），使宪法上未限制的基本权利受到法律的限制。[1]我国《宪法》第35条也有类似规定：“中华人民共和国公民有言论、出版、集会、结社、游行、示威的自由。”此处虽然没有规定上述权利可被限制，但从宪法实践或事实看，上述基本权利可以并应该受到某种程度的限制。

二、法律保留的强度

（一）法律保留的强度概述

由于宪法相对于法律更为抽象、概括与原则，其对社会生活和行政权力的调控远不及法律广泛而细密，法律就成了规制行政权的重要手段，法律保留原则也成了行政机关是否依法行政的重要判准。尽管与宪法相比，法律更为具体，但法律对相关事务的调控也并不是事无巨细、面面俱到，而是会根据不同事务的重要性进行不同程度或深度的调整。因此，法律保留的强度因事务的重要性不同而不同。1958年《法兰西第五共和国宪法》第34条是诠释法律保留强度的典型法例。[2] 从该条规定看，法国宪法根据事务的重要程度，确定了不同的法律保留强度：法律规定某些重要事项的准则——详细、具体、可操作；而对重要性程度稍低一些的事项只规定其基本原则——抽象、概括、一般性；某些法律只需要规定所调

[1] 参见陈新民：《德国公法学基础理论》（下册），山东人民出版社2001年版，第351～352页。

[2] 1958年《法兰西第五共和国宪法》第34条规定，法律应由议会投票通过。法律规定有关下列事项的准则：公民权利和给予公民关于行使公共自由的基本保障；为了国防对公民在人身上和财产上所设定的负担；国籍、人的身份和能力、婚姻制度、继承和赠与；关于重罪和轻罪的确定和对他们可以适用的刑罚；刑事诉讼程序；赦免；新的审判制度的创设和司法官的地位；各种性质的赋税的征税基础、税率和征收方式；货币发行制度。法律还规定关于下列事项的准则：议会两院和地方议会的选举制度；各种公立公益机构的创设；给予国家文职人员和军职人员的基本保障；企业国有化以及公营企业转为私营企业的所有权的移转。法律规定关于下列事项的基本原则：国防的总的组织；各地方单位的自主管理、职权范围及其财源；教育；财产权、物权和民事、商事债务的制度；劳动的权利、工会的权利和社会保障。根据组织法所规定的条件并且服从其保留规定，财政法确定国家的财政收入和支出，规划法确定国家的经济和社会活动的目标。本条的规定可以由组织法明确表达和补充。

整事务的总方向或目标，如规划法只需要确定国家经济和社会活动的目标即可。

在对重要事项的保留强度上，有些国家可能通过宪法调整，有些则规定于法律之中，因此，宪法保留与法律保留的关系有待澄清。在法律保留的事项中，有些是可以通过授权交由行政机关立法的事项，有些则是在任何情况下都需要由法律保留的事项。因此，本部分将着重探讨如下问题：法律保留强度与宪法保留强度的关系；法律的绝对保留；法律的相对保留以及由此引发的授权立法。其中，法律绝对保留与法律相对保留是法律保留强度的两种不同形式。

（二）法律保留强度与宪法保留强度的关系

1. 保留事项的重要性不同

一般而言，宪法保留事项的重要性高于法律保留事项的重要性，这是由制宪权与立法权的本质区别决定的。各国一般都将国家治理过程中极其重要的事项通过制宪权规定于具有最高法律效力的宪法之中，而将重要性相对小一些的事务交由立法机关通过立法权纳入法律的调控范围，如我国的根本制度是由宪法规定的。

2. 二者的侧重点不同

法律保留旨在防止行政权侵犯公民基本权利，对公民基本权利的保留是其重点。宪法保留主要在于规制立法权，防范立法机关借立法权侵犯公民基本权利、破坏宪法规定的政治架构和不同权力之间的关系，其主要集中于对公民基本权利限制的限制，即防止立法权侵犯公民基本权利。

3. 保留强度的衔接性和体系化

法律通常承担着细化宪法保留事项的职责，如我国《宪法》第 141 条对我国的国旗形状作出了规定：中华人民共和国国旗是五星红旗。国旗形状对于国旗来说是最重要的事项，由宪法保留。但国旗形状确定后，还有许多有关国旗的重要问题需要规定，如国旗的意义、制作、升挂、使用、监督管理等，这些事项就需要由宪法之下的法律加以规定，即由法律保留。因此，"为了维护国旗的尊严，规范国旗的使用，增强公民的国家观念，弘扬爱国主义精神，培育和践行社会主义核心价值观"（《国旗法》第 1 条），全国人大常委会制定通过了《国旗法》。这典型地体现了宪法保留与法律保留强度上的衔接性和体系化。

4. 二者区分的相对性

宪法保留事项的重要性通常高于法律保留事项的重要性，但并不绝对。某一事项的重要性随着各国认识的不同，会有不同的处理方法。国家治理过程中的重要性事项是由宪法规定还是由法律规定，有时难以划出明确的界线，而法律是一国民意代表机关制定的，具有充分的民主性，因此，各国在特定事项上是选择宪法保留还是选择法律保留，有不同的做法。例如，无罪推定原则，意大利将其规定于《意大利共和国宪法》(1947 年)第 27 条(被告在最后定罪之前，不得被视为有罪)，我国则将其规定在《刑事诉讼法》(2018 年)第 12 条(未经人民法院依法判决，对任何人都不得确定有罪)。随着认识的变化，宪法保留的事项可能会在宪法修改时删除，而转为法律保留。反之，法律保留的事项，甚至还没有被法律保留的事项，也可能转为宪法保留。

(三)法律的绝对保留

1. 含义

所谓法律的绝对保留，是指某些非常重要的事项只能由法律独占调整，下位法无权进行调整的保留形式。

2. 法律绝对保留的事项及立法

法律的绝对保留只适用于特别重要的事项。我国立法中明确、集中规定法律绝对保留的综合性立法是《立法法》第 12 条。[1]《立法法》规定的法律绝对保留事项主要是犯罪和刑罚、对公民政治权利的剥夺和限制人身自由的强制措施和处罚、司法制度等事项。

我国立法中第一次规定法律绝对保留的单行立法是 1996 年通过的《行政处罚法》，该法第 9 条第 2 款规定，限制人身自由的行政处罚由法律绝对保留。之

[1]《立法法》第 12 条规定："本法第十一条规定的事项尚未制定法律的，全国人民代表大会及其常务委员会有权作出决定，授权国务院可以根据实际需要，对其中的部分事项先制定行政法规，但是有关犯罪和刑罚、对公民政治权利的剥夺和限制人身自由的强制措施和处罚、司法制度等事项除外。"

后,单行法律规定法律绝对保留的立法例越来越多,如《行政强制法》(2011 年)第 10 条、第 13 条。[1] 由此,《行政强制法》规定的法律绝对保留事项是:限制公民人身自由的行政强制措施的设定;冻结存款、汇款的行政强制措施的设定;其他应当由法律规定的行政强制措施的设定;行政强制执行的设定。《行政诉讼法》关于不属于受案范围的行政终局行为的规定权采用了法律的绝对保留方式。[2] 该规定反映出不属于行政诉讼受案范围的行政终局行为只能由全国人大及其常委会以法律规定,其他规范性文件规定的行政终局裁决行为仍属于行政诉讼受案范围,即排斥司法审查权或行政诉权的行政终局裁决行为只能由狭义的法律规定。这实际是对公民诉讼权利(有些国家视诉权为基本人权)的一种保护。此处《行政诉讼法》绝对保留的是排斥行政诉权的行政终局裁决行为的规定权。另外,我国法律中经常出现的"但书"规定,也经常采取法律的绝对保留方式。根据不完全统计,截至 2024 年 1 月 1 日,我国立法中使用"法律另有规定的"法律和行政法规有 41 部、使用"法律另有规定的除外"的法律和行政法规有 29 部。这些但书中的"法律另有规定的"事项一般为法律的绝对保留事项,如《食品安全法》第 84 条关于从事食品检验活动条件的例外规定,即与第 84 条前段规定义务不一致或在前段规定义务的基础上又增加了新的义务的情节,[3] 属于法律绝对保留。

3.《立法法》第 12 条绝对保留事项的立法疏漏与完善建议

有学者认为,《立法法》规定的绝对保留事项(2000 年《立法法》第 9 条,现为第 12 条)逻辑上不能自洽。因为按照重要性递增或递减的顺序,"'绝对保留'事项要么是第八条规定的'法律保留'事项中的最前几项,要么是第八条规定的'法

[1] 《行政强制法》第 10 条第 1 款、第 2 款规定:"行政强制措施由法律设定。尚未制定法律,且属于国务院行政管理职权事项的,行政法规可以设定除本法第九条第一项、第四项和应当由法律规定的行政强制措施以外的其他行政强制措施。"第 13 条第 1 款规定:"行政强制执行由法律设定。"

[2] 《行政诉讼法》第 13 条第 4 项规定,人民法院不受理公民、法人或者其他组织对下列事项提起的诉讼:法律规定由行政机关最终裁决的行政行为。最高人民法院《关于适用〈中华人民共和国行政诉讼法〉的解释》(2017 年)第 2 条第 4 款规定:"行政诉讼法第十三条第四项规定的'法律规定由行政机关最终裁决的行政行为'中的'法律',是指全国人民代表大会及其常务委员会制定、通过的规范性文件。"

[3] 《食品安全法》第 84 条第 1 款规定:"食品检验机构按照国家有关认证认可的规定取得资质认定后,方可从事食品检验活动。但是,法律另有规定的除外。"

律保留'事项中的最后几项,但《立法法》第9条规定的绝对保留事项却没有遵循这个规律"〔1〕。这个观点有一定道理,但《立法法》第12条的问题远不止于此。笔者认为,《立法法》第12条关于法律绝对保留的规定至少存在以下几个问题。

(1)法律的绝对保留范围过窄。"法律保留之所以产生,有最直接的目的,便是保障公民的基本权利。"〔2〕基于民主原则,保障公民基本权利的主要任务应由民意代表机关职掌,而不应将其委诸行政部门。很多国家将公民基本权利由宪法保留,对基本权利的限制可以由法律规定,但宪法规定了法律限制基本权利的限制条件,如《德国基本法》第19条。从这些规定看,公民基本权利事项是由宪法或法律保留的,不应授权行政机关调整。我国《立法法》第12条关于基本权利绝对保留的事项,仅涉及犯罪与刑罚、对公民政治权利的剥夺和限制人身自由的强制措施和处罚,而对公民政治权利的限制、对公民财产权利的限制或剥夺等没有列入绝对保留的范围。有学者建议对财产的重大行政处罚及强制措施也应当由法律绝对保留。〔3〕结合域外授权立法的理论与实践,笔者认为,有关公民基本权利的事项应由宪法保留,而对基本权利的本质或核心进行限制或剥夺的事项应由法律绝对保留。我国《立法法》中法律绝对保留的事项除应当包含公民基本权利的本质或核心领域事项外,还应当包括有关国家政治事务中的极其重要的问题。如国家主权的事项;各级人民代表大会、人民政府、监察委员会、人民法院和人民检察院的产生、组织和职权;民族区域自治制度、特别行政区制度、基层群众自治制度(《立法法》第11条第1—3项);等等。国家主权事项应由民意代表机关决定,不应委由国务院决定;各级人大、人民政府、监察委员会、人民法院、人民检察院的产生、组织和职权也是民意代表机关的权限范围,如果授权国务院决定,不仅使国家权力机关的权力虚置,也将破坏我国《宪法》规定的不同国家机关之间的权力架构和监督制约关系;而民族区域自治制度、基层群众自治制度与中国共产

---

〔1〕 刘连泰:《评我国〈立法法〉第八条、第九条关于"法律保留"制度》,载《河南省政法管理干部学院学报》2003年第3期。

〔2〕 陈新民:《中国行政法学原理》,中国政法大学出版社2002年版,第36页。

〔3〕 参见康敬奎:《〈立法法〉法律保留规则的缺失与完善》,载《江海学刊》2012年第2期。

党领导的多党合作和政治协商制度是我国的基本政治制度，特别行政区制度也是宪法规定的重要政治制度，这些也不应授权国务院决定。因此，《立法法》第 12 条法律的绝对保留范围应予扩大，或对立法方式作出调整（这一点将在下文论述）。

（2）绝对保留的标准不明确，绝对保留事项有交叉重合现象，绝对保留事项与相对保留事项不对应。首先，绝对保留事项的标准不明。采用列举式立法方式时，通常辅之以概括性的兜底条款以弥补列举不尽的疏漏。但《立法法》第 12 条虽然采用列举式的保留方式，却没有对被列举事项进行概括，缺少兜底性语言，致使无法把握法律的绝对保留标准。由于没有概括性标准，第 12 条列举的绝对保留事项后面的"等"字更是给理解绝对保留的标准增加了不确定性。从《立法法》出台后的立法实践看，第 12 条中的"等"字没有作为"等外等"的先例或相关讨论，而作为"等内等"又没有权威的解释，因此，此处"等"字的理解无法为绝对保留标准提供任何可资借鉴的依据。其次，绝对保留事项之间存在交叉重合现象。从列举的保留事项（犯罪和刑罚、对公民政治权利的剥夺和限制人身自由的强制措施和处罚、司法制度）看，没有统一标准。同时，各事项之间存在交叉重合现象。例如，犯罪和刑罚是对公民人身权利、财产权利以及政治权利均可能产生影响的重大不利行为，其中包括了对公民政治权利的剥夺的刑罚手段，因此，列举事项的第 2 项中剥夺公民政治权利实与第 1 项重复，被包含在第 1 项之内。限制人身自由的强制措施和处罚既包括针对人身自由的行政强制措施和行政处罚（行政拘留），又包括针对人身自由的刑事强制措施和刑罚，该项与第 1 项的犯罪和刑罚也有交叉。因此，列举事项的前 3 项，要么存在包含关系，要么存在交叉关系，从逻辑上看，无法并列。最后，绝对保留事项与相对保留事项范围交错不清，难以对应。绝对保留事项的最后一项，司法制度，更显突兀。因为《立法法》第 12 条是对第 11 条所列举事项的特别规定，第 12 条调整的事项应在第 11 条列举事项内。第 12 条的立法表述是，"本法第十一条规定的事项尚未制定法律的……但是……司法制度等事项除外"。由此可以看出，作为除外的司法制度应在第 11 条列举的事项内，但第 11 条却没有关于"司法制度"的明确表述。所谓司法制度是有关司法机关和司法组织的性质、任务、组织体系、运作原则和程序的规范的总称。[1] 关于司法制度的范围,有不同认识。但笔者赞同这样的观点:法院制度、检察制度、侦查制度、执行制度视为司法的基本制度,律师制度、公证制度、仲裁制度、调解制度、司法鉴定制度视为司法的相关制度。[2] 按照对司法制度的上述理解,《立法法》第11条规定的事项中,第2项(各级人民代表大会、人民政府、监察委员会、人民法院和人民检察院的产生、组织和职权)、第10项(诉讼制度和仲裁基本制度)均与司法制度存在交叉重合关系,但又有差别。其他几项与司法制度没有明显联系。因此,《立法法》第12条绝对保留事项中的"司法制度"突破了其所调整的第11条列举事项的范围,存在逻辑问题。

(3)法律的绝对保留与相对保留的关系颠倒,原则与例外混淆。我国《宪法》第58条规定了国家立法权的行使主体。[3] 所谓国家立法权,是指由一国领土之内的全体人民选举组成的国家机关,对只涉及国民共同体利益的事项,为确定行为规则、调整人们之间权利义务关系而制定规范性文件的权力。[4] 国家立法权的调整事项主要是《宪法》第62条(全国人大的职权范围)、第67条(全国人大常委会的职权范围)中规定的事项。为了明确国家立法权的专属调整范围,强化专属立法权限,《立法法》第11条规定了法律保留的事项。从逻辑上看,《立法法》第11条规定的事项包含在《宪法》第62条、第67条的范围内,《立法法》第11条是对《宪法》规定的全国人大及其常委会权限中重要事项的特别规定,即只能由法律调控,又称法律保留。这说明《立法法》第11条所列事项由全国人大及其常委会专属调整是国家立法权的重要内容,这些专属事项由行使国家立法权的机关调整应是一般原则,而授权国务院通过行政法规进行调整应是国家立法权行使方式的例外。但从《立法法》第12条的规定看,由法律绝对保留的事项仅有有限列举的4项内容,列举之外的事项几乎都可以授权国务院制定行政法规,由此《立

---

[1] 参见左卫民主编:《中国司法制度》(第3版),中国政法大学出版社2012年版,第3页。

[2] 参见左卫民主编:《中国司法制度》(第3版),中国政法大学出版社2012年版,第5页。

[3] 《宪法》第58条规定:"全国人民代表大会和全国人民代表大会常务委员会行使国家立法权。"

[4] 参见魏宏:《关于国家立法权的内涵、性质和设置的探讨——兼论立法权与主权和治权的关系》,载《长白学刊》2003年第2期。

法法》第11条规定的专属立法权通过第12条的授权规定,几乎被架空。这是对《立法法》第11条法律保留规定的背离。换言之,在对待《立法法》第11条法律保留事项时,应确立绝对保留为主、相对保留为辅的原则。如果《立法法》第11条中除"有关犯罪和刑罚、对公民政治权利的剥夺和限制人身自由的强制措施和处罚、司法制度等事项"外,都可以授权行政法规调整,则《立法法》第11条规定专属立法权的意义将大打折扣。因为《立法法》第11条所列事项,是《宪法》第62条、第67条中非常重要必须由全国人大及其常委会通过法律专属调整的事项。举重以明轻,如果《立法法》第11条中除绝对保留的少数几项事务外,都可以授权行政法规调整,那么,《宪法》第62条、第67条规定的全国人大及其常委会的职权事项中,除第11条所列事项以外的事项,也都可以授权行政法规调整。若真如此,《立法法》第11条就没有任何存在的意义,而《立法法》第12条中"本法第十一条规定的事项尚未制定法律的",也可以修改为"应当由全国人民代表大会及其常务委员会制定法律调整的事项,尚未制定法律的"。因此,《立法法》第12条关于授权立法事项与法律的绝对保留事项的立法模式值得反思。

综上所述,笔者建议,应改变《立法法》第12条授权立法是原则、法律绝对保留成例外的立法模式,变为法律绝对保留是原则,而授权立法成例外的立法模式。唯有如此,才符合《宪法》和《立法法》相关规定的宗旨,才可以扩大绝对保留的范围,使国家立法权名实相符。

(四)法律的相对保留

1. 含义

所谓法律的相对保留,是指应当由法律调整的事项,在尚未制定法律时,有权机关(通常是法律的制定机关)可以授权行政机关通过行政法规予以调整的保留形式。

2. 授权立法

《立法法》第12条规定了授权立法。但该规定对授权立法的事项范围规定得非常宽泛,只有"有关犯罪和刑罚、对公民政治权利的剥夺和限制人身自由的强制措施和处罚、司法制度等事项"不能授权立法,由法律绝对保留,《立法法》第

11 条规定的其他事项都可以授权国务院制定行政法规。而授权立法过于宽泛的事项范围,与国家立法权的设计初衷背道而驰。因此,我国授权立法的模式值得反思。

域外授权立法的参考。在美国,授权立法经历了普遍反对到有条件授予的历程。大法官斯托里说,"法的普遍原则是,被授予的权力不能授出"〔1〕。"代议政府的一个基本原则就是立法机关不能把制定法律的权力授予其他人或其他机关。"〔2〕美国法院第一个明确宣称根据分权原则立法权力不能委任的案件,是 1892 年的菲尔德诉克拉克案。法院在判决中声称:"国会不能授予立法权于总统是一个得到普遍承认的原则,是维持宪法规定的政治制度不被破坏所必需的原则。"〔3〕到了 1904 年,美国联邦最高法院在 Butterfield v. Stranaham 案判决书中认为,财政部长基于法律规定的基本标准制定执行政策,不违反宪法分权原则。〔4〕但由于立法机关无力应对纷繁复杂的实践对立法的各种需求,禁止授权的僵化理论又阻碍立法机关将立法权授予行政机关,这种情况下,法院开始挣脱禁止授权理论的羁绊,有条件地接纳授权立法。在 20 世纪,授权行政机关立法已非常普遍并被广泛接受,但授权应有标准。〔5〕首席大法官马歇尔认为,议会可以

〔1〕《美国最高法院判例汇编》第 390、395 页。转引自[美]伯纳德·施瓦茨:《行政法》,徐炳译,群众出版社 1986 年版,第 31 页。

〔2〕"把某一权力授给代理人是因为信任他而且他能胜任;他不能把授给他的权力再授给别人。这是一个普遍公认的准则。立法机关与他所代表的人民之间就存在这种关系。因此,代议政府的一个基本原则就是立法机关不能把制定法律的权力授予其他人或其他机关。"《宾夕法尼亚判例汇编》第 72 卷第 491、494 页。转引自[美]伯纳德·施瓦茨:《行政法》,徐炳译,群众出版社 1986 年版,第 31 页。

〔3〕王名扬:《美国行政法》,中国法制出版社 2005 年版,第 293 页。

〔4〕"'授权法的目的是防止劣质茶叶进口……因此,法律已经规定一个基本的标准,委托财政部长执行法律所规定的政策。'财政部长所规定的标准只是法律规定的标准的具体化,法律本身既然已经规定标准,因此不违反宪法中的分权原则。"参见王名扬:《美国行政法》,中国法制出版社 2005 年版,第 294 页。

〔5〕"在 20 世纪,行政机关拥有立法权(颁布具有法律效力的规章之权)已经司空见惯了。关于授权的法律,从理论上禁止授出任何立法权变成了反对无限制授权的准则,即反对没有任何标准的授权。"参见[美]伯纳德·施瓦茨:《行政法》,徐炳译,群众出版社 1986 年版,第 31 页。

制定授权条款,将其立法权授予行政机关,由行政机关依据授权条款制定实施细则。[1] 为防止行政机关代替国会成为主要立法者,授权法必须对拟授立法权规定明确的限度。[2] 将权力授予行政机关,被美国学者称为“历史上一个显著的进步”,但学者也十分忧虑,法院对授权立法的纵容扩张了行政机关的权力。[3] 在英国,委任立法成为现代政府的特征,主要基于如下理由:议会会期的压力;立法涉及的实体问题的技术性;灵活性的需要;紧急状态。与委任立法的必要性并存的是对其批评的声音始终存在:缺乏民主参与;数量太多;次级立法,委任立法不是由那些获得原始权力者制定的;缺乏有效的控制。基于这些批评,英国形成了对委任立法监督和控制的机制:在授权环节限制委任权、明确委任立法的程序,在起草阶段强调咨询利害关系人的意见,在审议通过及事后的备案程序中加强议会的控制,在生效实施后的执行过程中加强司法控制,等等。[4] 在德国,《德国基本法》第 80 条规定了授权立法的具体要求。[5] 尽管如此,在重要的、议会保留的事务范围之内,不允许授权行政机关通过法规命令立法;作了这种授权的法律违反宪法并且无效。[6] 1958 年《法兰西第五共和国宪法》第 38 条也规定了授权立法

[1] 首席大法官马歇尔评论道:“议会决不能将严格和绝对属于立法权限的权力授权给法院或其他任何特别法庭。但是议会可以将其自身可以行使的权力授予其他机关,并没有一个绝对的界限来划分哪些事情是重要的(必须完全由议会来管制),而哪些事情是次要的。为此可以制定总括性的条文,授权那些在这类总括性条文的约束下行使职权的机关制定实施细则。”参见威曼诉索萨德案,载《美国最高法院判例汇编》(第 23 卷),第 15 ~ 16 页(10 wheat)。转引自[美]肯尼思 · F. 沃伦:《政治体制中的行政法》(第 3 版),王丛虎等译,中国人民大学出版社 2005 年版,第 93 页。

[2] “为了保持国会作为主要立法者的地位,委托立法权不能无节制。授权法必须对国会所要授的立法权规定明确的限度。……如果在授权法中没有规定任何标准制约委任之权,行政机关则等于拿到了一张空白支票,它可以在授权的领域里任意制定法律。这样,主要立法者成了行政机关,而不是国会。”参见[美]伯纳德 · 施瓦茨:《行政法》,徐炳译,群众出版社 1986 年版,第 32 页。

[3] “从 20 世纪 30 年代中期以来,法院在关于将立法权授权和再授权给行政机关的问题上,所采取的极度纵容立场已经极度扩张了行政管制者的权力,并且超过了我们的先驱们难以容忍的限度。”参见[美]肯尼思 · F. 沃伦:《政治体制中的行政法》(第 3 版),王丛虎等译,中国人民大学出版社 2005 年版,第 92 ~ 103 页。

[4] 参见张越编著:《英国行政法》,中国政法大学出版社 2004 年版,第 562 ~ 564 页。

[5] 《德国基本法》第 80 条规定,联邦政府、联邦部长或州政府可经法律授权颁布行政法规。对此,法律须规定授权内容、目的和范围。在颁布的行政法规中应指明其法律授权根据。如法律规定此项授权可再予以授权,则此项授权的再授权须由行政法规规定。

[6] 参见[德]哈特穆特 · 毛雷尔:《行政法学总论》,高家伟译,法律出版社 2000 年版,第 336 页。

的内容。[1]

综上所述,域外授权立法的理论与实践表明,授权行政机关立法是一个重要的历史性进步,各国对其虽然也存在不同声音,但基于功能主义考量,只要有授权根据,有利于实现政策目标,并施加有效的监控措施,将立法权授予行政机关并不违反分权原则,并且是一种历史和法治发展的必然趋势。但我们也应看到与此伴随的担忧,消除这种担忧的方法不是禁止授权,而是考虑如何使被授予的权力符合授权法目的和要求。当然,必须时刻牢记的是,授权立法相对于议会立法而言,只能是从属性立法。从属性立法不能摆脱议会的授权根据,否则授权立法将会瓦解宪法规定的权力架构,摧毁现代法治国家的建构基础。结合前述法律的绝对保留与相对保留的关系,笔者坚持认为,对《立法法》第 11 条规定的事项,应坚持以绝对保留为原则,以相对保留为例外的立法模式,即第 11 条所列事项中的大多数事项应由法律绝对保留,可以授权行政法规调整的应为少数事项。

3. 下一级授权

所谓下一级授权,是指根据事项的重要程度或影响范围,有权机关可以将应由自己调整的事项授权下一层级规范调整,不得将其越级授权下两级或更低层级的规范调整,除非该事项的影响范围仅限于地方或具有明显的地域性差异。下一级授权适用于各种层级规范的保留事项,即除了法律的相对保留受其拘束外,行政法规、地方性法规、规章等的保留事项,原则上也应受其拘束。

从事项的重要性程度看,某事项本应由全国人大及其常委会以法律形式调整,但出于各种原因(如该事项属于新生事物或其他原因),立法时机尚不成熟,这时,可以由全国人大及其常委会授权国务院制定行政法规进行调整。如果某事项具有明显的地方特征,各地需要根据具体情况规定不同的调整规则,那么,在尚未制定法律时,也可以由全国人大及其常委会授权省级人大及其常委会以地方性

---

[1] 1958 年《法兰西第五共和国宪法》第 38 条规定,政府为执行其施政纲领,可以要求议会授权自己在一定期限内以法令的方式采取通常属于法律范围内的措施。法令经征询行政法院的意见后,在内阁会议上制定。法令自公布之日起生效,但如果未能在授权法所规定的日期以前将请求追认的法律草案提交议会,该法令即属无效。在本条第 1 款所规定的期限届满后,上述法令属于立法范围内的事项,只能由法律加以修改。

法规形式予以调整。这既体现了该事项的重要性程度,又是其影响范围的必然要求。

我国法律体系中,体现下一级授权的立法并不鲜见,如《宪法》中有许多事项授权法律保留、[1]《立法法》第 12 条关于法律相对保留的立法均是下一级授权立法的典型体现。一般而言,《宪法》不能直接授权国务院制定行政法规。亦有学者从法律的法规创造力原则角度,认为对《宪法》第 89 条第 1 项,以禁止直接依据宪法制定行政法规的解释为宜。[2]《刑法》第 96 条规定的"违反国家规定",在规范层级上仅指法律和行政法规。按照调整事项的重要性程度,将部分犯罪构成要件要素委诸于法律和行政法规,不违背罪刑法定原则。在法定犯上,尤其要坚守罪刑法定原则,[3]不能将犯罪构成要件要素的规范层级无限降低。2023 年修订的《行政复议法》将复议前置程序设定的规范层级由原来的"法律、法规"修改为"法律、行政法规",[4]即下一级授权的典型立法例。行政复议前置程序是对行政相对人行政起诉权行使的限制,就重要性角度而言,对作为基本权利的起诉权进行剥夺,应由全国人大及其常委会制定法律调整,对起诉权进行限制而非剥夺,可由下一级立法调整,即可由行政法规调整。如果将限制起诉权行使的复议前置程序事项授权地方性法规调整,则违反了下一级授权的要求,与事项的重要性程度不相匹配。同时,行政起诉权属于国家事权,应由中央立法调整,不宜交由地方立法调整。因此,行政复议前置程序设定的立法层级由原来的"法律、法规"调整为"法律、行政法规",符合授权立法的原理和要求。但如果将复议前置视为行政诉讼制度或司法制度,则该事项应归属于法律的绝对保留范围,不能授权立法。[5]

全国人大及其常委会授权省级人大及其常委会制定地方性法规是否属于下

---

〔1〕 参见张峰振:《论宪法保留》,载《政法论坛》2018 年第 4 期。

〔2〕 参见王贵松:《论法律的法规创造力》,载《中国法学》2017 年第 1 期。

〔3〕 参见刘艳红:《法定犯与罪刑法定原则的坚守》,载《中国刑事法杂志》2018 年第 6 期。

〔4〕 《行政复议法》(2023 年)第 23 条第 1 款第 5 项规定,行政复议前置程序由法律、行政法规设定。而之前的《行政复议法》(2017 年)第 16 条、第 19 条规定,行政复议前置程序由法律、法规设定。

〔5〕 参见叶必丰:《行政复议前置设定的法治实践》,载《法学评论》2024 年第 1 期;黎军:《行政复议与行政诉讼之关系范畴研究》,载《法学评论》2004 年第 3 期。

一级授权？这个问题的核心是行政法规是否属于省级地方性法规的上一层级立法文件？如果是，则全国人大及其常委会对省级人大及其常委会的授权就不是下一级授权，而是向下两级授权；如果不是，则全国人大及其常委会对省级人大及其常委会的授权就是下一级授权。从《宪法》第100条及《立法法》第80条、第99条规定看，法律的效力高于行政法规，行政法规的效力高于地方性法规。依此推导，全国人大及其常委会对省级人大及其常委会的授权就是向下两级授权，而非下一级授权。有学者从权力的同质性、事项的包容性等角度认为，“省级地方人大的上一级机关是全国人民代表大会而不是国务院，要求地方人大（地方立法机关）所制定的法规必须服从国务院所制定的行政法规，显然有悖于宪法原理……地方性法规与行政法规之间不存在位阶上的高低关系，两者同属法律之下的第三层级的规范性法律文件”〔1〕。笔者认为，这种观点具有道理。但从我国单一制的国家结构和立法规定看，行政法规的效力高于省级地方性法规，这既是单一制国家维护中央政府权威的要求，又是《宪法》和《立法法》的明确规定。因此，从事项的重要性程度和影响范围看，应当由全国人大及其常委会通过法律调整的事项，在尚未制定法律时，全国人大及其常委会可以授权国务院制定行政法规进行调整，而不宜直接授权省级人大及其常委会通过地方性法规调整。

下一级授权的例外。下一级授权体现的是事务的重要性程度。但在确定法律保留强度时，除了事务的重要性程度标准，还应当考虑事务的影响范围标准。当应由法律调整的事项影响范围仅限于地方或具有明显的地域差异，且该事项尚未制定法律、行政法规时，可以由全国人大或其常委会授权省级人大或其常委会通过地方性法规进行调整。例如，根据《行政强制法》，行政强制措施设定属于法律保留事项。但当尚未制定法律，且属于国务院行政管理职权事项时，行政法规可以设定部分行政强制措施。这属于下一级授权。而当尚未制定法律、行政法

〔1〕 胡玉鸿：《试论法律位阶划分的标准——兼及行政法规与地方性法规之间的位阶问题》，载《中国法学》2004年第3期。

规,且属于地方性事务时,地方性法规可以设定部分行政强制措施。[1] 这属于下一级授权的例外,是事务重要性程度与影响范围共同作用的结果。又如,《人口与计划生育法》对少数民族计划生育政策,授权省级人大或其常委会通过地方立法进行调整,[2]《道路交通安全法》授权省级人大常委会规定罚款的具体适用标准,[3]《海南自由贸易港法》授权海南省人大及其常委会制定海南自由贸易港法规。[4] 亦有观点认为,我国《立法法》关于法律相对保留中的授权立法,不包括法条授权,仅指专门作出授权决定的授权。[5] 从法律保留角度看,无论法条授权还是专门的授权决定授权,均应当符合法律保留的要求,遵守事务的重要性程度和影响范围标准。

4. 授权明确性

为体现法律保留强度,保障授权主体对授权立法的监督和控制,授权某事项由下位规范调整时,应遵守明确性原则,即明确授权的目的、事项、范围、期限以及被授权机关实施授权决定应当遵循的原则等。

授权明确性是授权机关保障授权立法质量的重要措施。既然特定事项应由法律保留,那么,全国人大及其常委会就不宜笼统地授权给国务院,否则,被授权机关无法准确把握授权立法的目的,授权机关也难以对授权立法进行有效监督。《立法法》第13条规定了授权决定的内容,提出了授权决定的明确性标准。授权明确性也是域外国家授权立法的重要原则。在美国,当国会对一家行政机关授权

---

[1] 《行政强制法》第10条规定,行政强制措施由法律设定。尚未制定法律,且属于国务院行政管理职权事项的,行政法规可以设定除本法第9条第1项、第4项和应当由法律规定的行政强制措施以外的其他行政强制措施。尚未制定法律、行政法规,且属于地方性事务的,地方性法规可以设定本法第9条第2项、第3项的行政强制措施。法律、法规以外的其他规范性文件不得设定行政强制措施。

[2] 《人口与计划生育法》(2021年)第18条第3款规定:"少数民族也要实行计划生育,具体办法由省、自治区、直辖市人民代表大会或者其常务委员会规定。"

[3] 《道路交通安全法》(2021年)第123条规定:"省、自治区、直辖市人民代表大会常务委员会可以根据本地区的实际情况,在本法规定的罚款幅度内,规定具体的执行标准。"

[4] 参见《海南自由贸易港法》第10条。

[5] 参见郑淑娜主编:《〈中华人民共和国立法法〉释义》,中国民主法制出版社2015年版,第50页。

时，通常会同时规定实体标准。[1] 在英国，议会制定授权法时必须事先考虑并明确规定委任立法权力的范围，行使权力的条件、方式、机关等问题。[2]《德国基本法》第 80 条第 1 款规定，授权法律应明确授权的内容、目的及范围。但德国有学者认为，“必要的明确性不一定非要明示地体现于授权条文；在解释过程中通过引用整体法律的其他条文能够体现出来，就足够了”[3]。

法律保留强度是否允许转授权。《德国基本法》第 80 条第 1 款规定，法律可以规定被授权机关转授权。在英国，当法律有规定时，具有委任立法权的机关可以再授权其他机关行使有关的委任立法权力，此即次级委托立法或再委任立法。[4] 在澳大利亚，如果授权法明示或暗示规定，它授予被授权者的委任立法权可由被授权者再委托其他机构行使，那么，这种再委托是有效的。[5] 但我国法律(《立法法》第 15 条)明确规定禁止转授权。笔者认为，在决定授权立法时，授权机关会慎重考虑事项的重要程度、影响范围、被授权机关的立法能力及对事项的熟悉程度等因素。授权决定作出后，被授权机关应严格遵照授权决定履行授权立法义务，这是一种法定义务，被授权机关无权转嫁该义务。根据《立法法》第 15 条规定，国务院不得将被授予的权力转授给国务院所属部门或地方政府等。[6] 但不得转授权并不排斥依据保留强度标准而由不同层级规范保留该事项的不同部分，如根据《第六届全国人民代表大会第三次会议关于授权国务院在经济体制改革和对外开放方面可以制定暂行的规定或者条例的决定》(1985 年)。

5.《立法法》相对保留事项范围的扩大

我国《立法法》第 12 条规定的授权行政法规调整的事项，均为《立法法》第 11 条所列事项。而如前文所述，《立法法》第 11 条所列事项是应当由全国人大及其常委会通过法律调整的事项中重要性程度较高的事项，这些事项本应由法律绝对

---

〔1〕 参见[美]理查德·J. 皮尔斯：《行政法》(第 5 版)，苏苗罕译，中国人民大学出版社 2016 年版，第 83 页。

〔2〕 参见王名扬：《英国行政法》，中国政法大学出版社 1987 年版，第 117 页。

〔3〕 [德]哈特穆特·毛雷尔：《行政法学总论》，高家伟译，法律出版社 2000 年版，第 335～336 页。

〔4〕 参见王名扬：《英国行政法》，中国政法大学出版社 1987 年版，第 112 页。

〔5〕 参见姜明安：《澳大利亚委任立法制度的理论与实践》，载《中国法学》1995 年第 1 期。

〔6〕 参见郑淑娜主编：《〈中华人民共和国立法法〉释义》，中国民主法制出版社 2015 年版，第 60 页。

保留。而应当由全国人大及其常委会通过法律调整的事项中重要性程度稍低的事项，均可纳入法律的相对保留范围，即这些事项在尚未制定法律时，可由全国人大及其常委会授权国务院通过行政法规调整。授权理论表明，只要不属于必须由法律绝对保留的事项，都可以授权国务院通过行政法规调控。而美国授权理论和实践的发展告诉我们，作为宪法基本原则的非授权理论尽管仍不时有坚持的声音，但其已经名存实亡，更广泛的授权成为常态。其发展历程大致如下：从反对授权的非授权理论，[1]到法院同意特别授权，反对原则性授权，再到更广泛但反对不加限制地授权。上述发展的原因，有学者认为主要包括法官难以形成区分是否允许授权的判例，以及提高行政效能的要求。[2] 我国的授权理论也可以参考域外的经验，在划分出法律绝对保留的事项后，应当由法律调整的其他事项在符合一定条件时，可授权给行政法规调控。因此，我国《立法法》第 11 条、第 12 条的规定可进行修改。具体的修改建议，可考虑如下两种方式。

第一种，删除第 11 条；将第 12 条修改为："应当由全国人民代表大会及其常务委员会制定法律调整的事项，尚未制定法律的，全国人民代表大会及其常务委员会有权作出决定，授权国务院可以根据实际需要，对其中的部分事项先制定行政法规，但是有关××××××等事项除外。"

第二种，将第 11 条改成绝对法律保留的事项，并且扩大绝对法律保留的事项范围；同时，将第 12 条变为相对法律保留的事项。具体可以采取如下表述方式："除第 11 条规定的事项外，其他应当由全国人民代表大会及其常务委员会制定法律调整的事项，尚未制定法律的，全国人民代表大会及其常务委员会有

---

[1] 其主要观点如鲁滨逊所说："这是一个无须复杂的法律或政治理论论证的简单命题，至少在原则上是这样。如果立法机关真的是一个受信托人，任何概括地将被授予的权力转移（让渡）无疑将被视为对责任的逃避。而将权力转移给一个在政治上不负责任的官僚机构无疑是一种更不负责任的态度。"[美]肯尼思·F. 沃伦：《政治体制中的行政法》，王丛虎等译，中国人民大学出版社 2005 年版，第 92 页。

[2] 法官实际上不能发展出有意义的判例来区分可予允许的授权和禁止的授权；更为重要的原因是，没有广泛的立法权的授权，我们的政府系统就不能也不可能迅速而有效地运作。换句话说，广泛的授权得到法院的支持不是因为它们在技术上是合乎宪法的，而是因为实际的或正当的统治需给予行政管制者如此广泛的授权。参见[美]肯尼思·F. 沃伦：《政治体制中的行政法》，王丛虎等译，中国人民大学出版社 2005 年版，第 97 页。

权作出决定，授权国务院可以根据实际需要，对其中的部分事项先制定行政法规。”

三、行政法规保留的强度

（一）行政法规保留强度的含义

行政法规保留是指某些事项由行政法规专属规定，地方性法规、规章及其他规范性文件均不得规定，行政活动必须有行政法规的授权依据才能作出的保留制度。基于我国立法体制，法律以下位阶的立法保留事项，仅具有排斥下位立法干预的效力，不具有排斥上位立法调整的效力。因此，行政法规保留仅排斥地方性法规、规章及其他规范性文件的干预，并不具有防止上位法律调整的效力。同理，地方性法规保留也仅排斥规章的干预，不具有排斥上位立法调整的效力。行政法规保留是层级化保留体系的一个重要部分。行政法规保留强度，是指行政法规对某些事项的介入深度。

（二）行政法规的类型

根据行政立法权的取得方式，行政立法可分为职权立法和授权立法。前者指根据《宪法》和组织法所赋予的行政立法权所进行的立法活动。后者指行政机关根据单行法律和法规或授权决议所授予的立法权而进行的立法。[1] 据此，行政法规可以分为基于授权立法的行政法规和基于职权立法的行政法规。

1. 基于授权立法的行政法规。《立法法》第 12 条规定了第 11 条所列事项除应由法律绝对保留的外，在符合条件时都可以由全国人大及其常委会授权国务院通过行政法规调整。这说明基于《立法法》第 12 条授权制定的行政法规，其调整事项本应由法律专属调整，但由于尚未制定法律，暂时授权国务院制定行政法规调整。与第 12 条呼应，《立法法》第 72 条第 3 款规定了基于授权所立行政法规条件成熟时应提请制定法律的问题，即“应当由全国人民代表大会及其常务委员会

---

〔1〕 参见叶必丰：《行政法与行政诉讼法》（第 3 版），武汉大学出版社 2008 年版，第 86 页。

制定法律的事项,国务院根据全国人民代表大会及其常务委员会的授权决定先制定的行政法规,经过实践检验,制定法律的条件成熟时,国务院应当及时提请全国人民代表大会及其常务委员会制定法律”。

2. 基于职权立法的行政法规。这主要是依据我国《宪法》第 85 条和第 89 条取得的立法权。[1] 第 89 条赋予国务院行政法规制定权,第 85 条定位了国务院的性质,而这种性质决定了国务院的行政法规调整的事项范围只能限于执行法律的事项,或者最高国家权力机关授权其进行行政管理的事项。由此可以推导出我国《立法法》第 72 条第 2 款关于行政法规调整的事项范围,[2] 此即职权立法的行政法规调整的事项范围。为执行法律的规定需要制定行政法规的事项,主要有 3 类:综合性的实施细则、实施条例和实施办法;为实施法律中的某一项规定和制度而制定的专门规定;对法律实施的过渡、衔接问题和相关问题作出的规定。[3]《宪法》第 89 条规定的国务院行政管理职权的事项,主要是指宪法规定的由国务院实施行政管理的事项。

3. 基于授权所立行政法规与基于职权所立行政法规的关系。第一,依据不同。前者依据全国人大或其常委会的授权决定,后者依据宪法、组织法授予的职权。第二,调整的事项重要性程度不同。前者的重要性一般而言高于后者。第三,保留的强度不同。前者本属于法律保留的事项,后者属于行政法规保留的事项。第四,调整的自主性不同。前者要受到全国人大或其常委会就授权事项所作的授权决定的拘束。《立法法》第 15 条第 1 款规定,被授权机关应当严格按照授权决定行使被授予的权力。第 13 条规定的授权决定包括授权的目的、事项、范围、期限以及被授权机关实施授权决定应当遵循的原则等,这些都成为国务院制定授权事项行政法规的限制因素。另外,被授权机关还应在授权期限届满的 6 个

---

[1] 《宪法》第 85 条规定:“中华人民共和国国务院,即中央人民政府,是最高国家权力机关的执行机关,是最高国家行政机关。”第 89 条第 1 项规定:“国务院行使下列职权:(一)根据宪法和法律,规定行政措施,制定行政法规,发布决定和命令。”

[2] 《立法法》第 72 条第 2 款规定:“行政法规可以就下列事项作出规定:(一)为执行法律的规定需要制定行政法规的事项;(二)宪法第八十九条规定的国务院行政管理职权的事项。”

[3] 参见郑淑娜主编:《〈中华人民共和国立法法〉释义》,中国民主法制出版社 2015 年版,第 177 页。

月前,向授权机关报告授权决定的实施情况,并提出是否制定有关法律的意见等。后者是基于国务院的固有职权制定的行政法规,如果是执行法律的行政法规,应受法律规定内容的拘束,如果是就《宪法》第 89 条规定的国务院行政管理职权的事项制定行政法规,其具有很高的自主性,只要不违背宪法和法律的规定即可。第五,授权下位法调整的容许性不同。前者情况下,被授权机关不得转授权。《立法法》第 15 条第 2 款规定,被授权机关不得将被授予的权力转授给其他机关。后者由于相关事项属于国务院的固有职权范围,不存在转授权的问题,其可以将相关事项的调整权授予下级机关。第六,二者的效力等级或位阶关系不同。前者效力等级相当于法律,后者的效力等级则属于行政法规。这可以从《立法法》关于不同位阶规范的效力等级和适用规则的规定中推导出来。[1] 从《立法法》第 106 条第 2 款规定看,根据授权制定的法规(包括行政法规和地方性法规)效力位阶类似于法律,所以,在其与法律规定不一致不能确定如何适用时,才由全国人大常委会裁决。如果将根据授权制定的行政法规的效力位阶等同于基于职权制定的行政法规,在其与法律规定不一致时,应根据上位法优于下位法的冲突适用规则,直接适用上位法,无须全国人大常委会判定。

(三)不同类型行政法规的保留模式

1. 基于授权行政法规的保留模式。基于授权行政法规的保留模式主要体现为全国人大及其常委会的授权决定。根据《立法法》的规定,授权决定应当明确、具体,决定内容应当包含授权的目的、事项、范围、期限以及被授权机关实施授权决定应当遵循的原则等。

2. 基于职权行政法规的保留模式。我国现有法律性文件基于行政法规保留事项的立法模式,主要有 3 种。

一是在立法基本法中规定行政法规的调整事项,如《立法法》第 72 条第

---

〔1〕《立法法》第 99 条规定:"法律的效力高于行政法规、地方性法规、规章。"第 106 条第 2 款规定:"根据授权制定的法规与法律规定不一致,不能确定如何适用时,由全国人民代表大会常务委员会裁决。"

2 款。

二是在单行立法中规定行政法规的调整事项。例如,《行政处罚法》规定的行政处罚种类设定权(第 9 条第 6 项),行政处罚事项设定权(第 11 条、第 12 条规定的吊销企业营业执照处罚的设定权)。〔1〕《行政许可法》规定的行政许可事项设定权(第 12 条第 6 项),特定设备、设施、产品、物品的检验、检测、检疫机关的规定权(第 28 条)。〔2〕《行政强制法》规定的行政机关应急措施和临时措施、行政强制的设定和实施、金融业审慎监管措施、进出境货物强制性技术监控措施的设定和实施,都属于特别的行政强制,由法律、行政法规保留(第 3 条第 2 款、第 3 款)。其他法律中亦有很多关于行政法规保留事项的规定。例如,《民法典》关于法人终止须经有权机关批准的特别规定权(第 68 条第 2 款),法人分支是否登记的规定权(第 74 条第 1 款)。《行政复议法》(2023 年)规定的复议前置程序设定权。〔3〕

三是在相关立法中通过但书条款予以规定。常用的立法语言是"法律、行政法规另有规定的除外""法律、行政法规另有规定的,从其规定"等,如《行政处罚法》第 23 条规定的行政处罚级别管辖权的规定权。〔4〕

(四)不同类型行政法规的保留强度

1. 基于授权的行政法规保留强度。基于授权的行政法规调整的事项本属于法律保留的事项,由于尚未制定法律,全国人大或其常委会才授权国务院通过行政法规先行调整。国务院无权就该事项再授权下位法调整,而只能按照全国人大

〔1〕《行政处罚法》第 11 条第 1 款规定:"行政法规可以设定除限制人身自由以外的行政处罚。"第 12 条第 1 款规定:"地方性法规可以设定除限制人身自由、吊销营业执照以外的行政处罚。"

〔2〕《行政许可法》第 28 条规定:"对直接关系公共安全、人身健康、生命财产安全的设备、设施、产品、物品的检验、检测、检疫,除法律、行政法规规定由行政机关实施的外,应当逐步由符合法定条件的专业技术组织实施……"

〔3〕《行政复议法》(2023 年)第 23 条第 1 款第 5 项规定,有下列情形之一的,申请人应当先向行政复议机关申请行政复议,对行政复议决定不服的,可以再依法向人民法院提起行政诉讼:(5)法律、行政法规规定应当先向行政复议机关申请行政复议的其他情形。

〔4〕《行政处罚法》第 23 条规定:"行政处罚由县级以上地方人民政府具有行政处罚权的行政机关管辖。法律、行政法规另有规定的,从其规定。"

或其常委会的授权目的、事项、范围、期限以及实施授权决定应当遵循的原则等制定行政法规。当然,基于全国人大或其常委会的授权所立行政法规的实施细则,可以由下位法(主要是国务院各部委制定规章)规定。例如,根据1984年和1985年全国人大常委会的两个有关税收立法的授权决定,国务院获得了通过行政法规调整本属于法律保留事项的税收立法权。据此,国务院于1997年7月通过了《契税暂行条例》,该暂行条例只能由国务院制定,国务院不能以任何理由将该授权立法事项再授权给下位法调整。当然,为实施该条例,财政部制定了《契税暂行条例细则》(已废止)。

2. 基于职权的行政法规保留强度。基于职权所立行政法规调整的事项,从本质上说属于国务院的职权范围,国务院有权以行政法规的形式进行调整。同时,这类事项本身就属于国务院的职权范围,如果国务院还没有制定行政法规,则其有权将其授权给下位法调整。因此,虽然同为行政法规,基于授权的行政法规调整的事项,国务院无权再授权下位法调整,只能由行政法规保留,相应的实施细则可以由下位法规定。而基于职权所立行政法规调整的事项,在没有制定行政法规时,国务院原则上有权授权给下位法调整。

四、地方性法规与规章的保留强度

(一)地方性法规的制定前提和保留强度

根据我国《立法法》第80条、第81条的规定,省级人大及其常委会、设区的市的人大及其常委会,有权制定地方性法规。[1] 其中,省级人大及其常委会制定地方性法规的前提条件是,“根据本行政区域的具体情况和实际需要,在不同宪法、法律、行政法规相抵触的前提下”。但设区的市的人大及其常委会制定地方性法规的前提条件是,除了“根据本市的具体情况和实际需要,在不同宪法、法律、行政法规和本省、自治区的地方性法规相抵触的前提下”的要求外,还对调整的事

---

[1] 全国人民代表大会《关于修改〈中华人民共和国立法法〉的决定》规定,广东省东莞市和中山市、甘肃省嘉峪关市、海南省三沙市,比照适用本决定有关赋予设区的市地方立法权的规定。这说明上述四市也具有制定地方性法规和规章的权力。

项范围进行了明确的界定，即“城乡建设与管理、生态文明建设、历史文化保护、基层治理等方面的事项”以及法律规定的其他事项。[1] 第82条专门规定了地方性法规的调整权限和事项范围。[2] 从中可以看出，地方性法规的保留强度主要体现在，为执行法律、行政法规的规定，需要根据本行政区域的实际情况作具体规定的事项，以及属于地方性事务需要制定地方性法规的事项。

（二）规章的保留强度

1. 部门规章的保留强度

《立法法》第91条规定了部门规章的调整权限和范围。[3] 从中可以看出，部门规章的保留强度，主要体现为执行法律或者国务院的行政法规、决定、命令的事项。在有法律或国务院的行政法规、决定、命令的授权的情况下，部门规章可以设定影响相对人权利的侵益性规范，或者有利于本部门的规范。

那么，法律或国务院的行政法规、决定、命令可以为部门规章授予什么权力？部门规章对相关事项的保留强度有无界限？

这两个问题可以通过引起广泛争议的枪支鉴定标准问题进行讨论。赵某华非法持有枪支案以及类似案件，引发了人们对枪支鉴定标准的质疑。2010年12月7日，公安部修订了2001年制定的涉案枪支弹药性能鉴定规范性文件，[4] 降低了枪支认定标准。[5] 新标准比之前大大降低，导致许多案件中“玩具枪”“仿真枪”被鉴定为“枪支”，涉案当事人也被定罪处罚。该案一审以非法持有枪支罪判处被告人赵某华有期徒刑3年6个月。该案二审维持对赵某华“非法持有枪支罪”的定罪，但量刑改为“判处有期徒刑三年，缓刑三年。在缓刑考验期限内，依

---

〔1〕 参见《立法法》第81条第1款。

〔2〕 参见《立法法》第82条。

〔3〕 参见《立法法》第91条。

〔4〕 参见《公安机关涉案枪支弹药性能鉴定工作规定》（公通字〔2001〕68号）。

〔5〕 《公安机关涉案枪支弹药性能鉴定工作规定》（公通字〔2010〕67号）第3条第3项规定了不能发射制式弹药的非制式枪支的鉴定标准：按照《枪支致伤力的法庭科学鉴定判据》（GA/T 718—2007）的规定，当所发射弹丸的枪口比动能大于等于1.8焦耳/平方厘米时，一律认定为枪支。

法实行社区矫正”[1]。

二审辩护人提出无罪辩护意见，其主要理由之一是《枪支致伤力的法庭科学鉴定判据》不能作为裁判的法律依据。但二审法院没有支持辩护人的上述辩护意见。[2]

那么，二审法院的判决理由是否成立？笔者认为值得商榷。

首先，我国对枪支的严格管理制度要求对“枪支”的认定事项由法律保留。《枪支管理法》(2015年)第3条规定枪支由国家严格管制，[3]《刑法》第128条规定了违反枪支管理的犯罪。[4]《刑法》规定的涉枪支犯罪还包括：非法制造、买卖、运输、邮寄、储存枪支；违规制造、销售枪支；盗窃、抢夺枪支；丢失枪支不报；非法携带枪支。从《刑法》规定的涉枪支犯罪行为看，“枪支”的概念及其鉴定标准是相关行为是否构成犯罪的最核心要件。犯罪和刑罚是法律绝对保留的事项(《立法法》第12条)，涉枪支犯罪也应当由法律绝对保留，那么，作为判断是否构成涉枪支犯罪的核心或本质性要件，“枪支”的概念及其鉴定标准也应当由法律绝对保留。涉枪支犯罪与毒品犯罪一样，“枪支”的界定与“毒品”的界定对相关行为是否构成犯罪具有前提性、决定性影响。因此，《刑法》第357条专门规定了

---

[1] 参见天津市第一中级人民法院刑事判决书，(2017)津01刑终41号。

[2] 二审辩护人认为：公安部制定的《枪支致伤力的法庭科学鉴定判据》所依据的试验及理由不科学、不合理，该判据确定的枪支认定标准不合法，且属内部文件，不能作为裁判的法律依据。鉴于目前没有法律、法规、规章对枪支作出定义或解释，只能根据《枪支管理法》的规定，以“足以致人伤亡或者丧失知觉”作为认定标准。二审法院认为，《枪支管理法》第46条规定：“本法所称枪支，是指以火药或者压缩气体等为动力，利用管状器具发射金属弹丸或者其他物质，足以致人伤亡或者丧失知觉的各种枪支。”此规定未包含可供执行的、具体的量化标准，需要由有权机关作出进一步规定。《枪支管理法》第4条明确规定“国务院公安部门主管全国的枪支管理工作”，据此，公安部作为枪支管理主管部门有权制定相关规定，该案鉴定所依据的《公安机关涉案枪支弹药性能鉴定工作规定》《枪支致伤力的法庭科学鉴定判据》均合法有效，应当适用。参见天津市第一中级人民法院刑事判决书，(2017)津01刑终41号。

[3] 《枪支管理法》(2015年)第3条第1款规定“：国家严格管制枪支。禁止任何单位或者个人违反法律规定持有、制造(包括变造、装配)、买卖、运输、出租、出借枪支。”

[4] 《刑法》第128条第1款规定：“违反枪支管理规定，非法持有、私藏枪支、弹药的，处三年以下有期徒刑、拘役或者管制；情节严重的，处三年以上七年以下有期徒刑。”

毒品的范围及毒品数量的计算原则。[1] 同理,作为涉枪支犯罪的行为,枪支的范围及其鉴定标准,也应当由《刑法》或其他法律规定,而不应当将这种直接影响犯罪是否成立的核心事项交由法律以下的文件规定。

其次,从法律保留强度角度分析,涉枪支行为是否构成犯罪、构成犯罪的"枪支"概念与鉴定标准应由法律绝对保留;枪支鉴定的程序性事项,包括《公安机关涉案枪支弹药性能鉴定工作规定》中的鉴定范围、鉴定机关、鉴定程序、鉴定时限等事项,可由法律或全国人大及其常委会授权国务院通过行政法规规定。

再次,由公安部主管全国的枪支管理工作,不能推导出公安部有权制定枪支鉴定标准的规范。《枪支管理法》第 46 条规定了"枪支"的概念。但正如赵某华非法持有枪支案二审法院指出的,此规定未包含可供执行的、具体的量化标准,需要由有权机关作出进一步规定。那么,谁是有权作出这种规定的机关?二审法院认为,《枪支管理法》第 4 条规定国务院公安部门是枪支管理工作的全国主管机关,因此,公安部是作出枪支认定具体标准的有权机关。这种推断没有依据。从法律规范的性质上看,《枪支管理法》第 4 条仅是一种组织规范,而公安部制定的枪支鉴定标准是界分玩具枪、仿真枪和真"枪支"的重要依据,是判断相关行为是否构成犯罪的依据,它直接影响到相关行为人的基本权利,因此,仅有组织规范尚不充分,还必须有根据规范,[2] 才能制定枪支鉴定标准的规范。因此,与不能由主管全国枪支管理工作而推导出公安部有权规定涉枪犯罪的行为一样,也不能由其主管权推导出其有权制定枪支鉴定标准。

最后,《枪支管理法》没有规定国务院公安部门有权制定枪支鉴定标准。《枪支管理法》第 4 条规定了枪支事项行政主管部门为公安部门。[3] 那么,"枪支管理工作"的具体事项范围包括什么,是否包括制定枪支鉴定标准?从《枪支管理

---

〔1〕《刑法》(2023 年)第 357 条规定:"本法所称的毒品,是指鸦片、海洛因、甲基苯丙胺(冰毒)、吗啡、大麻、可卡因以及国家规定管制的其他能够使人形成瘾癖的麻醉药品和精神药品。毒品的数量以查证属实的走私、贩卖、运输、制造、非法持有毒品的数量计算,不以纯度折算。"

〔2〕参见[日]盐野宏:《行政法》,杨建顺译,法律出版社 1999 年版,第 52～53 页。

〔3〕《枪支管理法》第 4 条规定:"国务院公安部门主管全国的枪支管理工作。县级以上地方各级人民政府公安机关主管本行政区域内的枪支管理工作。上级人民政府公安机关监督下级人民政府公安机关的枪支管理工作。"

法》的规定看,枪支管理工作主要包括该法调整的事项:枪支的配备和配置、枪支的制造和民用枪支的配售、枪支的日常管理、枪支的运输、枪支的入境和出境、法律责任的追究等。这些事项主要是公安部门执行《枪支管理法》具体规定的事项,一般不包括创制新的规范性文件事项,除非法律有明确规定。例如,《枪支管理法》第47条授权公安部及其相关部门制定气步枪,制作影视剧使用的道具枪支,博物馆、纪念馆、展览馆保存或者展览枪支的管理办法,第49条授权公安部就枪支管理证件作出规定。但综观《枪支管理法》,却没有授权公安部就枪支鉴定标准作出规定的内容。

综上所述,公安部制定的《公安机关涉案枪支弹药性能鉴定工作规定》违反了法律保留原则,不符合法律保留强度的要求,是违法的。法院不应以该规定作为认定涉案枪形物为"枪支"的依据。既然该规定是违法的,不应作为依据,那么,该规定援引的《枪支致伤力的法庭科学鉴定判据》自然也不能作为认定枪形物是否属于"枪支"的依据。

2. 地方政府规章的保留强度

《立法法》规定了地方政府规章的制定主体和依据以及地方政府规章的调整事项范围。[1] 地方政府规章的保留强度主要体现在为执行法律、行政法规、地方性法规的规定需要制定规章的事项,属于本行政区域的具体行政管理事项。设区的市、自治州的地方政府规章的保留强度还体现为调整的事项限定为城乡建设与管理、生态文明建设、历史文化保护、基层治理等方面的事项。

五、保留强度层级化的立法模式

我国法律中体现保留强度层级化的立法并不鲜见。经过梳理,保留强度层级

---

[1] 《立法法》第93条第1—3款规定:"省、自治区、直辖市和设区的市、自治州的人民政府,可以根据法律、行政法规和本省、自治区、直辖市的地方性法规,制定规章。地方政府规章可以就下列事项作出规定:(一)为执行法律、行政法规、地方性法规的规定需要制定规章的事项;(二)属于本行政区域的具体行政管理事项。设区的市、自治州的人民政府根据本条第一款、第二款制定地方政府规章,限于城乡建设与管理、生态文明建设、历史文化保护、基层治理等方面的事项。已经制定的地方政府规章,涉及上述事项范围以外的,继续有效。"

化的立法模式大致有如下几种：宪法与法律在特定事项上保留强度的层级化；法律与行政法规、地方性法规在特定事项上保留强度的层级化；但书条款或例外规定中的保留强度层级化。

（一）宪法与法律在特定事项上保留强度的层级化

宪法保留最重要的事项，法律对该事项进行细化。法律对宪法保留事项进行细化规定，有时直接依据宪法的授权规定，如《宪法》第 85—92 条规定了国务院的性质、组成、任期、职权等事项，同时，第 86 条第 3 款规定，“国务院的组织由法律规定”。这是授权全国人大或其常委会通过法律调整国务院组织事项。由于国务院的组织属于十分重要的事项，应由基本法律调整，全国人大制定通过了《国务院组织法》。有时并无宪法授权，而是直接根据事务的重要性程度，由法律进行调整。例如，《宪法》第 141 条规定了我国国旗的形状，没有明确授权通过法律规定更详细的内容。但 1990 年全国人大常委会制定了《国旗法》，详细规定了国旗的意义、制作、升挂、使用、监督管理等内容。上述两例均是宪法保留某事项的最重要或核心部分，由法律保留该事项的其他内容。

那么，宪法保留的事项可否在没有法律规定的情况下直接由法规或规章调整？根据事项的重要性程度，由宪法保留的事项一定是公民最重要的基本权利或国家治理中最重要的其他事项，在宪法对这些事项作出保留规定后，予以细化规定的规范性文件应当是全国人大或其常委会的法律，法规或规章不能在法律未有规定的情况下直接就宪法保留事项作出细化调整。除非在尚未制定法律的情况下，全国人大及其常委会授权国务院先行制定行政法规调整。这符合法律保留强度递减理论。事实上，《宪法》和《立法法》的相关规定也体现了上述精神。从《宪法》规定看，宪法对其保留的事项要么没有授权任何低位阶规范进行调整，要么就是授权法律进行调整，没有直接授权行政法规、地方性法规或规章进行调整的规定。《宪法》第 89 条第 1 项更是规定了国务院“根据宪法和法律，规定行政措施，制定行政法规”。《立法法》第 12 条规定，应当由法律保留的事项，尚未制定法律的，全国人大及其常委会有权就其中的部分事项授权国务院制定行政法规调整。《立法法》第 72 条规定了行政法规调整的事项范围：为执行法律的规定需要制定行政法规的事项;《宪法》第 89 条规定了国务院行政管理职权的事项。《宪法》第89 条规定的国务院行政管理职权的事项并非宪法保留事项,行政法规可以直接调整。而除此之外,行政法规调整的事项就是执行法律规定需要调整的事项以及应当由法律调整尚未制定法律时、由全国人大及其常委会授权国务院调整的部分事项。因此,从《宪法》《立法法》规定及其所体现的立法精神看,对宪法保留的事项,行政法规不能直接调整。同理,从《宪法》和《立法法》规定看,地方性法规、部门规章和地方政府规章均不能直接调整宪法保留的事项。

(二)法律与法规、规章在特定事项上保留强度的层级化

《立法法》第 11 条规定了只能制定法律调整的事项,这是法律保留的范围。根据《立法法》第 12 条的规定,在法律保留的事项范围内,尚未制定法律的,除几项由法律绝对保留的事项外,其他事项可以由全国人大及其常委会授权国务院制定行政法规调整。从《立法法》第 72 条第 2 款第 1 项的规定看,为执行法律规定需要制定行政法规的事项,是行政法规调整的主要事项之一。因此,法律的执行细则、实施条例等是行政法规保留的事项。由此可以看出,法律与行政法规在保留强度上具有明显区别。相较于行政法规的保留,法律保留的事项更为重要。对特定事项而言,法律保留该事项的核心部分,行政法规保留该事项的次要部分,如实施细则、执行细则等。

地方性法规与法律、行政法规在保留强度上也具有层级性。根据《立法法》第 82 条规定,地方性法规在执行法律、行政法规的规定时,其保留的是“根据本行政区域的实际情况作具体规定的事项”。这时,地方性法规与法律、行政法规的保留强度层级性体现为法律、行政法规保留的是特定事项的处理原则、一般性的规则等重要内容,地方性法规是在这种原则、规则之下根据本行政区域的实际情况所作的具体规定。规章的保留强度更低。根据《立法法》的规定,制定部门规章必须根据法律和国务院的行政法规、决定、命令(第 91 条第 1 款),制定地方政府规章必须根据法律、行政法规和省级地方性法规(第 93 条第 1 款)。同时,《立法法》规定,没有法律或者国务院的行政法规、决定、命令的依据,部门规章不得设定减损公民、法人和其他组织权利或者增加其义务的规范,不得增加本部门的

权力或者减少本部门的法定职责(第91条第2款);没有法律、行政法规、地方性法规的依据,地方政府规章不得设定减损公民、法人和其他组织权利或者增加其义务的规范(第93条第6款)。可见,制定规章必须有上位法依据,同时,没有上位法授权不得作出减损公民、法人和其他组织权利或增加其义务的规定。从这个角度看,在所有法律规范体系中,规章保留事项是重要性程度最低的事项。

法律与法规、规章在特定事项上的保留强度可从行政处罚的设定权清楚地反映出来。根据《行政处罚法》规定,限制人身自由的行政处罚,只能由法律设定(第10条);吊销企业营业执照的处罚只能由法律或行政法规设定(第11条、第12条);罚款的行政处罚则可以由法律、法规、规章设定。这说明最重要的行政处罚(限制人身自由)由法律保留,重要性次一些的行政处罚(吊销企业营业执照)由行政法规保留(不排斥上位法律调整),罚款则可以由规章保留(不排斥上位法律、法规调整)。针对重要性程度不同的行政处罚种类,《行政处罚法》规定了不同层级的保留规范,由此,形成了行政处罚设定权上的多层级保留强度体系。

(三)"但书"条款或例外规定中的法律保留强度层级化

法律规定中,"但书"条款有时也能体现特定事项的保留强度。以行政诉权为例说明,诉讼权是公民的一项基本权利,行政诉权当然也是公民的基本权利。因此,对行政诉权的保护是法律的保留事项。或者说,对行政诉权的剥夺或否定应由全国人大及其常委会制定的法律予以保留,如《行政诉讼法》第13条规定,行政终局裁决行为由法律保留。[1] 此处的法律是狭义的,即全国人大及其常委会制定的"法律"。[2] 之所以由法律保留行政终局裁决行为的规定权,是因为行政终局行为排斥司法审查和行政诉权,对行政相对人的基本权利影响重大。同

---

[1] 《行政诉讼法》第13条第4项规定:"人民法院不受理公民、法人或者其他组织对下列事项提起的诉讼:……(四)法律规定由行政机关最终裁决的行政行为。"

[2] 最高人民法院《关于适用〈中华人民共和国行政诉讼法〉的解释》第2条第4款规定:"行政诉讼法第十三条第四项规定的'法律规定由行政机关最终裁决的行政行为'中的'法律',是指全国人民代表大会及其常务委员会制定、通过的规范性文件。"

理,《行政诉讼法》第45条、第46条第1款分别规定了行政行为经复议时的起诉期限以及直接起诉时的起诉期限,两个条文后面都有但书条款"法律另有规定的除外"。因为起诉期限是行政之诉的合法性要件,如果行政行为超过起诉期限,行政相对人就丧失了行政起诉权,因此,只能由法律规定不同于第45条、第46条第1款的起诉期限。上述都是对行政诉权的剥夺或否定事项,故由法律保留。如果不剥夺行政诉权,只是对其行使增加前置条件或程序,由于对行政诉权的影响不如剥夺或否定严重,这时也可以由法律及行政法规保留,如《行政复议法》第23条第1款第5项规定复议前置程序由法律、行政法规规定。[1] 这说明对行政诉权的行使增加前置程序的事项可以由法律和行政法规保留。这可能就是《行政复议法》(2023年)将复议前置设定的立法层级规定为"法律、行政法规"的原因。当然,从复议前置属于行政诉讼制度或司法制度的角度看,复议前置事项属于法律的绝对保留,不能授权立法。

综上所述,基于保留事项的重要性和影响范围,不同规范保留形成的保留强度体系具有层级性。这种层级性决定了应由上一层级规范保留(非绝对保留)的事项,在其规范缺位时,可授权下一级(而非下级)规范调整,一般不得越级授权,除非该事项的影响范围仅限于地方,或者具有明显的地域差异。具言之,应由宪法保留的事项,在尚未制定宪法规范时,可授权法律调整;应由法律保留的事项,在尚未制定法律时,可授权行政法规调整;应由行政法规调整的事项,在尚未制定行政法规时,可授权规章调整。据此,公安部制定的《公安机关涉案枪支弹药性能鉴定工作规定》,即使有《枪支管理法》的授权,也违反了法律保留强度的层级化和下一级授权要求,更何况还没有相关授权。

---

[1] 2023年修订的《行政复议法》将复议前置程序设定的立法层级规定为法律、行政法规。相较于《行政诉讼法》第44条第2款规定的"法律、法规",提高了复议前置程序的立法层级。根据后法优于前法的法律冲突适用规则,应适用《行政复议法》的"法律、行政法规"。日后《行政诉讼法》修改时将会把第44条第2款规定的"法律、法规"修改为"法律、行政法规"。

本章小结

法律保留强度是法律对某一领域事务保留的程度或深度。法律保留范围内的事务并非无分轻重一概皆由全国人大及其常委会通过法律调整。即使某事务属于法律保留范围,但有关该事务亦有主要事项与次要事项、核心事项与细枝末节之分,可以由不同位阶法规范保留。法律保留强度制度的建立对明确事务的重要程度,保障基本权利,厘定不同位阶法律规范之间的权限秩序,维护法律体系的统一,具有重要意义。

法律保留强度的标准有重要性理论和影响范围理论。在权力分立的横向维度上,重要性理论为法律保留范围提供了重要的判断依据,为立法权与行政权的界分提供了判准。在纵向维度上,重要性理论为特定事务的法律保留强度提供了判断准据,为不同位阶法规范介入特定事务的深度提供了判断标准。除了重要性理论,影响范围也是确定法律保留强度的考量因素。我国采用事务的重要程度作为法律保留强度的标准,符合我国的历史传统,也有法律依据和现实基础。但单一的重要性标准亦有弊端,我国需要在重要性标准的基础上,一定程度上吸纳影响范围标准,形成法律保留强度的复合标准。当然,在某些单行法律中,这种复合标准已经有了立法先例。

法律保留强度的体系化是不同层级法规范根据事项的重要程度和影响范围,分别对特定事项进行不同深度的调整,进而形成的层级化规范保留体系。此处将法律保留中“法律”的外延予以适度扩大,既包括狭义的法律,又包括宪法、法规、规章,即由法律保留过渡到法的保留。单纯固守狭义法律的保留理论仅具有学理意义。通过法律保留强度建立起来的规范化层级保留体系不仅可以使传统法律保留原则所欲达到的立法对行政的控制功能得以充分发挥,也可以维护法律体系内部的和谐统一。我国立法应当遵守层级化规范保留体系,在坚持重要性标准的基础上,适当考虑影响范围标准。法律保留强度理论在立法上的具体要求,主要有三个方面:绝对保留、下一级授权、授权明确性原则。

第五章　法律保留原则的审查机制

第一节　法律保留原则下立法行为的审查机制

法律保留原则不仅拘束行政行为，还对立法行为产生影响。不同层级法律规范形成的层级化保留体系，使各立法主体的立法行为规范有序，共同维护着法制的统一。但受不同立法主体的认识水平、管理需要或地方保护等因素影响，立法主体在行使立法权过程中，违反法律保留原则的情况时有发生，有必要建立对立法行为合宪合法的审查机制。世界上主要有4种合宪性审查机制，分别是代议机关、普通法院、宪法法院、宪法委员会审查机制。〔1〕我国对立法行为的审查机制主要是立法机关内部监督机制。立法行为的系统外审查机制主要是司法审查。本节主要探讨法律保留原则下立法行为的审查机制，包括立法机关内部的审查机制和司法审查机制。

一、我国违反法律保留原则立法行为的形态

我国违反法律保留原则的立法主要有如下几种情形。

---

〔1〕参见韩大元：《关于推进合宪性审查工作的几点思考》，载《法律科学（西北政法大学学报）》2018年第2期。

(一)法律侵入宪法的保留范围

首先,由谁判断法律是否合宪,如何纠错?其次,我国是否有不符合宪法规定的法律存在?

对第一个问题,由于我国没有建立司法审查制度,对法律是否违宪的问题,司法机关无权判断和处理。但我国《宪法》和《立法法》规定了司法审查之外的审查、监控和纠错机制。例如,对于全国人大制定的基本法律,《宪法》第 62 条第 3 项规定了全国人大可以"修改"自己制定的基本法律,而除此之外,无论《宪法》还是《立法法》均没有规定基本法律存在合宪问题时如何处理。这种仅将基本法律是否合宪的判断和处理权交由立法者自己的做法,与自己不做自己案件法官的自然正义或正当法律程序原则不符。对于全国人大常委会制定的非基本法律,《宪法》第 62 条第 12 项规定了全国人大对其常委会不适当决定的改变和撤销权,第 67 条第 2 项规定了全国人大常委会的非基本法律修改权,《立法法》第 108 条第 1 项规定了全国人大对其常委会不适当法律的改变和撤销权。由于全国人大至今还没有行使过改变或撤销全国人大常委会制定法律的权力,而全国人大或全国人大常委会修改自己制定的法律时亦从未明确将不符合宪法规定作为修改的理由,我国是否存在不符合宪法规定的法律,如果有,那么是哪些法律不符合宪法规定,均无官方数据。

对第二个问题,只能依据《宪法》及相关法律规定进行理论分析。例如,1982 年通过的《全国人民代表大会和地方各级人民代表大会选举法》关于农村与城镇代表名额的分配原则规定,涉嫌不符合《宪法》的平等原则。[1] 该规定已于 2010 年被修改。

(二)行政法规侵入法律的保留范围

行政法规侵入法律保留范围的立法,在我国曾引起广泛争议和讨论。典型的

---

[1] 《全国人民代表大会和地方各级人民代表大会选举法》(1982 年)第 10 条第 1 款规定,自治州、县、自治县人民代表大会代表的名额,由本级人民代表大会常务委员会按照农村每一代表所代表的人口数 4 倍于镇每一代表所代表的人口数的原则分配。

案例,如收容遣送制度、劳动教养制度的立法问题。

因孙某刚事件引起广泛关注的《城市流浪乞讨人员收容遣送办法》(已废止),违反了法律的保留权限。该办法为国务院制定的行政法规,但却规定了应由法律保留的限制人身自由的强制措施,违反了法律保留原则。孙某刚事件后,三位法学博士就该法规的问题向全国人大常委会提起审查请求,虽当时未得到回应但后来国务院主动废止了该办法。该行政法规违反了法律保留原则,侵犯了全国人大及其常委会的立法权限。

《劳动教养试行办法》(1982年1月21日国务院转发、公安部发布,已废止)涉嫌侵入法律的保留范围。该办法违反法律保留原则,突破了全国人大常委会的授权范围制定限制人身自由的强制措施。该制度在2013年12月被全国人大常委会废止前,一直被反复大量适用。由于没有有效的外部监督制约机制,无法及时废止该制度,给中国法治建设和公民权利造成了巨大伤害。

国务院于2001年制定通过的《城市房屋拆迁管理条例》涉嫌违反《宪法》《物权法》《房地产管理法》,违反法律保留原则。北京大学五位学者就该条例向全国人大常委会提出审查建议。[1]

(三)地方性法规侵犯法律的保留范围和强度

地方性法规侵犯法律保留范围和强度的情形,主要表现为作为实施或执行细则的地方性法规侵犯法律保留范围和强度。例如,河南洛阳种子案中,《河南省农作物种子管理条例》(已废止)关于种子价格的规定侵犯了《种子法》的保留范围和强度。又如,1993年3月11日,最高人民法院针对福建省高级人民法院"闽法行其〔1991〕017号请示"作出了《关于人民法院审理行政案件对地方性法规的规定与法律和行政法规不一致的应当执行法律和行政法规的规定的复函》(法函〔1993〕16号),该复函指出《福建省实施〈中华人民共和国渔业法〉办法》第34条"没收渔船"的规定违反了《渔业法》相关规定(仅规定可以没收渔具),是地方性

〔1〕参见《北大5学者就拆迁条例上书全国人大全文》,载中国新闻网,https://www.chinanews.com/gn/news/2009/12-10/2010829.shtml。

法规对法律保留范围和保留强度的违背。[1]

(四)规章侵犯法律的保留范围和强度

规章侵犯法律的保留范围和强度,如公安部《机动车登记规定》关于机动车申请检验条件的规定,将交通安全违法行为和交通事故处理完毕作为申请检验的前提条件,侵犯了《道路交通安全法》的保留范围和强度。[2] 公安部规章违反了法律关于申请检验的条件规定,是对法律保留范围和强度的违反。在相关行政案件中法院也认为《机动车登记规定》的相关规定与《道路交通安全法》的规定不一致,应当根据《道路交通安全法》认定被诉行政行为的合法性。[3] 在邹某与新化县人力资源和社会保障局劳动和社会保障行政管理案中,《社会保险法》和《殡葬管理条例》没有规定必须提交火化证明才可领取丧葬费和抚恤金,但《湖南省实施〈殡葬管理条例〉办法》规定必须提交火化证明才可办理领取丧葬费和抚恤金。上诉人认为湖南省人民政府的行政规章在领取丧葬费和抚恤金的权利行使上,违反上位法规定增设了义务,该规章的规定没有法律法规依据,法院不应参照。但一审和二审法院均以规章不属于"可以一并审查的规范性文件"范围,而直接认定该规章可以参照。[4] 笔者认为,两审法院的做法值得商榷。虽然规章不属于"可以一并审查的规范性文件"范围,但人民法院对规章只是参照适用,在其违反

---

[1] 参见最高人民法院《关于人民法院审理行政案件对地方性法规的规定与法律和行政法规不一致的应当执行法律和行政法规的规定的复函》(法函〔1993〕16号,已废止)。

[2] 《道路交通安全法》第13条第1款规定:"对登记后上道路行驶的机动车,应当依照法律、行政法规的规定,根据车辆用途、载客载货数量、使用年限等不同情况,定期进行安全技术检验。对提供机动车行驶证和机动车第三者责任强制保险单的,机动车安全技术检验机构应当予以检验,任何单位不得附加其他条件。对符合机动车国家安全技术标准的,公安机关交通管理部门应当发给检验合格标志。"公安部《机动车登记规定》(2021年)第54条规定:"机动车所有人可以在机动车检验有效期满前三个月内向车辆管理所申请检验合格标志。……申请前,机动车所有人应当将涉及该车的道路交通安全违法行为和交通事故处理完毕。申请时,机动车所有人应当确认申请信息并提交行驶证、机动车交通事故责任强制保险凭证、车船税纳税或者免税证明、机动车安全技术检验合格证明……"

[3] 如唐某与长沙市公安局交通警察支队车辆管理所不履行法定职责再审案,湖南省高级人民法院(2018)湘行再65号行政判决书。

[4] 参见湖南省娄底市中级人民法院行政判决书,(2015)娄中行终字第157号。

上位法时,有权不予适用规章。因此,湖南省政府规章在没有上位法依据的情况下,为公民领取丧葬费和抚恤金增设了提交火化证明的义务,违反了法律保留原则。法院应不予适用该规章。

此外,还存在规章侵犯地方性法规保留范围和强度等情形。

二、法律保留原则下域外立法行为的司法审查

(一)司法审查的产生与发展

1. 司法审查的概念。司法审查(judicial review),按照《布莱克法律词典》的解释,是指法院审查政府其他分支或各级政府的行为是否合法的权力,尤其是指法院在立法行为和行政行为违宪时确认其无效的权力。[1] 在美国,司法审查是指法院审查国会制定的法律是否符合宪法,以及行政机关的行为是否符合宪法及法律。[2]

因此,司法审查包括对立法行为的司法审查和对行政行为的司法审查。本部分主要探讨对立法行为的司法审查。

2. 司法审查的起源。"司法审查"的概念源于美国,早于马伯里诉麦迪逊案(Marbury v. Madison),通常将其归因于英国大法官爱德华·科克(Edward Coke)在1610年博纳姆医生案(Dr. Bonham's Case)中的判决意见。马歇尔大法官在马伯里诉麦迪逊案中沿袭了博纳姆医生案的判决逻辑,但从影响来看,马伯里诉麦迪逊案是现代司法审查制度的起源。在该案中,马歇尔大法官运用了自己的政治智慧,成功地在美国两党政治之争中创造了权力制衡,实现了将政治问题法律化的技术性论证,既表明了原告合法权利应受保护、国务卿已经侵犯原告合法权利的司法观点,同时,通过解释宪法,也论证了马伯里向联邦最高法院直接起诉所依据的《1789年司法法》(the Judiciary Act of 1789)第13条因违宪而无效,马伯里的请求因其所援引的法律无效,联邦最高法院对该案无管辖权。这样就成功地避免了与行政权分支的正面冲突,从而解决了此案。该案的最大法律遗产是

---

〔1〕 See Bryan A. Garner, *Black's Law Dictionary*, Eighth Edition, West Publishing Co. ,2004,p. 864.

〔2〕 参见王名扬:《美国行政法》,中国法制出版社1995年版,第565页。

确立了联邦最高法院作为宪法最高解释者的地位、开启了司法权对国会的立法进行审查并宣布其违宪的先例。这是马伯里诉麦迪逊案的意外收获，也是其最重要的历史价值和法律价值。在库珀诉阿伦案（1958 年）中，最高法院大法官一致宣称，这一判例申明了以下主张：（马伯里诉麦迪逊案）宣告了一项基本原则，即联邦司法机关在阐释宪法方面享有最高权威；从那时起，这一原则一直被本法院和全国奉为圭臬，成为我国宪法体系永久而不可或缺的一种特征。[1] 因此，该案被称为司法审查史上的里程碑案件。

3. 建立司法审查制度的国家数量。当前，大部分国家建立了司法审查制度。据学者统计，在迄今全球 195 个国家和地区中，已经确立并已实际实施了司法审查制度的国家有 171 个，约占总数的 88%。其中，在宪法文本或专门立法中明确规定了审查机构和基本程序的国家有 164 个，通过判例和习惯确立起来的国家有 7 个。完全没有实施司法审查制度（并不排除文本中规定了"宪法至上"的精神和立法机构自行审查的内容）的国家有 24 个，其中包括中国。[2]

（二）立法行为司法审查的域外透视

通过法律保留原则建构的层级化规范保留体系，为立法机关的权力行使划定了界限。但当立法行为违反了法律保留原则确立的立法权界限时，司法审查就成为至关重要的监控机制。各国对立法行为的司法审查模式不同。美国采取的是普通法院司法审查模式，奥地利、德国建立了宪法法院审查模式。[3] 下面简要介绍美国和德国的司法审查模式。

1. 美国

美国的司法审查主要是在审查立法行为的基础上建立的。而违反法律保留原则是立法行为违法的主要形式之一。在美国的司法审查历史上，不乏司法权纠正该类违法的立法行为的著名判例。

---

〔1〕 参见［美］杰罗姆·巴伦等：《美国宪法概论》，刘瑞祥等译，中国社会科学出版社 1995 年版，第 12 页。

〔2〕 参见包万超：《宪政转型与中国司法审查制度》，载《中外法学》2008 年第 6 期。

〔3〕 参见李少文：《合宪性审查的法理基础、制度模式与中国路径》，载《比较法研究》2018 年第 2 期。

马伯里诉麦迪逊案既开创了美国乃至世界的司法审查历史，同时又提供了法院审查违反法律保留原则的立法行为的先例。马伯里向联邦最高法院起诉麦迪逊时，在管辖权方面主要依据的是《1789年司法法》。该法正式名称为《创立合众国司法法院的法律》（An Act to Establish the Judicial Courts of the United States），由美国第一届国会通过，时任美国总统的乔治·华盛顿于1789年9月24日签署成为法律。马歇尔大法官认为，国会通过的《1789年司法法》第13条扩大了联邦最高法院的初始管辖权，违背了宪法规定，是无效的。该判决的逻辑也可以归结为，联邦最高法院的初始管辖权是宪法保留的事项，国会的法律无权就该事项再行调整，即不能扩大或缩小联邦最高法院的初始管辖权。因此，国会通过的《1789年司法法》不恰当地调整了本应由宪法保留的事项而被宣布部分条款无效。这是美国历史上第一个被宣布部分无效的国会法律（the first act of congress to be partially invalidated by the supreme court）。

2. 德国

在违宪审查的历史发展中，德国联邦宪法法院作出了许多典型案例。这些案例既适用了法律保留原则，同时又发展了法律保留原则。以下以3个案件为例说明。

艾尔弗斯旅行护照案（Elfes – Urteil，BverfGE 6，32，1957年1月16日）是德国重要的判例。[1] 从《德国基本法》第19条第1款、第2款规定可以看出，基本权利可以依法律限制，但任何情况下，基本权利的本质内容绝不能受到侵害。这说明基本权利的本质是由宪法保留的事项，不属于法律保留，因此，即使法律也不得触碰这个底线。“这样，宪法法院对传统的法律保留原则进行了重新诠释，使其从原来立法机关随意限制基本权利的工具转变成为有效约束立法机关、并为基

---

〔1〕 该案案情如下：1953年，艾尔弗斯向门兴格拉德巴赫的护照管理局申请延长旅行护照，但护照管理局依据1952年通过的《德国护照法》第7条第1款a，拒绝了他的申请。《德国护照法》第7条第1款规定：“有以下情形不得签发护照：a 持有护照的申请人危害联邦德国的内部或外部的安全，或者联邦德国的特别重大的利益的。”艾尔弗斯不服拒绝决定，经过申诉被驳回，向州行政法院、高等行政法院和联邦行政法院的行政诉讼均败诉后，他向联邦宪法法院提出宪法诉愿，认为他依据《德国基本法》享有的下列权利受到侵犯：第2条（一般行为自由、人格权）、第3条（平等权）、第5条（言论自由）、第6条（婚姻、家庭权）、第11条（迁徙自由）。参见张翔：《宪法解释方法的运用——以德国艾尔弗斯案为例》，载《学习与探索》2011年第3期。

本权利提供充分保障的机制。"[1]这是德国联邦宪法法院依据法律保留原则审查法律的案例。

在犯人通信案中,德国联邦宪法法院依据法律保留原则审查行政规章,同时又发展了法律保留原则。该案案情如下:监狱管理机关依据1961年12月1日由州司法部长会议颁布的《罪犯服刑与刑罚执行条例》这一行政规章,拦截犯人的信件,该案原告提起诉讼。联邦宪法法院认为,犯人的基本权利只能由法律或根据法律而受到限制。在限制犯人基本权利的实质要件方面,"只有为实现《德国基本法》的价值秩序中所包含的公益目的所绝对必要时,始能考虑对犯人的基本权利予以限制"。该案因为不具有限制的合宪性理由,监狱管理机关对犯人信件的监控和拦截侵犯了其言论自由。[2]

在性教育课程案中,联邦宪法法院依据法律保留原则审查了《汉堡中小学法》和《汉堡中小学章程法》,认为,"国家教育任务与父母教育权,以及孩子的人格自由开展权的相互限定,常常是混沌不清、难以界定的。他们的界分对这些基本权利的行使在很多时候都具有至关重要的意义。因此,属于立法者的任务"。而《汉堡中小学法》第28条和《汉堡中小学章程法》第2条第2款第1句和第2句却授权行政机关"从行政和监督的角度对公立学校事务进行引导",这就是汉堡教育行政部门制定《汉堡州中小学性教育指导纲要》的依据。因此,联邦宪法法院认为在汉堡的中小学开展性教育事务应当由立法机关法律保留,但《汉堡中小学法》第28条和《汉堡中小学章程法》第2条第2款第1句和第2句却将这些事务的调控授权给行政机关,这些授权条款是无效的。[3]

三、我国立法行为司法审查的探索与障碍

(一)我国立法行为司法审查的探索

没有宪法的适用,就无法实现对立法行为是否违反法律保留原则的监督与审

---

〔1〕 张翔:《宪法解释方法的运用——以德国艾尔弗斯案为例》,载《学习与探索》2011年第3期。

〔2〕 参见张翔:《德国宪法案例选释》(第1辑·基本权利总论),法律出版社2012年版,第71~94页。

〔3〕 参见张翔:《德国宪法案例选释》(第1辑·基本权利总论),法律出版社2012年版,第210~229页。

查。对立法行为是否违反法律保留原则的审查首先需要激活宪法，以判断相关立法是否合宪。

1. 不得不提的宪法司法化第一案——齐某苓案。在研究我国司法审查问题时，不得不提及齐某苓诉陈某琪等以侵犯姓名权的手段侵犯宪法保护的公民受教育的基本权利纠纷案。[1] 在该案审理中，最高人民法院就该案作出了司法解释，即《关于以侵犯姓名权的手段侵犯宪法保护的公民受教育的基本权利是否应承担民事责任的批复》。该案及其司法解释直接引发了学界关于宪法司法化的持续热烈讨论，其中批评及质疑的声音尤其值得关注。例如，有学者认为，“公民基本权利的直接效力是约束国家的，是否定性的，要求立法机关、行政机关不得制定侵犯公民基本权利的法律、法规。”[2]“以宪法的司法适用为借口，让宪法全面介入纯属公民私域的民事争议，隐含着巨大的社会风险。”[3]2008 年，最高人民法院废止了该司法解释(法释〔2008〕15 号)。这种废止同样也引发了学者的讨论。多数学者赞同废止，如有学者直接撰文《废止齐案“批复”是宪法适用的理性回归》，并指出齐某苓案“批复”存在合宪问题，司法解释不是弥补普通立法空白的合宪方式。[4] 也有学者反对废止，如有学者提出，齐某苓案“批复”并非解释宪法，最高人民法院不应废止。[5] 另有学者认为，齐某苓案“批复”的出台，其实践意义大于理论价值；该批复的废止则是理论意义大于实践价值。[6] 笔者认为，齐某苓案是一个民事案件，与宪法诉讼或宪法司法化均没有直接关联。而关于该案的“批复”，笔者赞同应辩证地看待的观点。如果没有该批复，宪法规定的基本权利可能至今仍静静地躺在“根本大法”的高阁之中，而难以享受到该案法官的眷顾。“批复”的出台，尽管存在各种理论质疑和障碍，但却成功地激起人们对宪法的热情，唤醒了部分休眠条款。同时，也引发学界对宪法司法适用、合宪审查、基

---

〔1〕 参见《最高人民法院公报》2001 年第 5 期。

〔2〕 许崇德、郑贤君：《“宪法司法化”是宪法学的理论误区》，载《法学家》2001 年第 6 期。

〔3〕 秦前红：《关于“宪法司法化第一案”的几点法理思考》，载《法商研究(中南政法学院学报)》2002 年第 1 期。

〔4〕 参见董和平：《废止齐案“批复”是宪法适用的理性回归》，载《法学》2009 年第 3 期。

〔5〕 参见胡锦光：《齐案“批复”并非解释宪法最高人民法院不应废止》，载《法学》2009 年第 4 期。

〔6〕 参见莫纪宏：《应当高度关注“基本权利”的保障义务》，载《法学》2009 年第 4 期。

本权利的效力等问题的深入探讨。就此而论,“批复”出台的价值和意义已经超越了它本身的理论是非。当然,该批复的废止亦符合我国宪法的权力架构,具有现实基础。

2. 无心之失的真正司法审查第一案——河南洛阳种子案。在我国并不具有司法权审查立法行为的宪法或法律依据,并且,根据宪法和法律的规定,司法权要向产生它的权力机关负责,因此,司法权无法审查立法行为。故该案判决作出后,立即引起了河南省人大常委会的强烈反对。争议缘起于该案判决中主审法官李某娟在判决理由中的表述:“《种子法》实施后,玉米种子的价格已由市场调节,相关条例作为法律位阶较低的地方性法规,其与《种子法》相冲突的条款自然无效。”[1]就是这句不经意的判词掀起了司法权是否越权的争议。学者几乎一致同情主审法官的遭遇,认为中国的法官应该有权作出这样的审查和判决,但这也仅是一种对法治理想的憧憬和期待,无法摆脱现实法律的禁锢。在我国,司法权监督立法行为没有法律依据,涉嫌违反我国宪治架构中的权力分界。判决符合实质正义,符合学者对司法审查制度建构的期待,但却存在权限争议,这是当下法律和制度的现状,体现了法治理想与制度现实之间的紧张关系。

(二)我国立法行为司法审查的障碍

我国司法机关无权审查立法机关的立法行为。

首先,《宪法》及相关组织法对审判机关与权力机关关系的规定,决定了我国司法机关无权对立法行为实施司法审查。《宪法》(2018 年)第 128 条规定了人民法院的性质,人民法院是国家的审判机关。在产生权限上,《宪法》(第 62 条第 8 项、第 63 条、第 67 条第 12 项、第 101 条)、《地方各级人民代表大会和地方各级人民政府组织法》(2022 年)(第 11 条第 6 项、第 31 条、第 50 条第 16 项)规定了由人民代表大会选举并罢免本级人民法院院长、由人大常委会任免本级人民法院副院长、审判员等制度。在工作关系上,《宪法》(第 133 条)规定,人民法院对产生它的国家权力机关负责。这种工作关系决定了人民法院作为审判机关无权审查

---

〔1〕 参见河南省洛阳市中级人民法院民事判决书,(2003)洛民初字第 26 号。

权力机关(立法机关)的立法行为。

其次,《宪法》并未赋予人民法院不受权力机关干预而独立审判的权力。《宪法》第131条规定,人民法院依照法律规定独立行使审判权,不受行政机关、社会团体和个人的干涉。作为根本大法,在规定人民法院审判权的行使环境时,仅规定了其不受行政机关、社会团体和个人干涉的情况下独立行使审判权的权力,并未规定人民法院可以不受权力机关(立法机关)的干涉。这种规定其实是《宪法》第133条规定的铺垫,两个条文一脉相承,共同塑造了审判机关行使审判权也不能不受权力机关制约的宪治权力结构。

最后,从《人民法院组织法》《民事诉讼法》《行政诉讼法》《刑事诉讼法》的规定看,人民法院受理案件的范围不包括因立法行为引起的纠纷。《民事诉讼法》和《刑事诉讼法》分别规定了人民法院受理民事案件和刑事案件的范围。《行政诉讼法》规定了人民法院受理行政案件的范围,同时对抽象行政行为作出排除性规定。[1] 因此,因立法行为引起的纠纷不属于人民法院的案件受理范围,现有法律从人民法院的职权范围角度排除了法院对立法行为进行司法审查的可能。

四、法律保留原则下我国立法行为的非司法审查

立法行为的非司法审查是由非司法机关的主体依法对立法行为是否符合宪法、法律进行审查并作出判断的制度。根据法律保留原则,重要性不同的事项,由不同位阶的法律规范调整。属于宪法保留的事项,法律及其以下位阶的规范性文件不得调整;属于法律保留的事项,法规、规章及其他规范性文件不得调整。对违反这一要求的立法行为,我国建立了以立法机关内部监督为主的合宪性、合法性审查制度。2023年12月29日,全国人大常委会通过了《关于完善和加强备案审查制度的决定》,强调在法规、司法解释的备案中审查其合宪性、合法性,充分发挥备案审查制度保障宪法和法律实施、维护国家法制统一的重要作用,提高备案

---

〔1〕《行政诉讼法》第13条第2项规定,人民法院不受理公民、法人或者其他组织对下列事项提起的诉讼:……(2)行政法规、规章或者行政机关制定、发布的具有普遍约束力的决定、命令。

审查能力和质量，坚决纠正和撤销违反宪法、法律的规范性文件。[1]

1. 非司法合宪性审查

(1)我国合宪性审查制度的发展历程。“我国当下正在建构的主要是一个‘非司法’的合宪性审查体制。”[2] 如果将“监督宪法的实施”或宪法监督作为合宪性审查制度，我国的合宪性审查制度可以追溯到1954年《宪法》。[3] 但宪法监督与合宪性审查是否属于同一概念，有不同观点。[4] 笔者认为，二者并非同一概念。合宪性审查是宪法监督的一种方式。“合宪性审查”概念出现于1998年全国人大常委会工作报告中，[5] 但当时该项制度尚未引起广泛关注和高度重视。直到2017年，党的十九大报告明确提出要“加强宪法实施和监督　推进合宪性审查工作　维护宪法权威”。[6] 合宪性审查开始引起学界广泛关注和热烈探讨，同时，合宪性审查的制度建设也迅速推进。2018年3月，中共中央决定设立全国人大宪法和法律委员会，承担“推进合宪性审查”职责。[7] 之后，全国人大及其常委会相继决定设立全国人大宪法和法律委员会，明确该委员会的推进合宪性审查职责。2019年全国人大常委会通过的《法规、司法解释备案审查工作办法》规定了宪法和法律委员会、法制工作委员会合宪性审查职责。[8] 2021年修正的《全

---

[1] 参见《关于完善和加强备案审查制度的决定》(全国人大常委会，2023年12月29日)。

[2] 张翔：《“合宪性审查时代”的宪法学：基础与前瞻》，载《环球法律评论》2019年第2期。

[3] 《宪法》(1954年)第27条第3项规定，全国人民代表大会行使下列职权：……(3)监督宪法的实施。

[4] 参见周叶中主编：《宪法》(第5版)，高等教育出版社2020年版，第380～381页。

[5] 参见《第九届全国人民代表大会第一次会议关于第八届全国人民代表大会常务委员会工作报告的决议》(1998年3月19日第九届全国人民代表大会第一次会议通过)。该决议批准的全国人大常委会工作报告中提到：“监督宪法的实施，包括对行政法规、地方性法规等规范性文件进行合宪性审查，是全国人大常委会的一项重要职权。”

[6] 习近平：《决胜全面建成小康社会　夺取新时代中国特色社会主义伟大胜利——在中国共产党第十九次全国代表大会上的报告》，载《求是》2017年第21期。

[7] 《深化党和国家机构改革方案》(中共中央，2018年)规定：“为弘扬宪法精神，增强宪法意识，维护宪法权威，加强宪法实施和监督，推进合宪性审查工作，将全国人大法律委员会更名为全国人大宪法和法律委员会。全国人大宪法和法律委员会在继续承担统一审议法律草案工作的基础上，增加推动宪法实施、开展宪法解释、推进合宪性审查、加强宪法监督、配合宪法宣传等职责。”

[8] 参见《法规、司法解释备案审查工作办法》(全国人大常委会，2019年)第20条。

国人民代表大会组织法》增加规定了宪法和法律委员会的合宪性审查职责。[1]

(2)我国合宪性审查制度的理论探讨。自2017年之后学界对合宪性审查制度的关注急剧上升。合宪性审查已经成为近年来学界研究的热点问题。在中国知网期刊数据库中,搜索篇名中包含“合宪性审查”的论文,截至2024年1月2日,共有CSSCI(包括CSSCI扩展版)期刊论文124篇,其中2017年以前12篇,2017年以后112篇。在中国知网博硕士论文数据库中,搜索题名中包含“合宪性审查”的学位论文,截至2024年1月2日,共69篇。其中,2017年以前1篇,2017年以后68篇。从研究的内容看,已有成果涉及了合宪性审查的许多方面,从法理探讨、价值功能,到模式选择、主体、程序设计、审查标准,再到特定领域的合宪性审查等,不一而足。这些成果对我国合宪性审查制度的完善具有重要的理论指导和参考意义。

(3)我国合宪性审查的主体。我国合宪性审查有一元与多元之争。[2] 一元论者认为,合宪性审查离不开宪法解释,只有全国人大常委会有宪法解释权,因此,只有全国人大常委会具有合宪性审查权。多元论者认为,所有的立法主体均具有合宪性审查权力,如有学者认为,我国的合宪性审查采取的是分散模式,权力机关、行政机关、司法机关、党的部分机关(党内法规的备案审查)均有相关审查权。[3] 笔者认为,我国合宪性审查的主体是全国人大常委会,但其他各级立法主体均有义务在其职权范围内对不符合宪法规定的规范性文件进行把关或检查(此处用“把关或检查”概念,以区别于合宪性审查主体的审查),并将可能存在问题的规范性文件提交全国人大常委会审查。

(4)我国合宪性审查的对象。从现有法律规定看,合宪性审查的对象包括全国人大常委会制定的非基本法律、法规、自治条例和单行条例、司法解释、规章。[4] 此处有两个问题值得探讨:一是全国人大制定的基本法律是不是合宪性审查的对象,谁来监督基本法律。现行对立法行为监控的机制主要依赖于监督者

---

〔1〕《全国人民代表大会组织法》(全国人大,2021年)第39条第1款规定:“宪法和法律委员会承担推动宪法实施、开展宪法解释、推进合宪性审查、加强宪法监督、配合宪法宣传等工作职责。”

〔2〕参见朱学磊:《论法律规范合宪性审查的体系化》,载《当代法学》2020年第6期。

〔3〕参见秦前红、周航:《论我国统一合宪性审查制度的构建》,载《江苏行政学院学报》2019年第4期。

〔4〕参见《立法法》第108条、《法规、司法解释备案审查工作办法》。

与被监督者之间的层级关系设计，如国务院对部门规章及地方政府规章的改变或撤销权是源于国务院对其部门及地方政府的上下层级关系。而全国人大是最高国家权力机关(《宪法》第57条)，在其上没有更高的权力可以对其进行监督。因此，全国人大制定法律的合宪性审查制度阙如。在其出现违背宪法情形时，只能寄希望于全国人大自我纠错。这种自我监督可以从《宪法》第62条第3项推导出来。正如任何人不能成为自己案件的法官一样，这种自我纠错机制的实效性和说服力有待提高。二是规章以下的规范性文件是不是合宪性审查的对象。无论从理论上还是从实践中，大量存在的规章以下规范性文件有违背宪法的可能，因此，也应当成为合宪性审查的对象。只是这些文件在合法性审查时就有可能被撤销，而无须提交全国人大常委会进行合宪性审查。

(5)我国合宪性审查的标准。按照法律保留原则，如果规范性文件对应由宪法保留的事项进行了调整，就可能存在问题。这构成合宪性审查的标准。从《宪法》第5条第3款和《立法法》第98条规定看，合宪性审查的标准是“不抵触”。[1] 对不同位阶规范性文件的撤销，《立法法》规定了不同的标准。对全国人大常委会制定的法律的合宪性审查标准是“不适当”；对全国人大常委会批准的自治条例和单行条例，合宪性审查标准是“违背宪法”；对行政法规、地方性法规，审查标准是“同宪法相抵触”；对省级人大常委会批准的自治条例和单行条例，审查标准是“违背宪法”。[2] 从《法规、司法解释备案审查工作办法》、全国人大常委会《关于完善和加强备案审查制度的决定》的规定看，“同宪法相抵触”又被解释为“违背宪法规定、宪法原则或宪法精神”。而“与党中央的重大决策部署不相符或者与国家的重大改革方向不一致”也应属于“同宪法相抵触”。上述都属于合宪性审查的标准。[3] 具体如何判断规范性文件的内容是否抵触宪法，有

---

〔1〕《宪法》第5条第3款规定：“一切法律、行政法规和地方性法规都不得同宪法相抵触。”《立法法》第98条规定：“宪法具有最高的法律效力，一切法律、行政法规、地方性法规、自治条例和单行条例、规章都不得同宪法相抵触。”

〔2〕参见《立法法》第108条。

〔3〕参见《法规、司法解释备案审查工作办法》第36条、第37条。《关于完善和加强备案审查制度的决定》(全国人大常委会，2023年12月29日)作了相同规定。

学者建议,"将'事物的本质'作为合宪性审查判断的内容标准"[1]。笔者认为,该观点具有重要的参考意义。但合宪性审查的标准是一个复杂的问题,需要理论的继续深入探讨,同时,也更需要通过大量实践,探索出符合我国实际的合宪性审查标准。

2. 非司法合法性审查

(1)合宪性、合法性、适当性审查之区别。合宪性审查是对立法行为是否抵触宪法进行审查,合法性审查是对立法行为是否违反法律进行审查。在法律保留原则下,立法行为有可能通不过合宪性审查、合法性审查,但不存在适当性问题。我国立法与实践中,均存在将合宪性审查与合法性审查混淆的现象。[2] 在合宪性审查、合法性审查、适当性审查三者的审查顺序上,有观点认为,"应当遵循'先合法性审查、再合宪性审查、最后适当性审查'的阶层性审查次序"。笔者认为,这种审查顺序符合法律保留原则中的保留事项重要性由低到高、审查强度由低到高(先合法后合理)的变化规律,也应当成为监督立法行为时遵循的审查顺序。

(2)法律保留原则下立法行为的合法性审查主体。我国对立法行为的合法性审查也是通过非司法机关——立法机关进行的。对立法行为的审查内容主要是合宪性和合法性。合宪性审查的主体是全国人大常委会,合法性审查的主体则是多元立法主体。《宪法》《立法法》规定了相关机关对立法行为的监督权限,这些权限主要包括:对被审查法律、法规、规章的改变权、撤销权、备案审查权、不同法律规范冲突时的裁决权等。这些监督机制和权限主要规定于《宪法》中全国人大及其常委会的职权、国务院的职权以及地方人大及其常委会、地方人民政府的职权中。同时,《立法法》适用与备案审查部分,更是详细规定了对立法行为的审查、监督机制和措施。从上述规定看,各级立法机关均有权在其职权范围内对相关规范性文件进行合法性审查,并依法作出处理。

(3)法律保留原则下立法行为的合法性审查标准。《法规、司法解释备案审

---

〔1〕 王旭:《合宪性审查中"相抵触"标准之建构》,载《中国法学》2021年第6期。

〔2〕 参见王锴:《合宪性、合法性、适当性审查的区别与联系》,载《中国法学》2019年第1期。

查工作办法》以列举方式规定了合法性审查的标准。[1] 这些标准中，多数是违反法律保留原则的形态。当然，违反法律保留原则的立法行为仅是不合法立法行为的部分内容，不合法的立法行为范围大于违反法律保留原则立法行为的范围。因为在法律规范的调整事项中，除了法律保留事项，还包括本来应当由下位法调整但却由上位法调整的事项内容。这部分事项不属于法律保留事项，但对该部分事项的立法违反，同样会构成违法的立法行为。因此，合法性审查标准除了法律保留原则的要求之外，还包括其他要求。

第二节　法律保留原则下行政行为的审查机制

在当下法律制度中，对行政行为的审查机制主要是在行政诉讼中，由司法机关对被诉行政行为进行合法性审查。它在监督行政主体依法行政、确保其遵守法律保留原则方面，具有重要意义。司法机关对行政行为合法性审查的主要法律依据是《行政诉讼法》。而《行政诉讼法》是根据《宪法》制定(《行政诉讼法》第 1 条立法依据)。《宪法》第 41 条规定了公民的批评、建议、申诉、控告或者检举权。[2] 尽管由该条规定尚不能直接得出司法权可以审查行政行为，但无疑该规定为司法权审查行政行为提供了可能。法律保留原则是通过立法权制约行政权的重要原则，但由于行政权的天然扩张和侵略性，我们不能将行政主体遵守法律

[1] 《法规、司法解释备案审查工作办法》第 38 条规定："对法规、司法解释进行审查研究，发现法规、司法解释违背法律规定，有下列情形之一的，应当提出意见：(一)违反立法法第八条，对只能制定法律的事项作出规定；(二)超越权限，违法设定公民、法人和其他组织的权利与义务，或者违法设定国家机关的权力与责任；(三)违法设定行政许可、行政处罚、行政强制，或者对法律设定的行政许可、行政处罚、行政强制违法作出调整和改变；(四)与法律规定明显不一致，或者与法律的立法目的、原则明显相违背，旨在抵消、改变或者规避法律规定；(五)违反授权决定，超出授权范围；(六)对依法不能变通的事项作出变通，或者变通规定违背法律的基本原则；(七)违背法定程序；(八)其他违背法律规定的情形。"

[2] 《宪法》第 41 条第 1 款规定，中华人民共和国公民对于任何国家机关和国家工作人员，有提出批评和建议的权利；对于任何国家机关和国家工作人员的违法失职行为，有向有关国家机关提出申诉、控告或者检举的权利，但是不得捏造或者歪曲事实进行诬告陷害。

保留原则的希望寄托在其自觉和自律之上,必须有一种他律机制保障这种立法权对行政权的制约,在现代宪治架构之中,司法权是最适合担当这一保障角色的。因此,对行政行为的司法监督成了现代法治国家的重要标志之一。从《行政诉讼法》的规定看,我国行政诉讼的受案范围主要是行政行为,包括具体行政行为、行政协议,对规章以下的抽象行政行为仅作附带审查。

一、法律保留原则下行政行为的司法审查基准

法律保留原则要求行政主体实施行政行为必须有法律或法的授权依据,否则行政行为违法。对违反法律保留原则的行政行为进行合法性审查,首先要明确违反法律保留原则行政行为的主要形态。

违反法律保留原则的行政行为形态,主要有以下几种。

(一)行政行为没有依据

行政行为没有依据,是2014年修正的《行政诉讼法》第75条增加的违法形态。这是典型的违反法律保留原则的一种违法形态。行政行为没有依据的确切含义,至今尚无权威解释。笔者认为,行政行为没有依据,有两种情况:一是指实体上没有依据,即行政主体就相关事项作出的处理决定,从实体上缺乏法律、法规或规章等的授权依据。二是指程序上没有依据,即虽然行政行为有法的授权依据,但行政决定书上没有记载行政行为的作出依据,并且,在诉讼过程中行政主体也没有补充依据,此时行政行为应视为没有依据。

没有依据与适用法律、法规错误的关系表现为以下两个方面。

首先,二者具有本质的区别。按照学界通常的理解,适用法律、法规错误,是指行政机关在作出行政行为时,适用了不应当适用的法律、法规规范,或者没有适用应当适用的法律、法规。[1] 从本质上看,适用法律法规错误,是以有可以适用

〔1〕参见江必新、梁凤云:《行政诉讼法理论与实务》,北京大学出版社2009年版,第1152~1153页;姜明安主编:《行政法与行政诉讼法》(第6版),北京大学出版社、高等教育出版社2015年版,第516页;张尚鷟:《走出低谷的中国行政法学——中国行政法学综述与评价》,中国政法大学出版社1991年版,第530~532页。

的正确法律、法规规范为前提的。如果没有可以适用的正确法律、法规规范依据，则难谓适用法律法规错误，而是没有依据。这是没有依据与适用法律法规错误的根本区别。

其次，二者具有对应关系。没有依据中的“依据”外延与适用法律法规错误中的“法律、法规”外延应相等。只有这样，才能保证行政行为适法判断上的逻辑一致和周延性，即行政行为适用法律的情形有3种：行政行为适法正确，即有正确的依据；行政行为适法错误，即有正确的依据却适用了不正确的依据；行政行为没有依据。从这个角度看，有学者质疑“适用法律、法规错误”中“法律、法规”的外延太窄是有道理的。这种质疑主要是，行政行为作出时所适用的法的形式是否只有法律、法规？法律、法规以外的宪法、行政规章、规章以下的其他行政规范性文件、自治条例、单行条例、法律解释、条约和协定、行政习惯、判例和法理等，是否也是行政行为作出时的适用依据？基于此种质疑，该学者用“行政适法错误”指代“适用法律、法规错误”这一概念。[1] 笔者认为这种观点符合立法精神。从现有立法看，行政行为的适用依据不仅仅只是法律、法规，还包括自治条例、单行条例、司法解释、合法有效的规章。这可以从如下立法中得到佐证：《行政诉讼法》第63条规定，依据法律法规、参照规章审理行政诉讼案件。[2] 最高人民法院《关于裁判文书引用法律、法规等规范性法律文件的规定》，[3]进一步说明了法律、法律解释、法规、司法解释、规章、其他规范性文件都可以作为行政行为的适用依据，只是其他规范性文件只能作为裁判说理的依据，不能在裁判主文中引用。综上，适用法律、法规错误应改为行政行为适法错误或适用依据错误。这种观点可以从

[1] 参见朱新力：《司法审查的基准：探索行政诉讼的裁判技术》，法律出版社2005年版，第434～435页。

[2] 《行政诉讼法》第63条规定，人民法院审理行政案件，以法律和行政法规、地方性法规为依据。地方性法规适用于本行政区域内发生的行政案件。人民法院审理民族自治地方的行政案件，并以该民族自治地方的自治条例和单行条例为依据。人民法院审理行政案件，参照规章。

[3] 最高人民法院《关于裁判文书引用法律、法规等规范性法律文件的规定》第5条规定：“行政裁判文书应当引用法律、法律解释、行政法规或者司法解释。对于应当适用的地方性法规、自治条例和单行条例、国务院或者国务院授权的部门公布的行政法规解释或者行政规章，可以直接引用。”第6条规定：“对于本规定第三条、第四条、第五条规定之外的规范性文件，根据审理案件的需要，经审查认定为合法有效的，可以作为裁判说理的依据。”

2014年修正的《行政诉讼法》第75条规定中得到验证。2014年修正的《行政诉讼法》第75条在例示重大且明显违法的行政行为时，明确使用了“没有依据”这种概念，而没有使用“没有法律、法规依据”这种本来应与第70条第2项（适用法律、法规错误）相对应的概念。

（二）行政超越职权

行政超越职权，是《行政诉讼法》第70条第4项规定的违法形态。行政行为没有依据，是行政主体没有法的授权而作出了相关行为。但即使有法的授权，如果行政主体没有在授权范围内行使权力，其作出的行政行为就超越了职权，也属于违反法律保留原则的违法形态。

关于行政超越职权的含义，学者进行过诸多探讨，可谓观点纷呈。笔者认为，如下观点能较全面地反映行政超越职权的本质，也符合司法实践的状况：行政越权是行政主体超越其法定行政职权（权限和权能）的违法具体行政行为。〔1〕 行政超越职权的类型，有两大类，即行政超越权能和行政超越权限。行政超越权能又有不同类型，章剑生教授认为，有如下几种情形：行政机关行使职权进入另一行政机关的权能范围；行政机关行使职权进入非行政的其他国家机关的权能范围；行政机关行使职权进入了立法待定的国家权能范围；行政机关行使职权进入了社会自治领域。〔2〕 朱新力教授认为，行政超越权能的情形有如下几种：①行政主体拥有某项行政权能，但其具体行政行为超越了该行政权能的法定幅度或限度。②行政主体不拥有某项行政权能，但其具体行政行为却是该行政权能的表现。③行政主体不拥有非行政性国家权能，但其具体行政行为却是该非行政性国家权能的表现。④行政主体的具体行政行为根本无任何国家权能的基础。〔3〕 关于行政超越权限的类型，朱新力教授认为，包括事务管辖权逾越；地域管辖权逾越；层级管辖权逾越；数项管辖权综合逾越。〔4〕 章剑生教授认为，行政权限逾越可分为

---

〔1〕 参见朱新力：《论行政超越职权》，载《法学研究》1996年第2期。

〔2〕 参见章剑生：《现代行政法基本理论》（第2版），法律出版社2014年版，第481～482页。

〔3〕 参见朱新力：《论行政超越职权》，载《法学研究》1996年第2期。

〔4〕 参见朱新力：《论行政超越职权》，载《法学研究》1996年第2期。

如下类型：超越事项管辖权限；超越地域管辖权限；超越层级管辖权限；超越领域管辖权限；超越时间管辖权限；超越行政裁量权限。[1] 上述分类有助于正确理解和把握行政超越职权的类型，深化对行政超越职权违法形态的理解。从行政超越职权的含义和分类可以看出，超越职权的行政行为都违反了法律保留原则。

（三）行政滥用职权

行政滥用职权，是《行政诉讼法》第70条第5项规定的违法形态。何为滥用职权，也有不同理解。有观点认为，滥用职权是指行政机关作出的行政行为虽然在其权限范围之内，但行政机关不正当地行使职权，不符合法律授予这种职权的目的。[2] 有观点认为，滥用职权是指行政机关违背法的授权目的、原则而行使行政职权的一种行政行为。[3] 有观点认为，滥用职权，即滥用自由裁量权，是指行政主体及其工作人员在职务权限范围内严重违反行政合理性原则的自由裁量行为。[4] 有观点认为，在新修正的《行政诉讼法》将行政行为明显不当作为司法审查根据后，"滥用职权"可以回归原位，限于行政机关违背法律目的、恶意行使权力的情形。[5] 有学者认为，滥用职权的表现形式主要有：背离法定目的、不相关的考虑、违反可行性原则、违反均衡原则、违反平等对待原则、违反惯例原则、违反遵守行政规则原则、结果显失公正。[6] 有学者认为，在明显不当行政行为作为司法审查根据后，滥用职权的情形应主要集中于主观恶意方面，其形式有徇私枉法、打击报复、任性专横、反复无常等。[7]

滥用职权最核心的判断标准是行政权的行使违反了法的授权目的。而法律保留原则在给予行政主体授权时，在授权事项、范围、期限、原则等方面都应受制于授权所欲实现的目的，即授权目的是最根本的要素。在法律保留事项方面，行

[1] 参见章剑生：《现代行政法基本理论》（第2版），法律出版社2014年版，第483～486页。
[2] 参见江必新、梁凤云：《行政诉讼法理论与实务》，北京大学出版社2009年版，第1154页。
[3] 参见章剑生：《现代行政法基本理论》（第2版），法律出版社2014年版，第460页。
[4] 参见朱新力：《行政滥用职权的新定义》，载《法学研究》1994年第3期。
[5] 参见何海波：《论行政行为"明显不当"》，载《法学研究》2016年第3期。
[6] 参见朱新力：《行政滥用职权的新定义》，载《法学研究》1994年第3期。
[7] 参见何海波：《论行政行为"明显不当"》，载《法学研究》2016年第3期。

政主体在行使权力时如果违反法的授权目的行使所授权力,是对法律保留原则的违反。

(四)行政行为明显不当

2014 年修正的《行政诉讼法》第 70 条第 6 项将行政行为明显不当,规定为撤销判决的适用情形,这是新增加的一种行政行为违法形态。所谓不当行政行为,是指不符合合理行政、良好行政标准的行政行为。行政行为的明显不当是仅仅表面上的显而易见即可判定,还是既包括表面上的显而易见,又包括瑕疵程度上的严重性,值得讨论。笔者认为,明显不当行政行为的判断标准可以参考无效行政行为的标准,即明显不当行政行为的标准,是行政行为存在"重大且明显"的不当。明显性标准表现为:一个正常的理智的公民毫无争议地一眼就发现的不当,即"外形上客观而明显""外观上一见明显说"。如果有关合法或者违法存在疑义,行政行为的瑕疵就不明显。重大性标准表现为不当的行政行为违反了相关法律原则和法律精神,不符合相关法律目的,严重损害了相关法益。多数情况下,明显性与重大性一体两面,相互融合。例如,在洛阳国税局因奖励举报者一元钱成被告案中,税务机关对举报发票违规者的奖励数额就属于外观上的一见就可认定的明显不当情形,并且由于此种奖励不足以实现鼓励检举税收违法行为的行政目的,该奖励违反了比例原则,属于重大的不当。[1]

二、法律保留原则作为行政诉讼裁判说理的依据

2014 年修正的《行政诉讼法》第 53 条赋予人民法院"可以一并"审查相关规范性文件的权力。[2] 与对具体行政行为的司法审查不同,我国还没有建立起审查规范性文件的基准。无论是理论研究还是立法规定,都缺少对规范性文件的充

---

〔1〕 参见张峰振:《论不当行政行为的司法救济——从我国〈行政诉讼法〉中的"明显不当行政行为"谈起》,载《政治与法律》2016 年第 1 期。

〔2〕 《行政诉讼法》(2014 年)第 53 条第 1 款规定,公民、法人或者其他组织认为行政行为所依据的国务院部门和地方人民政府及其部门制定的规范性文件不合法,在对行政行为提起诉讼时,可以一并请求对该规范性文件进行审查。

分关注。因此,在《行政诉讼法》将规范性文件纳入可以一并审查的范围后,法院引用法律保留原则作为裁判说理的依据将成为常态。笔者通过对北大法宝司法案例数据库进行检索,以“法院认为”作为检索项,以“法律保留”作为检索词,截至2024年1月2日,共检索到行政诉讼案件61件。其中,2014年之前4件,2014年之后57件。通过梳理和分析,具体的适用类型有以下几种。

(一)规范性文件有地方性法规的授权依据,符合法律保留原则

规范性文件有地方性法规的授权依据,符合法律保留原则,是合法的。例如,在朱某维与佛山市路桥建设有限公司、佛山市交通运输局交通行政征收案中,对于原告要求撤销佛府〔2009〕77号文的主张是否成立的问题,法院认为,争议规范性文件符合法律保留原则。[1]

(二)规范性文件符合规章保留,是合法的

以地方政府规章作为法律保留的判断标准,即规章保留,论证规范性文件没有违反规章保留,是合法的。例如,在邹某与新化县人力资源和社会保障局劳动和社会保障行政管理案中,一审法院认为,“湘人发〔2013〕94号、新政发〔2008〕31号、新政通〔2009〕94号三份文件的制定主体依法具有制定权限,符合法律保留原则,关于丧葬费及抚恤金的规定并未在上位法《湖南省实施〈殡葬管理条例〉办法》的有关规定之外增设权利和义务。故对原告的该理由,本院不予采

---

〔1〕 一审法院认为:“根据《广东省公路条例》第三十四条的规定,佛山市政府经省人民政府批准,决定在佛山市范围内试行车辆通行费年票制,并作出佛府〔2009〕77号文决定对《佛山市道路桥梁车辆通行费年(次)票征收管理暂行办法》作部分修改并予以了公布。该《办法》是对道路桥梁车辆通行费年(次)票征收问题进行调整的专门性规范性文件,符合法律保留原则,与上位法并未抵触,在佛山市范围内应予适用。”二审法院支持了一审法院的认定,“至于佛府〔2009〕77号文的合法性问题。《广东省公路条例》第三十四条规定:‘省人民政府交通主管部门对本行政区域内的政府还贷公路,可以实行统一管理、统一贷款、统一还款。经省人民政府批准,可在一定区域内实行车辆通行费年票制。’经广东省人民政府批准,佛山市人民政府制定佛府〔2009〕77号文,在佛山市范围内试行车辆通行费年票制,具有地方性法规的授权依据,在本案中可以适用”。参见广东省佛山市中级人民法院行政判决书,(2016)粤06行终102号。

纳"[1]。该案的裁判值得商榷。虽然规范性文件没有违反规章保留,符合上位法《湖南省实施〈殡葬管理条例〉办法》的规定,但作为规章保留的规章本身是否存在合法性问题,能否在案件审理中作为参照或依据,法院没有作出回应而是直接以规章不属于行政诉讼审查的范围(《行政诉讼法》第 53 条第 2 款)为由驳回了原告对规章的审查申请,并直接依据该规章进行审理。从《社会保险法》第 17 条的规定看,领取丧葬补助金和抚恤金是法律赋予当事人的一种权利,《社会保险法》在规定这种权利时没有附加必须提交火化证明的前置条件,《殡葬管理条例》第 2 条、第 4 条在规定火葬时,也没有将其与享受丧葬补助金和抚恤金的权利联结在一起,因此,《湖南省实施〈殡葬管理条例〉办法》在没有上位法依据的情况下规定必须提交火化证明才能领取丧葬补助金和抚恤金,该规章显然违反了法律保留原则。法院在审理该案时,应不予参照该规章。

(三)以法律保留原则论证具体行政行为有法律依据

在王某余与兴化市城市管理行政执法局城建行政强制纠纷案中,原告诉称被告不具有《行政强制法》第 37 条规定的强制执行权,没有权利对原告建设的房屋进行强制拆除,法院指出,"基于对物权的保护,行政机关对于建筑物是否具有强制拆除权属于法律保留事项。《中华人民共和国城乡规划法》第六十八条授权行政机关具有强拆权"[2]。法院以此论证被告具有强制拆除的权力。

(四)以涉案规范性文件没有规定法律保留事项,论证涉案规范性文件的合法性

例如,在陶某华与青岛市社会保险事业局退休待遇审核案中,法院认为,"涉案规范性文件没有对法律保留事项进行规定",[3]以此来论证涉案规范性文件内容的合法性。

---

[1] 湖南省娄底市中级人民法院行政判决书,(2015)娄中行终字第 157 号。
[2] 江苏省泰州市海陵区人民法院行政判决书,(2016)苏 1202 行初 53 号。
[3] 山东省青岛市中级人民法院行政判决书,(2016)鲁 02 行终 203 号。

（五）以法律保留原则论证被告无权处理涉案事项

在张某源、张某兰、陈某芳要求泰州市住房和城乡建设局履行法定职责案中，法院根据法律保留原则，认定被告并无对涉案房屋被拆除情形进行处理的法定职权。[1] 此处以法律保留原则论证负担行政行为必须有明确的法律授权，而该案被告并无授权，因此不具有履行原告要求的法定职责的职权。

（六）扩大法律保留中"法律"的范围，以法律基本原则作为保留的依据

例如，在佛山华鹭自动控制器有限公司诉佛山市禅城区社会保险基金管理局行政行为纠纷案中，针对被告核定收取原告逾期缴纳社会保险费的滞纳金外还收取利息是否合法的问题，原告认为征收滞纳金的同时收取逾期缴纳社会保险费的利息属于变相对原告作出行政处罚，被告在无法可依的情况下核定收取原告逾期利息违法。法院进行了详细的说理。[2] 法院认为尽管上位法没有明确规定可以加收利息，但根据"任何人不得从自己的违法行为中获益"的基本原则，佛山市劳

[1] 法院认为："关于被告对涉案房屋被拆除情形是否具有处理的职权。根据《条例》第四章、《江苏条例》第五章之规定，拆迁监管部门可以针对违反上述规定的情形作出相应处理，但其中并未涉及在拆迁许可范围内的房屋被拆除的任何情形。基于上述规范中的处理行为主要为行政处罚、包含禁止内容的行政命令等类型，多为剥夺行政相对人的资格或财产的负担性行政行为。根据法律保留原则，未经法律、法规及规章明确授权的负担性行政行为，行政机关不得为之，否则将导致对行政相对人合法权益的侵害。因此，被告并无对涉案房屋被拆除情形进行处理的法定职权。"参见江苏省泰州医药高新技术产业开发区人民法院行政判决书，(2014)泰开行初字第0004号。

[2] 法院认为："根据'任何人不得从自己的违法行为中获益'的基本法律原则，原告不得因其逾期缴纳社会保险费的违法行为而获得占有使用该笔保险费的利益，被告按照中国人民银行同期银行活期存款利率收取原告的利息的行为符合上述法律原则。佛山市劳动和社会保障局于2008年10月27日发布的《关于规范补缴社会保险费的通知》(佛劳社〔2008〕279号)规定：'一、《处理意见》第三点补缴标准调整为：申请补缴社会保险费，用人单位和员工个人按历年的本人缴费工资和费率进行补缴，并计收利息……'上述规定是佛山市劳动和社会保障局在佛山市范围内针对补缴社会保险费问题进行调整的专门性规范性文件。上述利息属于社会保险费存放于银行账户附带产生的法定孳息，是社会保险基金的应有利益，并非对缴费义务人课以新的征收义务或惩罚性义务。在法律法规及上级机关无相关规定的情况下，为确保社会保险基金的安全，维护参保民众的合法权益，佛山市劳动和社会保障局根据社会实际情况及法律原理在实践中对补缴社会保险费的行为作出进一步的明确细化，并未违反法律的禁止性规定及法律保留原则，在佛山市范围内合法有效，应当遵照执行。"参见广东省佛山市禅城区人民法院行政判决书，(2012)佛城法行初字第264号。

动和社会保障局制定的《关于规范补缴社会保险费的通知》中增加“计收利息”的规定,以及被诉行政行为中核定收取利息的行为,均不违反法律保留原则。此处,法院把法律保留原则中“法律”的范围扩大至“基本法律原则”。这是司法实践中对法律保留原则保留根据的扩大解释,没有法律依据。笔者认为,法院的认定值得商榷。无论是向相对人收取滞纳金还是利息,都是对相对人权利的限制或剥夺,是一种负担行政行为,应有明确的上位法依据。为公民增设义务或限制其权利的规范必须由该事项的法律保留主体予以规定,在上位法没有明确依据的情况下,下位法擅自规定义务性规范,违反了法律保留原则。并且,法院将“任何人不得从自己的违法行为中获益”的基本原则作为下位规范性文件增设义务性规范的依据,混淆了公法与私法的区分,误解了法律保留原则。逾期缴纳社会保险费能否在收取滞纳金的同时加收利息,可以参考《税收征收管理法》及税收相关法律法规的规定,逾期缴纳税款,法律只规定了收取滞纳金,没有规定可以收取利息。这主要是考虑滞纳金的收取标准已经超越了利息的标准,不宜在收取滞纳金的同时收取利息,否则就有重复收费之嫌,是对相对人权益的过度侵害,有违比例原则。因此,法院的说理没有依据,被诉的规范性文件违反法律保留原则。

(七)执行性规范增设了相对人的义务,被认定不违反法律保留原则

执行性规范增设了相对人的义务,违反法律保留原则,但法院却认定不违反法律保留原则。在双峰县走马街镇罗山煤矿与双峰县工伤保险局劳动工伤行政管理纠纷上诉案中,上诉人诉称,湖南省劳动和社会保障厅、湖南省卫生厅的湘劳社政字〔2006〕2 号《关于做好职业病待遇有关问题的通知》属于违法的行政规范,违背了法律保留原则,限制了劳动者行使工伤保险待遇的求偿权利和为用人单位设定参加工伤保险、缴纳工伤保险费后仍要向劳动者支付工伤保险待遇的义

务,依法不具有法律效力。但二审法院认为争议通知合法、有效并合理、适当。[1] 笔者认为,法院对前述规范性文件合法性的认定,值得商榷。《社会保险法》、《工伤保险条例》(2003 年)均未规定该通知第 3 条第 1 项的内容。[2] 而该内容在上位法保留的事项内,没有上位法的授权依据,增设了相对人的义务,既与国家设立社会保险制度的目的不符,又违反了法律保留原则。这种判断也可以从《工伤保险条例》(2003 年)第 64 条规定中得到类推解释。[3] 这说明即使工伤发生于缴纳社会保险金以前,在该条例实施后,用人单位缴纳了社会保险金后,才完成工伤认定的,仍然可以适用该条例,由社会保险基金支付相关待遇。以此类推,该案中用人单位缴纳了社会保险金后,职工被认定为工伤的,不应以用人单位参保前未进行职工职业健康检查为由拒绝承担社会保险待遇支付义务。上述通知不合法,应不予适用。

(八)以法律保留原则为依据论证行政合同的合法性

在郭某、陈某权与被告息县濮公山管理区行政合同纠纷案中,法院认为,根据法律保留原则,被告没有法律依据无权将矿产资源补偿费的征收权通过行政合同

---

[1] 二审法院认为:"湘劳社政字〔2006〕2 号《通知》及娄劳社发〔2006〕187 号文件是行政机关依法制定的执行性规定,是对《工伤保险条例》的补充和细化,对本辖区内的参保企业和工伤保险经办机构具有约束力。同时《通知》第三条第(一)项规定本意主要是对职工职业病的形成时间上的推定,以此明确工伤保险基金和企业在工伤保险待遇支付方面的责任规定,与《工伤保险条例》的有关规定并不矛盾。且该规范性文件目前在全省范围内适用,在没有被有关部门撤销或宣布无效的情况下应是合法、有效并合理、适当的。"参见湖南省娄底市中级人民法院行政判决书,(2010)娄中行终字第 54 号。

[2] 《社会保险法》第 41 条第 1 款规定,职工所在用人单位未依法缴纳工伤保险费,发生工伤事故的,由用人单位支付工伤保险待遇。《工伤保险条例》(2003 年)第 60 条规定,用人单位依照本条例规定应当参加工伤保险而未参加的,由劳动保障行政部门责令改正;未参加工伤保险期间用人单位职工发生工伤的,由该用人单位按照本条例规定的工伤保险待遇项目和标准支付费用。湖南省劳动和社会保障厅、湖南省卫生厅《关于做好职业病待遇有关问题的通知》(湘劳社政字〔2006〕2 号)第 3 条第 1 项规定,如果参保企业没有按规定进行职业健康检查或既往体检资料显示参保前职业病已存在(尽管没有诊断)的,应按老工伤问题的处理规定,由参保企业承担相关工伤保险待遇。

[3] 《工伤保险条例》(2003 年)第 64 条规定,本条例自 2004 年 1 月 1 日起施行。本条例施行前已受到事故伤害或者患职业病的职工尚未完成工伤认定的,按照本条例的规定执行。

委托给原告行使。[1]

(九)学校规范性文件违背行政规章

裁判说理中并未直接提到法律保留原则。在最高人民法院指导案例38号,田某诉北京科技大学拒绝颁发毕业证、学位证案中,裁判理由虽未提到法律保留原则,但却依据法律保留原则对学校制定的规范性文件实施了司法审查。[2]

三、违反法律保留原则行政行为的司法救济方式

违反法律保留原则的行政行为,构成违法行政行为,根据不同情况,其法律后果和救济方式不同。

(一)行政行为没有依据的救济方式

关于实定法上行政行为没有依据的法律后果和救济方式,《行政诉讼法》已经明确把没有依据规定为无效行政行为。[3]

司法实践中如何判断行政行为是否有依据?如果从广义的角度理解,所有的违法行政行为都没有法律依据。行政主体只有合法行使行政权的权力,没有违法行使的权力,因此,也就不可能有作出违法行政行为的法依据。如果这样,《行政诉讼法》第70条所列举的违法形态以及第75条的无效形态都将被"没有依据"吸收,从而失去存在的意义。这显然不符合《行政诉讼法》第75条中例示"没有

---

[1] 法院认为:"行政主体不得在法律规定以外实施行政合同行为,法无明确规定不得随意设置和限制相对人的权利和义务,体现'行政活动必须有法律依据'的法律保留原则,根据《矿产资源补偿费征收管理规定》的要求,矿产资源补偿费由矿区所在地的县级人民政府负责地质矿产管理工作的部门负责征收,息县濮管区资源管理办公室无权将矿产资源补偿费的征收权委托给原告行使。"参见河南省息县人民法院行政判决书,(2009)息行初字第155号。

[2] "高等学校依法具有相应的教育自主权,有权制定校纪、校规,并有权对在校学生进行教学管理和违纪处分,但是其制定的校纪、校规和据此进行的教学管理和违纪处分,必须符合法律、法规和规章的规定……但其对原告作出退学处理决定所依据的该校制定的第068号通知,与《普通高等学校学生管理规定》第二十九条规定的法定退学条件相抵触,故被告所作退学处理决定违法。"参见田某诉北京科技大学拒绝颁发毕业证、学位证案,最高人民法院指导案例38号(2014年)。

[3] 《行政诉讼法》第75条规定,行政行为有实施主体不具有行政主体资格或者没有依据等重大且明显违法情形,原告申请确认行政行为无效的,人民法院判决确认无效。

依据”的立法原意。因此，作为无效行政行为例示的“没有依据”情形，应通过解释限缩其范围。笔者认为，作为构成无效的“没有依据”情形，应是行政行为存在重大且明显的违法，并且，需要与现有的其他违法形态区别开来。故需要最高人民法院通过司法解释统一认识。

为准确地理解和适用行政行为“没有依据”条款，下面笔者尝试区分若干具体情况，分别探讨其法律后果和救济方式。

1. 行政行为实体上没有依据。当行政行为的作出没有法的授权依据时，无论行政决定书上是否记载了依据，都属于没有依据。因为即使行政决定书上记载了依据，也不能由此推导出行政主体有权作出该行政行为，并且，行政主体无法找到恰当的依据。此时行政行为构成重大且明显违法，属于无效行政行为。原告如果申请确认无效，则法院应当判决确认该行政行为无效。在指导性案例宣某成等诉浙江省衢州市国土资源局收回国有土地使用权案中，裁判要点将没有法律依据与适用法律错误混同使用，[1]后适用《行政诉讼法》第70条撤销了被诉行政行为。这说明最高人民法院对《行政诉讼法》第75条中行政行为“没有依据”倾向于作限缩解释，但具体如何解释，仍需观察。

2. 行政行为实体上有依据，程序上没有依据，也未在诉讼期间补充正确的依据。被诉行政行为没有写明作出的依据，在诉讼期间也未补充正确的依据，但法院在审理过程中发现了正确的依据。这时，应视为没有依据。这是一种拟制。事实上，此种情况下，行政行为的作出有法律依据，只是行政主体没有援引，并且在诉讼过程中也没有补充。而根据行政行为的作出程序，行政主体应在作出行政行为时告知相对人该行政行为的作出依据，告知相对人有陈述和申辩权，并听取相对人的陈述和申辩。如果不告知行政行为的依据，事实上就剥夺了相对人的知情权和有效的申辩权，因此，此时即使法院在审理时发现了被诉行为的依据，也不能代替被告补充依据，而只能视为没有依据，否则，法院将有代行行政职权之嫌疑。

---

〔1〕 参见宣某成等诉浙江省衢州市国土资源局收回国有土地使用权案，最高人民法院指导案例41号(2014年)。该案的裁判要点为：“行政机关作出具体行政行为时未引用具体法律条款，且在诉讼中不能证明该具体行政行为符合法律的具体规定，应当视为该具体行政行为没有法律依据，适用法律错误。”

这时,应判决确认无效。但亦有例外,当存在利害关系第三人时,如果第三人提供了作出行政行为的依据,也不宜视行政行为没有依据,而应认定为行政行为有依据,但这时应确认行政行为违法,维持其效力。

3. 行政行为实体上有依据,程序上没有依据或援引瑕疵,被告在诉讼期间进行了补充。行政行为有法的授权依据,但行政主体在行政决定文书上没有援引任何依据。如果被告在诉讼期间补充了正确的依据,则可视为该瑕疵得到了补正,可以判决确认该行政行为违法。在不影响相对人合法权益的情况下,也可以判决驳回诉讼请求,或裁定驳回起诉,因为这时原告没有诉的利益。行政行为实体上有法的授权依据,但援引错误时,由于行政行为的作出有法的授权依据,只是行政主体在行政决定文书上所援引的依据经审查认为不能推导出该行政行为,这时应认定为适用法律、法规错误,法院可以判决撤销该行为。在被告补充了正确的依据后,也可以没有诉的利益为由驳回原告的起诉,或者判决驳回其诉讼请求。行政行为有法的授权依据,但行政主体在行政决定文书上援引不详,如仅引用了条,没有款、项或目,这种情况如果被告在诉讼期间补充了详细的依据,则应视为该瑕疵得到了补正,法院可以确认该行政行为违法。在未影响相对人合法权益时,也可以没有诉的利益为由驳回其起诉,或者驳回其诉讼请求。如果被告在诉讼期间没有补充详细的依据,而法院查明了依据,则应视为适用法律、法规错误,判决撤销。

4. 法定期限内被告不提交依据。在行政诉讼中,被告不提交作出行政行为的依据时,如何处理?人民法院对该问题的认识有过变化,根据2000年施行的最高人民法院《关于执行〈中华人民共和国行政诉讼法〉若干问题的解释》第26条规定,[1]无论被诉行政行为在行政决定上是否写明了依据,如果在举证期限内不提交,都视为没有依据。这是从程序角度作出的判断。这种严格的判断标准显然不符合实际情况,也混淆了证据和依据的本质区别。证据是证明案件事实的材料,

---

[1] 最高人民法院《关于执行〈中华人民共和国行政诉讼法〉若干问题的解释》(已失效)第26条规定:"在行政诉讼中,被告对其作出的具体行政行为承担举证责任。被告应当在收到起诉状副本之日起10日内提交答辩状,并提供作出具体行政行为时的证据、依据;被告不提供或者无正当理由逾期提供的,应当认定该具体行政行为没有证据、依据。"

法院有权根据情况决定是否采信,但“依据”多数情况下是立法权行使的结果,目前司法权无权对立法行为进行司法审查。况且,“依据”一般情况下是公开的客观存在,比较容易发现和获得,即使当事人不提供,法院也能够较轻易地获取。故仅因被告行政主体逾期不提供依据,就将其与逾期提供的证据一样,视为没有依据,显然既不符合依据本身的性质,又不利于行政案件的审理和裁判。于是,其后的司法解释和立法均抛弃了这种纯程序论的观点。2002 年施行的最高人民法院《关于行政诉讼证据若干问题的规定》第 1 条、[1]现行《行政诉讼法》第 34 条,[2]都没有对不提供依据的情形作出规定。这说明被告不提供被诉行政行为的依据,不能视为没有依据。

但被告在诉讼中不提供作出被诉行政行为的依据,亦有两种情况:被诉行政行为载明了依据,但被告在行政诉讼中不在法定期限内提交给受诉法院;被诉行政行为未载明依据,被告在行政诉讼中也不在法定期限内向受诉法院提交依据。对于前一种情况,如行政诉讼法及相关司法解释规定的一样,不能视为没有依据,法院要自行进行法的查找与发现,然后根据调查的情况,如果认定载明的依据不能推导出该行政行为,或者被诉行为根本就找不到依据,则认定被诉行为属于重大且明显违法,可以根据原告请求,判决确认无效。如果有依据,但引用错误,可以适用法律、法规错误为由,判决撤销被诉行为。对于后一种情况,前面已经述及,即除非利害关系第三人向法院提供被诉行为的依据,否则应认定被诉行为没有依据,属重大且明显违法,可确认无效。

在认定没有依据的情况下,被诉行政行为如果符合转换的条件,可以转换为一个合法行政行为,而不必确认无效。这只是理论上的探讨,我国法律尚未规定违法行政行为的转换制度。

---

[1] 最高人民法院《关于行政诉讼证据若干问题的规定》(2002 年)第 1 条第 1 款规定,被告对作出的具体行政行为负有举证责任,应当在收到起诉状副本之日起10 日内,提供据以作出被诉具体行政行为的全部证据和所依据的规范性文件。被告不提供或者无正当理由逾期提供证据的,视为被诉具体行政行为没有相应的证据。

[2] 《行政诉讼法》(2017 年)第 34 条规定,被告对作出的行政行为负有举证责任,应当提供作出该行政行为的证据和所依据的规范性文件。被告不提供或者无正当理由逾期提供证据,视为没有相应证据。但是,被诉行政行为涉及第三人合法权益,第三人提供证据的除外。

(二)行政超越职权的救济方式

根据《行政诉讼法》的规定,行政超越职权的救济方式是撤销(重作)。[1]

根据相关理论与实践,行政主体违反专属管辖或事务管辖权作出的行政行为,应属无效行政行为。例如,我国台湾地区"行政程序法"中相关规定,超越职权的行政行为不应当一概列入可撤销的范围,应根据超越职权的违法明显性、严重性来判断是否属于"重大且明显违法情形",从而确定是否适用确认无效判决。

司法实践中,法院有时将没有依据与超越职权混淆。例如,在李某芳诉浙江省东阳市国土资源局土地使用权转让审批手续案中,法院认定,"本院认为,法无授权不可为。本案中,原告与第三人东阳市晒图纸厂的土地使用权转让由被告审批同意没有相应法律依据。被告作出的审批行为属超越职权"[2]。此处,法院将没有法律依据与超越职权等同处理,这与《行政诉讼法》的规定不符。因没有依据的情形属于《行政诉讼法》第75条规定的无效情形,而超越职权属于《行政诉讼法》第70条规定的可撤销情形。可见,尽快明确"没有依据"的确切含义,对行政诉讼具有重要的意义。

(三)行政滥用职权的救济方式

与行政超越职权一样,行政滥用职权的救济方式是撤销(重作)。[3]

关于滥用职权的含义,理论上有不同认识。下面通过司法个案,展示法院对滥用职权的裁判标准。

在刘某诉某交通警察大队道路交通管理行政强制案中,最高人民法院再审认为,"晋源交警一大队扣留涉案车辆后,既不积极调查核实车辆相关来历证明,又

---

[1] 《行政诉讼法》第70条第4项规定,行政行为有下列情形之一的,人民法院判决撤销或者部分撤销,并可以判决被告重新作出行政行为:……(4)超越职权的。

[2] 浙江省东阳市人民法院行政判决书,(2016)浙0783行初55号。

[3] 《行政诉讼法》第70条第5项规定,行政行为有下列情形之一的,人民法院判决撤销或者部分撤销,并可以判决被告重新作出行政行为:……(5)滥用职权的。

长期扣留涉案车辆不予处理,构成滥用职权"[1]。在潘某泉诉新沂市公安局治安行政处罚案中,二审法院认为,违法行为被发现10年后作出行政处罚决定,违反了法定程序,亦属滥用职权,应予撤销。[2] 前一个案例,法律未规定相关事项的处理期限,行政机关滥用裁量权,长期扣留车辆,不予处理,违背了授权行政强制措施的立法目的,属滥用职权。后一个案例,虽然公安机关超过了法律规定的办案期限,但对该案而言,仅仅以超过法定期限违反法定程序为由,已经不能描述行政机关的违法性程度,滥用职权才是更准确和重要的定性。从这两个案例看,期限的长短及对当事人权益的影响程度是滥用职权的考量因素,而是否存在恶意并未作为滥用职权的考量因素。

在定安城东建筑装修工程公司与海南省定安县人民政府、第三人中国农业银行定安支行收回国有土地使用权及撤销土地证案中,[3]最高人民法院认为,行政机关以轻微瑕疵为由撤销授益行政行为,旨在规避由相对人申请注销土地登记的程序,其目的违反法的授权目的,构成滥用职权。

---

[1] 最高人民法院行政判决书,(2016)最高法行再5号,另见《最高人民法院公报》2017年第2期。

[2] 在潘某泉诉新沂市公安局治安行政处罚案中,二审法院认为,上诉人潘某泉等人打麻将行为发生于1997年8月26日,被上诉人新沂市公安局于同日对其他两名参加打麻将人员作出治安处罚,在无违反治安管理人逃跑等客观原因的情况下,再于2007年1月31日对上诉人潘某泉作出被诉的治安处罚决定,既不符合《治安管理处罚法》中关于"公安机关办理治安案件的期限,自受理之日起不得超过三十日;案情重大、复杂的,经上一级公安机关批准,可以延长三十日。为了查明案情进行鉴定的期间,不计入办理治安案件的期限"的规定,又有违《行政处罚法》的立法精神。被上诉人对上诉人作出新公(治)决字(2007)第N23号公安行政处罚决定违反了法定程序,亦属滥用职权,依法应予撤销。参见中华人民共和国最高人民法院行政审判庭编:《中国行政审判案例》(第4卷),中国法制出版社2012年版,第125~130页。

[3] 在定安城东建筑装修工程公司与海南省定安县人民政府、第三人中国农业银行定安支行收回国有土地使用权及撤销土地证案中,最高人民法院认为,"县政府作出112号通知后,并未要求城东公司持有关证明文件到土地管理部门申请注销土地登记,而是以该公司持有的国有土地使用证未按《土地登记规则》第十一条规定载明土地用途,土地管理部门也未按《土地登记规则》第十四条规定全面审核并填写土地登记审批表,造成错误登记发证为由,作出150号撤证决定。当初未填写土地用途,并非城东公司的原因所致,本可以补正方式解决,县政府却以此为由撤销城东公司合法持有的国有土地使用证,属于滥用行政职权,依法应予撤销"。参见最高人民法院行政判决书,(2012)行提字第26号。

在路某伟不服靖远县人民政府行政决定案中,[1]法院将滥用职权作为超越职权的一种形态使用。这种理解不符合滥用职权的通常含义,也混淆了超越职权与滥用职权的法律界限,使二者在行政诉讼法中的定位模糊。

上述滥用职权行为,都属可撤销行政行为。但有学者认为,滥用职权的行为多数属于"重大且明显违法情形",原告可以申请确认行政行为无效。[2]

(四)行政行为明显不当的救济方式

根据《行政诉讼法》第70条的规定,明显不当行政行为的救济方式是撤销(重作)。[3] 根据《行政诉讼法》其他条文的规定,法院对明显不当行政行为可以采取的救济方式主要有撤销(重作)、变更、确认违法。另外,根据最高人民法院《关于行政诉讼撤诉若干问题的规定》(2008年),法院可以在宣告判决或者裁定前,建议被告改变其所作的具体行政行为。[4]

1.明显不当行政行为的撤销(重作)。《行政诉讼法》第70条规定,人民法院判决撤销或部分撤销行政行为时,"并可以"判决被告重新作出行政行为。这说明行政行为被撤销后,法院根据具体情况,"可以"判决被告重作行为,也"可以"不要求重作。不要求重作主要是行政行为没有事实根据,如对不具备许可条件的人颁发了许可证。明显不当行政行为虽然因其不合理超过了一定的限度被认定

---

[1] 在路某伟不服靖远县人民政府行政决定案中,法院认为,"退一步说,即便是清算组有权不敢行使,或者认为存在种种客观情况不便独立行使,非要拿自己份内的工作去向被上诉人县政府请示,而且县政府也乐于管这种不属于自己管的事,那也只能形成清算组与县政府二者之间的独特关系。县政府无权用这种于法无据的独特关系去影响他人,去为他人设定新的权利义务,去妨碍他人的合法权益。县政府在靖政发[1999]172号文件中实施的这些具体行政行为,不仅超越职权,更是滥用职权"。参见路某伟不服靖远县人民政府行政决定案,载《最高人民法院公报》2002年第3期。

[2] 参见何海波:《行政诉讼法》(第2版),法律出版社2016年版,第327页。

[3] 《行政诉讼法》第70条第6项规定,行政行为有下列情形之一的,人民法院判决撤销或者部分撤销,并可以判决被告重新作出行政行为:……(6)明显不当的。

[4] 本部分内容请参见张峰振:《论不当行政行为的司法救济——从我国〈行政诉讼法〉中的"明显不当行政行为"谈起》,载《政治与法律》2016年第1期。

为违法行为，但这种违法具有法律拟制的部分特点，[1]本质上它仍然属于适当性问题，在行政权的裁量权限内，因此，它与其他违法行政行为仍然具有显著差别。这种差别也体现在撤销后是否重作的问题上。

明显不当行政行为被撤销的原因本质上并非其合法性有问题，而是适当性有问题。[2] 这种不当的存在使相对人应受行政权适当对待的权利受到影响，因此，应予以纠正。这种纠正方式如果仅仅是撤销而不予重作，将使相对人的行为不再受行政权的调整，行政权对相对人的处理将由不适当对待变为不合法对待，即应作为而不作为。这显然不符合监督并纠正不当行为的目的。因此，不当行为被撤销后，应重新作出一个行政行为。这与其他违法行为被撤销后的处理方式不同。[3] 例如，在马某意与咸阳市秦都区沣东镇人民政府行政奖励纠纷案中，假设马某意就行政奖励不足提起行政诉讼，法院判决撤销被告对马某意的行政奖励行为，这时如果不重作一个行政奖励行为，对原告将更加不公平。因此，明显不当行政行为被撤销后，法院应同时判决被告重新作出行政行为。2023 年修订的《行政复议法》规定，所有仅内容不适当的行政行为，复议机关都应当决定变更。[4] 这种修改符合不当行政行为救济方式的特点。

2. 明显不当行政行为的变更。“变更一般是指行为内容的改变，它是结果不当行为最主要、最常见的纠正方式。”[5]变更本质上与撤销重作相同，只是前者效率更高。因此，变更是以行政行为可被撤销为前提的。而撤销的目的旨在使行政行为的效力溯及既往丧失，进而恢复被破坏的法律关系和行政秩序。如果行政行为效力已经丧失，或者法律关系和行政秩序无法恢复到行政行为作出前的状态，则行政行为不能或不需要撤销。因此，一般来说，行政行为效力已经丧失，或者被

---

[1] 法律拟制是法律创造的一种非常特殊的方式，它是法律上出于正当合理目的，为了应对社会生活的急剧变化，而在法律无据、法官又不能拒绝案件审理的情况下，模仿原有法律形式，把实际并不存在的某种事实或情况“确认为真实存在”的一种法律创造方法。参见温晓莉：《论法律虚拟与法律拟制之区别——法哲学的时代变革》，载《北大法律评论》2007 年第 1 期。

[2] 不当行政行为都可因其适当性问题而被撤销，但对于法院来说，只能撤销明显不当行政行为。

[3] 参见张峰振：《不当行政行为救济方式的立法完善》，载《法学》2013 年第 5 期。

[4] 参见《行政复议法》(2023 年)第 63 条第 1 款第 1 项。

[5] 张峰振：《不当行政行为救济方式的立法完善》，载《法学》2013 年第 5 期。

行政行为破坏的法律关系或行政秩序不能恢复原状的，该行政行为不能或不需要撤销，当然，也不能变更。《行政诉讼法》第74条规定的适用确认违法判决的几种情形均不能适用变更方式。

3. 明显不当行政行为的确认违法。明显不当行政行为，如果符合《行政诉讼法》第74条规定，可以适用确认违法判决。由此产生的问题是，明显不当行为造成的损害如何处理？这里以明显不当的行政拘留为例说明。公安机关对某人本该按照惯例处以行政拘留5日，但却作出拘留10日的处罚，并且已经执行完毕。原告诉请撤销该行政行为，法院依《行政诉讼法》第74条第2款第1项，以不具有可撤销内容为由判决确认违法。原告申请国家赔偿。此时，是按照10日给付赔偿金，还是按照5日（10减去5）给付赔偿金？笔者认为，明显不当行政行为既然已经被立法确认为违法行为而纳入司法救济的视野，在其无法通过撤销重作、变更等方式予以救济，而不得不适用确认违法判决救济时，该行为就与其他违法行为一样，是一个不可分割的、完整的违法行为，而不是部分违法、部分合法的行为。因此，国家赔偿应该以整个行为为标准。前述案例中，应该赔偿10日的赔偿金，而不是5日的赔偿金。[1] 但如果10日行政拘留处罚明显不当，并且符合撤销重作或变更情形，也可以将10日拘留变更为5日拘留，然后对行政相对人被多拘留的5日进行国家赔偿。

4. 明显不当行政行为的司法建议。行政诉讼中的司法建议，是指人民法院对在行政审判活动中发现的、与案件有关但不宜由法院直接处理的问题，向有关国家行政机关提出建议要求其予以处理的活动。[2] 最高人民法院《关于行政诉讼撤诉若干问题的规定》（2008年）开创性地规定了对不当行政行为的审查和建议

[1] 这样可以在一定程度上起到限制行政拘留权滥用的作用。实践中有些公安机关无视案件情节和当事人提出救济、申请暂缓执行拘留决定的权利，在作出行政拘留的当时即执行拘留决定。这种枉顾相对人程序权利而执行处罚决定，企图造成“木已成舟”既定事实的做法，需要司法权的强力监督。典型案例如笔者亲自代理的张某与徐州市公安局新城分局行政处罚案［江苏省徐州市中级人民法院行政判决书，(2014)徐行终字第0080号］。

[2] 参见章志远：《我国行政诉讼司法建议制度之研究》，载《法商研究》2011年第2期。

改变权。[1] 该规定使人民法院对不当行政行为的监督和审查范围扩大到所有的不当行政行为。尽管经审查认为被诉行为不当后，法院仍然没有强制被告撤销或改变其一般不当行为的权力，但在宣告判决或裁定前，法院拥有建议被告改变被诉行为的权力。这种建议权由于发生于裁判宣告前，其对被告具有事实上的影响力是毋庸置疑、显而易见的。从这个角度说，法院的司法建议亦是相对人对不当行为进行救济的有效方式。但不可否认，这种建议权的实施效果主要建立在行政主体对司法权威的尊重上。假如行政主体并不就范，则无法实现司法建议的预期效果，亦将贬损司法尊严。另外，法院对一般不当行政行为的司法建议是否过度侵犯了行政权的疆域，法院是否有足够的监督和审查能力，均有待商榷。[2]

本章小结

对违反法律保留原则的立法行为，我国采取非司法审查机制。对违反法律保留原则的立法行为国内外有不同审查模式。域外司法审查制度对保证立法行为的合宪性和合法性具有重要意义。我国采用非司法审查模式，即由立法机关进行内部监督，包括对立法行为的合宪性审查和合法性审查。在党的十九大报告明确提出“推进合宪性审查”之后，学界出现了有关立法行为合宪性审查、合法性审查的研究热潮，这对违反法律保留原则立法行为的审查具有重要的参考意义。当然，关于如何提高我国立法行为合宪性审查和合法性审查质效，有待今后继续研究。

对违反法律保留原则的行政行为，我国已经建立了行政诉讼制度。行政诉讼

---

[1] 最高人民法院《关于行政诉讼撤诉若干问题的规定》第1条规定，人民法院经审查认为被诉具体行政行为违法或者不当，可以在宣告判决或者裁定前，建议被告改变其所作的具体行政行为。

[2] 对一般不当行政行为的救济，可参考域外的议会监察专员制度，将其监督和救济权赋予人大常委会，借以形成以司法权监督为核心的明显不当行政行为救济体系与以立法权监督为核心的一般不当行政行为救济体系。二者相互补充，相得益彰，形成严密的不当行政行为监督和救济体系。参见张峰振：《论不当行政行为救济途径》，载《理论与改革》2014年第6期。

制度明确规定了违反法律保留原则的具体行政行为形态。更为重要的是,《行政诉讼法》规定了规章以下规范性文件的附带审查制度。对涉嫌违反法律保留原则的,可以通过行政诉讼中的一并提起和附带审查制度,由人民法院予以审查。实证研究表明,规范性文件附带审查诉讼中,明确适用法律保留原则进行裁判说理的案件明显增加。这说明法律保留原则日益为司法实践重视,该原则的功能和作用日益彰显。

为更好地发挥法律保留原则指导实践的作用,理论研究应当及时跟进,深入探讨法律保留原则的丰富内涵,剖析我国法治建设中违反法律保留原则的立法案例或行政行为,继续探索合宪性审查、合法性审查标准,为制度完善提供理论指导和参考。

第六章　结　论

法律保留原则是德国行政法学大师奥托·迈耶创立的重要公法原则。它是指对特定领域的事项,行政行为必须根据法律的授权方能作出。该原则旨在通过代议机关的立法权控制行政机关的行政权,保障公民的基本权利免受行政权的恣意侵害。它对大陆法系国家行政法理论与实践产生了深远的影响。我国在全面推进依法治国、建设法治国家的过程中,也应当准确理解并高度重视法律保留原则的理论价值及其实践意义。

第一节　法律保留原则的本质

准确理解和把握法律保留原则的本质是正确运用法律保留原则促进法治国家建设的基础。法律保留原则产生于民权对王权的制约,起源于特殊的历史背景。但该原则产生后,因其体现民主精神、法治理念和基本人权保障等价值追求,因而迅速扩展,被大陆法系其他国家学习和参考。我国学者在研究该制度时对其本质和功能有不同的认识。

学者对法律保留原则本质的认识主要体现在,它是仅规制行政权,还是也规制其他公权力。从法律保留原则的产生背景和制度设计初衷来看,法律保留原则产生于新兴资产阶级为争取更大的自由和权利,反抗专制的王权和封建贵族的斗争之中。该原则的提出旨在削弱王权,将某些事项的执行权通过法律加以控制,即以立法权控制行政权。因此,调整立法权与行政权的关系无疑是法律保留原则的本质属性。法律保留调整立法权与行政权关系的方式主要是规定某些事项只能制定法律,行政机关只有在法律的授权下才能实施相应的行为。而当某些事项的调整只能由法律予以规定时,这种规定除了有排除行政自行作用的功能外,还产生了另外一种结果,即法律以下的规范性文件不得涉足这些事项(授权立法除外)。相应地,除了法律的制定主体外,其他立法主体无权对上述事项予以调整。这样,法律保留原则就具有了调整不同层级立法权秩序的作用。从这个意义上说,法律保留原则是"中央和地方关系的调节器",在重大事项立法时可以保证全国法制的统一性。但我们不能据此推导出,调整中央与地方立法权限也是法律保留原则的本质属性。因为,从产生背景和目的看,在分权原则的前提下,由代议机关支配执行机关,立法约束行政是其固有的、决定该制度存在和性质的根本属性。如果失去这一特征,法律保留原则将失去存在的根基和必要。如果一种现象或功能是法律保留原则确立后引起的,那么,这种现象或功能具有依附性、衍生性,它就不影响法律保留原则的产生、存在和性质,不属于该原则的固有特征,不是其本质属性。法律保留原则对不同层级立法权限秩序的影响,属于法律保留原则延伸的一种功能,它不是法律保留原则固有的,法律保留原则不以这种功能的存在为前提,这种对立法权限秩序的调整功能并不能决定法律保留原则的存在和性质。因此,调整不同层级立法权限秩序的功能,是法律保留原则的附随功能,不是其本质属性,也难谓法律保留原则的存在原因和理论依据。与法律保留产生的附带规范不同层级立法权限秩序的功能一样,司法权受法律保留拘束也是法律保留原则衍生的结果,不是其产生的原因和存在根据,对司法权的调整和规制不是法律保留原则的本质属性。

第二节 法律保留原则中"法律"的形式性、层级性

确定法律保留原则中"法律"的含义和范围是准确理解法律保留原则的重要

前提。

与法律优先原则的消极不违反不同,法律保留原则是从积极意义要求行政活动有依据,即特定领域的行政活动必须有"明确的"法律依据。"明确的"法律依据只能通过形式意义的法律加以规定,无法由法的原则或精神导出。所以,尽管法治国理念与依法行政的内容发生变化,但法律保留原则中的"法律"仍为形式意义的法律,这一点没有变化。循此思路,并非所有的法律规范都属于行政机关实施行政行为的依据。只有能直接导出行政行为内容的根据规范才属于法律保留中的法律规范,关于事务管辖权规定的组织规范和有关行政主体实施行政行为的一般原则性规范不属于法律保留中的"法律"规范。

法律保留中的"法律",应包括宪法、法律、法规、规章。法律保留中的法律并非仅指全国人大及其常委会制定的规范性文件。从法规范控制行政权的角度而言,法律保留中的法律可以作扩大解释,将宪法保留纳入其中。从控制立法权的角度而言,立法权也不能违背产生它的宪法,必须服从宪法的规定。如果某事项足够重要,以至于宪法对此作了明确规定,那么,立法权也应遵守宪法的规定。因此,宪法保留可归入广义的法律保留范畴。

法律保留原则中"法律"除宪法外,还应包括法律、行政法规、地方性法规、自治条例及单行条例,以及行政规章。首先,根据《宪法》和《立法法》,宪法、法律、行政法规、地方性法规、自治条例和单行条例,以及行政规章都属于我国法律体系中的法的渊源。其次,我国《宪法》规定了部分必须由宪法保留的具体事项,《行政处罚法》《行政许可法》已经有了将相应事项保留至规章的立法例。[1] 再次,社会调整对象的复杂多样,仅靠狭义的法律无法适应需要。最后,德国的法律保留中法律的范围也不限于议会法律,也包括较低位阶之法规范。如果不考虑联邦制与单一制的差别,德国的州议会制定的法律类似于我国地方人大及其常委会制

[1] 《行政处罚法》第10—16条关于行政处罚设定权的规定,体现了立法机关根据事项重要程度而将行政处罚设定权分别授权给不同位阶法律规范予以保留的精神。《行政许可法》第14—17条关于行政许可设定权的规定也体现了相同的保留精神。

定的地方性法规,[1]德国联邦政府制定的法规命令类似于我国国务院制定的行政法规,德国联邦部长、联邦行政机关以及州政府、部长、行政机关制定的法规命令,类似于我国的部门规章及地方政府规章。综上,将我国法律保留原则中的“法律”予以层级化,建立根据不同事项分别由法律、法规、自治条例及单行条例、规章予以保留的法律保留体系,既有现实需要,又有立法根据。

第三节 法律保留范围的标准与立法检讨

法律保留范围,是指行政主体必须有法律的授权根据才能实施相应行为的事项范围。法律保留范围反映了行政权受立法权拘束的范围。

确定法律保留范围的影响因素对准确划定法律保留的范围具有重要作用。影响法律保留范围的因素很多,但主要的因素包括以下几种。

1. 宪治架构下立法权与行政权的关系。法律保留原则起源于国家政权结构中立法与行政的权力分立及制约关系。法律保留范围反映的是立法与行政之间的权力界限,因此,立法与行政两种权力在一国宪治架构中的地位与博弈状况直接影响法律保留范围的大小。无论是域外还是我国,不同权力部门之间的关系状况都会影响法律保留的范围。这种影响有不同的表现形式。在英国和德国,由于内阁与议会的高度融合与统一,法律保留原则的表面遵从不是问题,人们比较担心的是内阁政令对法律保留原则的实质违反,这时法院对法律保留范围的捍卫至关重要。在美国和法国,尽管《宪法》明确规定了法律保留的范围,但议会与内阁的权限争议也时常发生,这时仍然需要居于第三方的法院(美国的联邦最高法院及法国的宪政院)进行裁判。可见,在域外,对行政权力违反法律保留原则或范围的行为具有制度化的解决途径,其中法院承担了重要的定分止争功能,一定程

[1] 在联邦制下,州的独立性更强,权力比单一制下的地方更大。因此,联邦制下州的议会制定的规范可称为法律。而在单一制下的我国,地方人大及其常委会制定的规范只能称为地方性法规,而不能称为法律。

度上影响着法律保留的范围和界限。而在我国,对行政权与立法权的界限,或者行政权违反法律保留的行为,尚未建立中立第三方评判机制,现有的全国人大常委会监督和撤销权也从未正式行使过。在这种情况下,主要是靠全国人大常委会与国务院的沟通、协调方式以及国务院自我纠正方式解决问题,这种制度现状凸显的是以国务院为代表的行政权对法律保留范围的重要影响。这与中国的文化和思想传统有关。

2. 事务的性质与重要性。法调整的事项范围大致可以分为两类,一类是有关公共利益的事务,即公共事务;另一类是有关私人利益的事务,即私人事务。公共事务,是涉及社会公众整体的生活质量和共同利益的那些社会事务。在一个社会中,公共事务是企业和个人家庭所不愿做也做不了,但又对社会全体公民基本生活和整个经济、社会发展来说必不可少的事务。[1] 该类事务必须由政府承担。而政府介入公共事务的权力来源,只能是国家法律的授权。

纯粹私人事务属于私生活领域,法律一般不会介入和干预,奉行的是"法不禁止即自由"理念。但私人事务中有两种情况需要国家公权力介入,以法律进行调整和规范:一是出于各种原因导致个人基本权利受到影响时,需要国家提供帮助和保护;二是个人之间在经济和社会交往中的规则创制和纠纷解决,需要国家建立相应的规则和纠纷解决机制予以调整。私人在从事民事活动或经济交易中,需要遵守一些基本规则,这些基本规则就是民事基本制度,属于法律保留的范围。私人在民事活动或经济交易中发生纠纷时,为维护交往或交易的正常秩序,确保社会安定,国家原则上不允许私力救济,因此,国家就需要通过法律创设纠纷解决机制,这就是诉讼制度和仲裁基本制度,属于法律保留范围。在防范公权力侵害方面,私人的某些基本权利必须由法律或以上位阶(宪法)的规范性文件予以确认和保护,这些基本权利就属于法律保留或宪法保留的范围。属于私人事务的道德品行,也可能因主体身份的不同而进入法律保留的范围。而当一个纯属私人事务的道德问题需要纳入法的评价系统时,基于对道德等纯粹私人事务的尊重和评价时的慎重,该事务只能由法律予以调整,属于法律保留的范围。

---

〔1〕 参见崔运武主编:《公共事业管理》,复旦大学出版社 2013 年版,第 6 页。

3. 对公民权利的影响。从行政权对公民权利的影响看，限缩公民权利或增加公民义务、负担的行政行为，应更多地受法律保留拘束；赋予公民权利、利益或减少其义务、负担的行政行为受法律保留原则拘束的范围相对较小、拘束程度较低。即使是总体上属于法律保留范围的干预行政，其对公民权利的影响也有差别，其中对公民权利影响较小者，受法律保留拘束的范围也可能较小。特别权力关系领域内的公民权利保护，因为我国目前仍然深受特别权力关系理论影响，法律保留的范围也因此受到限缩。

法律保留范围的决定标准不能采用以行政行为类型为划分依据的传统学说，而应采纳以对基本权利实现是否重要为标准的重要性理论。我国法律保留范围的立法存在如下缺陷：未明确《宪法》及单行法律中法律保留事项与《立法法》法律保留原则的关系；没有对公民基本权利和义务事项作出全面规定；没有明确法律保留范围的标准。为解决上述立法缺陷，应明确《宪法》、单行法律中应由法律调整的事项与《立法法》中法律保留事项的关系；尽量将已经达成共识的法律保留事项明确列举出来；兜底条款应明确法律保留范围的决定标准。

第四节 法律保留强度的标准与体系化

法律保留强度是指法律对某一领域事务保留的程度或深度。当某一事务被确定为法律保留事项时，法律对该事务的调整也并非事无巨细、面面俱到地予以规范，而是要根据一定的标准进行筛选，然后据此标准，分别由宪法、法律或更低位阶的规范进行调整。这种根据一定标准决定对某一领域事务调整程度或深度的制度，就是法律保留强度。依据不同的保留强度，由不同层级规范保留所形成的体系就是层级化保留体系。

法律保留强度理论通过提供层级化的保留体系，可以为不同层级法律规范的权限范围提供标准和依据。在防止下位法僭越上位法的专属权限方面，法律保留强度理论提供了一道“防火墙”。同时，在防止上位法对下位法无节制的权限挤压方面，法律保留强度理论也具有重要的指导意义。因为从立法主体对地方事务、基层社会的了解和接近程度看,地方立法更具有现实针对性和可操作性。为充分调动地方的积极性,有必要在可由地方立法保留的事项范围内,减少或排除上位法的干预。法律保留强度理论,可以明确下位法规范的保留界限,为减少或排除上位法的干预提供理论支撑。

法律保留强度的判断标准——重要性理论。德国联邦宪法法院通过一系列判例确立的重要性理论,虽有批评之声,但它仍然是至今占优势的学说。在划定立法权与行政权之间的边界时,重要性理论发挥着无可替代的作用。在权力分立的横向维度上,重要性理论为法律保留范围提供了重要的判断依据,为立法权与行政权的界分提供了判断标准。在纵向维度上,重要性理论为特定法律规范的保留强度以及不同层级规范的保留强度提供了判断依据。某类事项对于公民基本权利的实现或者对于政治共同体来说,是如此重要,以至于涉及该事项的所有问题都只能由法律调整。有些事项,只能是其基本或核心部分由法律保留,其余则不属于法律的保留范围。当法律规范对某类事项予以保留时,关于该事项的实施或执行细则性事务一般由调整该事项的法律规范的下位阶规范进行规定,即法律保留强度一般不及于法律规范保留事项的实施或执行事务。

法律保留强度的判断标准——影响范围。在中央与地方权限区分方面,事务的影响范围是域外联邦制国家划分联邦与地方权限的重要标准。域外,在被认为实行单一制的主要国家中,中央与地方的关系也在分权改革过程中,逐渐扩大了地方政府的自治权限,从而使传统意义上的中央集权变得名实难副。

我国现行法律保留强度标准采纳的是重要性标准。采用重要性标准划分中央与地方的权限,虽有其合理的一面,但仍存在诸多问题。首先,对影响范围限于地方的某些重要事项,地方无权采取适当的手段进行管理,不利于行政秩序的维护。其次,重要性标准主要是国家立法机关积极地制定法律对各种重要事务进行调整,而国家立法机关在制订法律调整地方重要事务时,可能因距离地方较远、对地方事务不甚熟悉等情况,导致所立的法律与实际脱节。最后,重要性标准依赖中央国家机关的判断,地方国家机关的积极主动性无法充分发挥,从而使地方在执行国家政策或法律时产生敷衍搪塞现象。

我国法律保留强度的标准应在事务的重要性标准基础上,兼采影响范围标准。事务的重要程度是单一制国家划分中央与地方权限的最重要标准。在单一制国家中,地方没有独立的宪法地位,无论从法律规定还是从制度实践中看,地方主要是中央政策的执行者,服从中央是其主要义务。地方的重要事项也是中央的事项,中央通过各种方式对地方的经济、社会、文化、教育、环境等各方面事务进行直接或间接的管理。而从民主自治角度看,事务的影响范围是划分中央与地方权限的最重要标准,也是确定法律保留强度的重要参考依据。只有与选民自身有利害关系的事务,选民才会关心和关注,并通过自己的代表行使决策权,通过代表机关对行政机关的执行情况进行监督。如果某事项与地方民众没有利害关系,该地民众就不感兴趣,进而对相关执行情况也不会认真监督。

法律保留强度理论在立法上的具体要求,主要有 3 个方面:绝对保留、下一级授权、授权明确性原则。根据绝对保留的要求,无论按照何种标准,一旦确定法律对某种事项的保留强度,立法机关就负有制定法律调整该事项的义务,而不宜将本应由法律调整的事项授权给下位阶规范调整。所谓下一级授权,是指根据事项的重要程度或影响范围,有权机关可以将应由自己调整的事项授权下一层级规范调整,不得将其越级授权下两级或更低层级的规范调整。除非该事项的影响范围仅限于地方或具有明显的地域性差异。在授权立法时,为体现法律保留强度,保障授权主体对授权立法的监督和控制,授权某事项由下位规范调整时,应遵守明确性原则,即明确授权的目的、事项、范围、期限以及被授权机关实施授权决定应当遵循的原则等。

事实上,无论单一制抑或联邦制,事务的重要程度与影响范围经常呈现为一枚"硬币的两面"。在一国范围内,一般来说,影响范围超越某个地区的事务,其重要性也会超过影响范围仅限于某个地区的事务。影响范围限于某地方的重要事务,在联邦制下,通常属于地方政府调整的权限范围,而在单一制下,则可能属于中央政府的权限。事务的影响范围会影响法律保留强度,但并非影响范围大的事务一定需要由高层级的规范保留。在影响范围同样超越地方的多个事务中,是需要法律保留,还是需要行政法规、部门规章、省级地方性法规保留,就需要根据事务的重要程度予以决定。因此,事务的重要程度与影响范围需要结合起来考察,才能准确地确定予以保留的规范层级。

法律保留强度的体系化是不同层级法规范根据事项的重要程度和影响范围，分别对特定事项进行不同深度的调整，进而形成的层级化规范保留体系。通过法律保留强度建立起来的规范化层级保留体系不仅可以使传统法律保留原则所欲达到的立法对行政的控制功能得以充分发挥，也可以维护法律体系内部的和谐统一。

第五节 法律保留原则的审查机制

法律保留原则对约束行政权、维护法制统一具有重要意义。合宪性审查、合法性审查是确保法律保留原则的功能得以充分发挥的关键性监控机制。

1. 我国立法行为的非司法审查。域外大多数国家建立了对立法行为进行司法审查的制度，这对保障立法行为遵守法律保留原则至关重要。我国司法机关无权审查立法机关的立法行为，立法机关内部的合宪性审查和合法性审查是当下有效避免违反法律保留原则立法行为出现的重要机制。我国违反法律保留原则的立法现象并不鲜见，如法律侵入了宪法的保留范围、行政法规侵入了法律的保留范围、地方性法规侵犯了法律的保留范围和强度、规章侵犯法律的保留范围和强度等。因此，在依宪治国、建设法治国家的当下，建立对立法行为合宪性、合法性审查的完善机制至关重要。党的十九大报告明确提出“推进合宪性审查工作”，随后在全国人大之下设立了宪法和法律委员会，承担合宪性审查的推进工作。对立法行为的合宪性、合法性审查工作步入了“快车道”，理论研究也高度重视合宪性审查主题。有理由相信，未来违反法律保留原则的立法行为会越来越少。但值得注意的是，当下存在将合宪性审查与合法性审查混淆、将合法性审查视为合宪性审查的现象，为恪守法律保留原则，确保立法质量，理论界与实务界必须继续深入研究并探索合宪性审查、合法性审查的标准及相关制度。

2. 我国行政行为的行政诉讼审查。人民法院通过行政诉讼在监督行政主体依法行政、确保其遵守法律保留原则方面，具有重要的意义。对行政行为合法性审查的主要法律依据是《行政诉讼法》。根据该法规定，违反法律保留原则的具体行政行为形态，主要有如下几种：行政行为没有依据；行政超越职权；行政滥用职权；行政行为明显不当；等等。这些都是对具体行政行为进行司法审查时的主要基准。在对行政规范性文件进行司法审查时，法院有时会将法律保留原则作为行政诉讼裁判说理的依据。具体的适用类型主要有如下几种：规范性文件有地方性法规的授权依据，符合法律保留原则，是合法的；以地方政府规章作为法律保留的判断标准，即规章保留，论证规范性文件没有违反规章保留，是合法的；以法律保留原则论证具体行政行为有法律依据；以涉案规范性文件没有规定法律保留事项，论证涉案规范性文件的合法性；以法律保留原则论证被告无权处理涉案事项；扩大法律保留中"法律"的范围，以法律基本原则作为保留的依据；执行性规范增设了相对人的义务，违反法律保留原则；以法律保留原则为依据论证行政合同的合法性；学校规范性文件违背行政规章。

对违反法律保留原则的具体行政行为，按照《行政诉讼法》的规定，主要有如下几种救济方式：行政行为没有依据，属于重大且明显违法，可以确认无效（《行政诉讼法》第 75 条）；超越职权、滥用职权和明显不当的行政行为均可以撤销。此外，确认违法、变更也属于可适用的救济方式。对没有依据的行政行为，可以建立转换制度，在其符合条件时将其转换为合法行政行为。

对违反法律保留原则的行政规范性文件，按照《行政诉讼法》第 64 条的规定，司法的救济方式只能是，"不作为认定行政行为合法的依据，并向制定机关提出处理建议"。这种救济方式的效果不容乐观，有待改革和完善。

3. 法律保留原则的未来研究方向。法律保留原则内涵丰富、意义重大。本书的研究仅为初步尝试，更是抛砖引玉。本书的观点未必成熟，甚至存在较大谬误，但笔者认为学术研究重在创新，若本书能为法学理论研究或法治实践提供些许参考即实现了写作目的，即使为学界提供批判的对象亦然。由于能力和旨趣所限，有关法律保留原则的许多内容仍有待未来继续研究，如法律保留原则的保留范围能否再具体划分；重要性理论的标准能否细化成可操作性的指南；法律保留强度的决定标准仍需要继续探讨；违反法律保留强度行为的监督和救济机制，尤其是合宪性、合法性审查制度的完善有必要专门研究。在全面推进依法治国、大力建设法治国家的当下，法律保留原则的功能和作用必将日益彰显。

参考文献

一、中文著作类

1. 王名扬:《美国行政法》(上、下),北京大学出版社2016年版。

2. 王名扬:《英国行政法》,中国政法大学出版社1987年版。

3. 应松年主编:《外国行政程序法汇编》,中国法制出版社2004年版。

4. 马怀德主编:《行政程序立法研究:〈行政程序法〉草案建议稿及理由说明书》,法律出版社2005年版。

5. 杨海坤、黄学贤:《中国行政程序法典化:从比较法角度研究》,法律出版社1999年版。

6. 应松年、杨小君:《法定行政程序实证研究——从司法审查角度的分析》,国家行政学院出版社2005年版。

7. 王名扬:《法国行政法》,中国政法大学出版社1988年版。

8. 王万华:《中国行政程序法立法研究》,中国法制出版社2005年版。

9. 应松年主编:《行政程序法立法研究》,中国法制出版社2001年版。

10. 范进学:《完善我国合宪性审查制度与机制研究》,译林出版社2021年版。

11. 朱新力:《司法审查的基准:探索行政诉讼的裁判技术》,法律出版社2005年版。

12. 章剑生:《现代行政法基本理论》(第2版),法律出版社2014年版。

13. 何海波:《行政诉讼法》(第2版),法律出版社2016年版。

14. 叶必丰:《行政法的人文精神》,湖北人民出版社1999年版。

15. 杨建顺:《日本行政法通论》,中国法制出版社1998年版。

16. 章剑生主编:《行政程序法学》,中国政法大学出版社 2004 年版。

17. 朱瓯:《两岸行政程序法制之比较研究》,中国人民大学出版社 2008 年版。

18. 姜明安主编:《行政程序研究》,北京大学出版社 2006 年版。

19. 周佑勇:《行政裁量治理研究:一种功能主义的立场》,法律出版社 2008 年版。

20. 周佑勇:《行政法基本原则研究》(第 2 版),法律出版社 2019 年版。

21. 周佑勇:《行政法原论》(第 3 版),北京大学出版社 2018 年版。

22. 张尚鷟主编:《走出低谷的中国行政法学——中国行政法学综述与评价》,中国政法大学出版社 1991 年版。

23. 张正钊、韩大元主编:《比较行政法》,中国人民大学出版社 1998 年版。

24. 胡建淼:《比较行政法:20 国行政法评述》,法律出版社 1998 年版。

25. 刘兆兴、孙瑜、董礼胜主编:《中德行政法现状——行政行为、行政监督、行政审判》,社会科学文献出版社 1998 年版。

26. 胡建淼:《行政法学》,法律出版社 1998 年版。

27. 胡建淼主编:《论公法原则》,浙江大学出版社 2005 年版。

28. 关保英:《行政法的价值定位》,中国政法大学出版社 1997 年版。

29. 应松年主编:《当代中国行政法》,中国方正出版社 2005 年版。

30. 于安编著:《德国行政法》,清华大学出版社 1999 年版。

31. 张越编著:《英国行政法》,中国政法大学出版社 2004 年版。

32. 胡建淼主编:《行政违法问题探究》,法律出版社 2000 年版。

33. 叶必丰:《行政行为的效力研究》,中国人民大学出版社 2002 年版。

34. 叶必丰:《行政法学》(修订版),武汉大学出版社 2003 年版。

35. 石佑启:《论公共行政与行政法学范式转换》,北京大学出版社 2003 年版。

36. 章志远:《行政行为效力论》,中国人事出版社 2003 年版。

37. 朱芒:《功能视角中的行政法》,北京大学出版社 2004 年版。

38. 余凌云:《行政自由裁量论》,中国人民公安大学出版社 2005 年版。

39. 姜明安主编:《行政法与行政诉讼法》(第 6 版),北京大学出版社、高等教育出版社 2015 年版。

40. 吴庚:《宪法的解释与适用》,台北,三民书局 2004 年版。

41. 吴庚:《行政法之理论与实用》(增订 8 版),中国人民大学出版社 2005 年版。

42. 李惠宗:《行政法要义》(增订 2 版),台北,五南图书出版公司 2000 年版。

43. 翁岳生编:《行政法(2000)》,中国法制出版社 2002 年版。

44. 蔡震荣:《行政法理论与基本人权之保障》(第 2 版),台北,五南图书出版公司 1999 年版。

45. 杨捷:《税法》,重庆大学出版社 2015 年版。

46. 陈新民:《行政法学总论》,台北,三民书局 1995 年版。

47. 陈新民:《中国行政法学原理》,中国政法大学出版社 2002 年版。

48. 陈敏:《行政法总论》(上册),台北,三民总经销 1998 年版。

49. 李震山:《行政法导论》,台北,三民书局 1998 年版。

50. 陈新民:《公法学札记》,中国政法大学出版社 2001 年版。

51. 蔡志方:《行政救济法新论》,台北,元照出版公司 2001 年版。

52. 蔡志方:《行政救济与行政法学(一)》,台北,三民书局 1993 年版。

53. 蔡志方:《行政救济与行政法学(二)》,台北,三民书局 1993 年版。

54. 蔡志方:《行政救济与行政法学(三)》,台北,学林文化事业有限公司 1998 年版。

55. 翁岳生主编:《行政诉讼法逐条释义》,台北,五南图书出版股份有限公司 2002 年版。

56. 城仲模:《行政法裁判百选》,台北,月旦出版公司 1996 年版。

57. 何华辉、许崇德:《分权学说》,人民出版社 1986 年版。

58. 陈新民:《德国公法学基础理论》(上、下),山东人民出版社 2001 年版。

59. 马克昌:《比较刑法原理》,武汉大学出版社 2002 年版。

60. 马克昌:《刑罚通论》,武汉大学出版社 2002 年版。

61. 陈兴良:《罪刑法定主义》,中国法制出版社 2010 年版。

62. 张明楷:《外国刑法纲要》,清华大学出版社 1999 年版。

63. 汪进元:《基本权利的保护范围:构成、限制及其合宪性》,法律出版社 2013 年版。

64. 张翔主编:《德国宪法案例选释》(第 1 辑 · 基本权利总论),法律出版社 2012 年版。

65. 韩大元、林来梵、郑贤君:《宪法学专题研究》,中国人民大学出版社 2004 年版。

66. 刘剑文:《税法专题研究》,北京大学出版社 2002 年版。

67. 蒋劲松:《议会之母》,中国民主法制出版社 1998 年版。

68. 董礼胜:《欧盟成员国中央与地方关系比较研究》,中国政法大学出版社 2000 年版。

69. 文政:《中央与地方事权划分》,中国经济出版社 2008 年版。

70. 吴大英、任允正、李林:《比较立法制度》,群众出版社 1992 年版。

71. 韩大元:《宪法学基础理论》,中国政法大学出版社 2008 年版。

72. 周叶中主编:《宪法》,高等教育出版社、北京大学出版社 2001 年版。

73. 崔运武:《公共事业管理》,复旦大学出版社 2013 年版。

74. 郑祝君:《外国法制史》,北京大学出版社 2014 年版。

75. 王国清、马骁、程谦:《财政学》,高等教育出版社 2010 年版。

76. 刘广登:《宪法责任论》,山东人民出版社 2007 年版。

77. 李秀清主编:《外国法制史》,北京大学出版社 2012 年版。

78. 薛波主编:《元照英美法词典》,法律出版社 2003 年版。

79. 许安标、刘松山:《中华人民共和国宪法通释》,中国法制出版社 2003 年版。

80. 郑淑娜主编:《〈中华人民共和国立法法〉释义》,中国民主法制出版社 2015 年版。

81. 何海波、晏翀、严驰恒编著:《法治的脚步声——中国行政法大事记(1978—2014)》,中国政法大学出版社 2015 年版。

82. 林莉红主编:《失当行政行为救济研究》,武汉大学出版社 2016 年版。

83. 季卫东:《法治秩序的建构》,中国政法大学出版社 1999 年版。

84. 卓泽渊:《法的价值论》,法律出版社 1999 年版。

85. 黄茂荣:《法学方法与现代民法》,中国政法大学出版社 2001 年版。

86. 罗豪才主编:《中国司法审查制度》,北京大学出版社 1993 年版。

87. 胡肖华主编:《权利与权力的博弈:行政诉讼法修改纵横谈》,中国法制出版社 2005 年版。

88. 江伟主编:《民事诉讼法专论》,中国人民大学出版社 2005 年版。

89. 顾培东:《社会冲突与诉讼机制》(修订版),法律出版社 2004 年版。

90. 邵明:《民事诉讼法理研究》,中国人民大学出版社 2004 年版。

91. 杨伟东:《行政行为司法审查强度研究——行政审判权纵向范围分析》,中国人民大学出版社 2003 年版。

92. 甘文:《行政诉讼法司法解释之评论——理由、观点与问题》,中国法制出版社 2000 年版。

93. 王名扬主编:《外国行政诉讼制度》,人民法院出版社 1991 年版。

94. 胡建淼主编:《中外行政法规分解与比较》(下),法律出版社 2004 年版。

95. 江必新主编:《中国行政诉讼制度的完善:行政诉讼法修改问题实务研究》,法律出版社 2005 年版。

96. 江必新、梁凤云:《行政诉讼法理论与实务》,北京大学出版社 2009 年版。

97. 叶必丰:《行政法与行政诉讼法》(第 3 版),武汉大学出版社 2008 年版。

98. 林莉红:《行政诉讼法学》(修订版),武汉大学出版社 2001 年版。

99. 林莉红:《中国行政救济理论与实务》,武汉大学出版社 2000 年版。

100. 蔡志方:《行政救济法论》,台北,月旦出版公司 1995 年版。

101. 胡肖华:《行政诉讼基本理论问题研究》,湖南人民出版社 1999 年版。

102. 马怀德主编:《行政诉讼原理》,法律出版社 2003 年版。

103. 马怀德:《行政法制度建构与判例研究》,中国政法大学出版社 2000 年版。

104. 马怀德主编:《司法改革与行政诉讼制度的完善——〈行政诉讼法〉修改建议稿及理由说明书》,中国政法大学出版社 2004 年版。

105. 杨小君编:《重大行政案件选编》,中国政法大学出版社 2006 年版。

106. 杨小君:《行政诉讼问题研究及制度改革》,中国人民公安大学出版社 2007 年版。

107. 公丕祥主编:《法理学》(第 2 版),复旦大学出版社 2008 年版。

108. 左卫民主编:《中国司法制度》(第 3 版),中国政法大学出版社 2012 年版。

109. [美]理查德 · J. 皮尔斯:《行政法》(第 1 卷),苏苗罕译,中国人民大学出版社 2016 年版。

110. [德]G. 平特纳:《德国普通行政法》,朱林译,中国政法大学出版社 1999 年版。

111. [日]金子宏:《日本税法原理》,刘多田等译,中国财政经济出版社 1989 年版。

112. [韩]金东熙:《行政法 Ⅰ》(第 9 版),赵峰译,中国人民大学出版社 2008 年版。

113. [法]托克维尔:《论美国的民主》(上、下),董果良译,商务印书馆 2004 年版。

114. [美]罗伯特 · 达尔:《论民主》,李柏光、林猛译,商务印书馆 1999 年版。

115. [英]弗里德利希 · 冯 · 哈耶克:《法律、立法与自由》(第 2、3 卷),邓正来、张守东、李静冰译,中国大百科全书出版社 2000 年版。

116. [印]M. P. 塞夫:《德国行政法——普通法的分析》,周伟译,山东人民出版社 2006 年版。

117. [德]克里斯托夫 · 默勒斯:《德国基本法:历史与内容》,赵真译,中国法制出版社

2014 年版。

118. [英]戴维·M. 沃克:《牛津法律大辞典》,李双元等译,法律出版社 2003 年版。

119. [英]M. J. C. 维尔:《宪政与分权》,苏力译,生活·读书·新知三联书店 1997 年版。

120. [法]孟德斯鸠:《论法的精神》(上册),张雁深译,商务印书馆 1982 年版。

121. [英]丹尼斯·罗伊德:《法律的理念》,张茂柏译,新星出版社 2005 年版。

122. [德]汉斯·J. 沃尔夫等:《行政法》(第 2 卷),高家伟译,商务印书馆 2002 年版。

123. [德]康拉德·黑塞:《联邦德国宪法纲要》,李辉译,商务印书馆 2007 年版。

124. [德]哈特穆特·毛雷尔:《行政法学总论》,高家伟译,法律出版社 2000 年版。

125. [日]盐野宏:《行政法》,杨建顺译,法律出版社 1999 年版。

126. [日]南博方:《日本行政法》,杨建顺、周作彩译,中国人民大学出版社 1988 年版。

127. [日]和田英夫:《现代行政法》,倪健民、潘世圣译,中国广播电视出版社 1993 年版。

128. [美]伯纳德·施瓦茨:《行政法》,徐炳译,群众出版社 1986 年版。

129. [英]威廉·韦德:《行政法》,徐炳等译,中国大百科全书出版社 1997 年版。

130. [英]卡罗尔·哈洛、[英]理查德·罗林斯:《法律与行政》(上、下),杨伟东、李凌波、石红心、晏坤译,商务印书馆 2004 年版。

131. [美]肯尼斯·卡尔普·戴维斯:《裁量正义》,毕洪海译,商务印书馆 2009 年版。

132. [美]尼古拉斯·亨利:《公共行政与公共事务》(第 7 版),项龙译,华夏出版社 2002 年版。

133. [美]肯尼思·F. 沃伦:《政治体制中的行政法》(第 3 版),王丛虎等译,中国人民大学出版社 2005 年版。

134. [美]保罗·萨缪尔森、[美]威廉·诺德豪斯:《经济学》(第 16 版),萧琛等译,华夏出版社 1999 年版。

135. [美]查理德·B. 斯图尔特:《美国行政法的重构》,沈岿译,商务印书馆 2002 年版。

136. [美]欧内斯特·盖尔霍恩、[美]罗纳德·M. 利文:《行政法和行政程序概要》,黄列译,中国社会科学出版社 1996 年版。

137. [美]汉密尔顿、[美]杰伊、[美]麦迪逊:《联邦党人文集》,程逢如、在汉、舒逊译,商务印书馆 1980 年版。

138. [德]魏德士:《法理学》,丁晓春、吴越译,法律出版社 2005 年版。

139. [美]米尔伊安 · R. 达玛什卡:《司法和国家权力的多种面孔——比较视野中的法律程序》,郑戈译,中国政法大学出版社 2004 年版。

140. [德]卡尔 · 拉伦茨:《法学方法论》,陈爱娥译,商务印书馆 2004 年版。

141. [德]施密特 · 阿斯曼:《秩序理念下的行政法体系建构》,林明锵等译,北京大学出版社 2012 年版。

142. [德]奥托 · 迈耶:《德国行政法》,刘飞译,商务印书馆 2002 年版。

143. [德]格奥格 · 耶利内克:《主观公法权利体系》,曾韬、赵天书译,中国政法大学出版社 2012 年版。

144. [德]弗里德赫尔穆 · 胡芬:《行政诉讼法》(第 5 版),莫光华译,法律出版社 2003 年版。

二、中文论文类

1. 王贵松:《行政活动法律保留的结构变迁》,载《中国法学》2021 年第 1 期。

2. 王锴:《论组织性法律保留》,载《中外法学》2020 年第 5 期。

3. 朱新力:《行政法律规范中的不确定法律概念及其司法审查》,载《杭州大学学报(哲学社会科学版)》1994 年第 1 期。

4. 朱新力:《论行政超越职权》,载《法学研究》1996 年第 2 期。

5. 朱新力:《行政滥用职权的新定义》,载《法学研究》1994 年第 3 期。

6. 朱新力:《论行政法的不成文法源》,载《行政法学研究》2002 年第 1 期。

7. 张翔:《基本权利的双重性质》,载《法学研究》2005 年第 3 期。

8. 张翔:《宪法解释方法的运用——以德国艾尔弗斯案为例》,载《学习与探索》2011 年第 3 期。

9. 张翔:《形式法治与法教义学》,载《法学研究》2012 年第 6 期。

10. 何海波:《论行政行为"明显不当"》,载《法学研究》2016 年第 3 期。

11. 汪庆华:《法律保留原则、公民权利保障与八二宪法秩序》,载《浙江社会科学》2014 年第 12 期。

12. 陈林林:《法治的三度:形式、实质与程序》,载《法学研究》2012 年第 6 期。

13. 何海波:《形式法治批判》,载罗豪才主编:《行政法论丛》第 6 卷,法律出版社 2003

年版。

14. 何海波:《论收容教育》,载《中外法学》2015 年第 2 期。

15. 车传波:《综合法治论——兼评形式法治论与实质法治论》,载《社会科学战线》2010 年第 7 期。

16. 周义程:《公共利益、公共事务和公共事业的概念界说》,载《南京社会科学》2007 年第 1 期。

17. 张慰:《"重要性理论"之梳理与批判——基于德国公法学理论的检视》,载《行政法学研究》2011 年第 2 期。

18. 刘剑文:《落实税收法定原则的现实路径》,载《政法论坛》2015 年第 3 期。

19. 黄文艺:《为形式法治理论辩护——兼评〈法治:理念与制度〉》,载《政法论坛》2008 年第 1 期。

20. 夏恿:《法治是什么——渊源、规诫与价值》,载《中国社会科学》1999 年第 4 期。

21. 朱力宇:《立法体制的模式问题研究》,载《中国人民大学学报》2001 年第 4 期。

22. 童之伟:《孙志刚案提出的几个学理性问题》,载《法学》2003 年第 7 期。

23. 温泽彬:《人大特定问题调查制度之改革》,载《法学》2015 年第 1 期。

24. 童之伟:《特别行政区制度已成为我国基本政治制度》,载《政治与法律》2011 年第 4 期。

25. 童之伟:《与时俱进　完善宪法——循"十六大"精神修宪或释宪的十一点设想》,载《法学》2003 年第 1 期。

26. 童之伟:《修改宪法总纲中经济条款的设想》,载《政治与法律》2003 年第 3 期。

27. 李琦:《公民政治权利研究》,载《政治学研究》1997 年第 3 期。

28. 杜承铭:《论表达自由》,载《中国法学》2001 年第 3 期。

29. 刘飞宇:《对于刑法中剥夺政治权利的宪法学思考》,载《法学家》2005 年第 1 期。

30. 周伟:《保护人身自由条款比较研究——兼论宪法第 37 条之修改》,载《法学评论》2000 年第 4 期。

31. 欧爱民:《上海、重庆试点开征房产税何以能够通过宪法之门》,载《湘潭大学学报(哲学社会科学版)》2012 年第 1 期。

32. 涂四益:《宪政视野下的法律优先和法律保留——凭什么优先?而且保留?》,载《甘肃行政学院学报》2008 年第 2 期。

33. 应松年:《〈立法法〉关于法律保留原则的规定》,载《行政法学研究》2000 年第 3 期。

34. 温耀原:《〈立法法〉修正下法律保留原则研究》,载《西北师大学报(社会科学版)》2015 年第 3 期。

35. 杨登峰:《行政法定原则及其法定范围》,载《中国法学》2014 年第 3 期。

36. 邓毅:《德国法律保留原则论析》,载《行政法学研究》2006 年第 1 期。

37. 吴万得:《论德国法律保留原则的要义》,载《政法论坛》2000 年第 4 期。

38. 孙展望:《法律保留与立法保留关系辨析——兼论立法法第 8 条可纳入法律保留范畴》,载《政法论坛》2011 年第 2 期。

39. 余军、张文:《行政规范性文件司法审查权的实效性考察》,载《法学研究》2016 年第 2 期。

40. 田兆阳:《论行政首长负责制与权力制约机制》,载《政治学研究》1999 年第 2 期。

41. 左卫民、朱桐辉:《公民诉讼权:宪法与司法保障研究》,载《法学》2001 年第 4 期。

42. 刘练军:《何谓诉讼权——兼论诉讼权入宪应当缓行》,载《浙江社会科学》2013 年第 3 期。

43. 廖永安:《〈诉讼费用交纳办法〉之检讨》,载《法商研究》2008 年第 2 期。

44. 苏苗罕:《美国联邦政府行政收费的法律规范研究》,载《行政法学研究》2013 年第 4 期。

45. 章剑生:《行政收费的理由、依据和监督》,载《行政法学研究》2014 年第 2 期。

46. 封丽霞:《中央与地方立法权限的划分标准:"重要程度"还是"影响范围"?》,载《法制与社会发展》2008 年第 5 期。

47. 魏治勋:《全面有效实施宪法须加快基本权利立法》,载《法学》2014 年第 8 期。

48. 张建军:《论刑法中兜底条款的明确性》,载《法律科学(西北政法大学学报)》2014 年第 2 期。

49. 唐晋伟:《试析我国〈反垄断法〉规制垄断协议的立法模式——以第 13 条和第 14 条中的兜底条款为考察对象》,载《行政法学研究》2008 年第 1 期。

50. 何海波:《举证责任分配:一个价值衡量的方法》,载《中外法学》2003 年第 2 期。

51. 张守文:《论税收法定主义》,载《法学研究》1996 年第 6 期。

52. 覃有土、刘乃忠、李刚:《论税收法定主义》,载《现代法学》2000 年第 3 期。

53. 许振洲:《法国的地方分权改革——理论动因与托克维尔》,载《欧洲》1995

年第 1 期。

54. 张丽娟:《法国地方分权改革的新发展——以 2003 年法国宪法改革为中心》,载《中共云南省委党校学报》2006 年第 5 期。

55. 蒋清华:《基本权利宪法保留的规范与价值》,载《政治与法律》2011 年第 3 期。

56. 邓联繁、蒋清华:《论基本权利的宪法保留》,载《湖南大学学报(社会科学版)》2009 年第 6 期。

57. 沈寿文:《宪法保留:对基本自由权利限制的限制原则》,载《北方法学》2010 年第 3 期。

58. 王贵松:《行政法上不确定法律概念的具体化》,载《政治与法律》2016 年第 1 期。

59. 王贵松:《行政组织的法律保留》,载《法律科学》2023 年第 5 期。

60. 赵宏:《疫情防控下个人的权利限缩与边界》,载《比较法研究》2020 年第 2 期。

61. 林峰:《对二十一世纪中国宪法学研究内容的两点看法》,载《法学家》2000 年第 3 期。

62. 马岭:《对〈宪法〉"序言"和"总纲"的修改建议》,载《法律科学(西北政法学院学报)》2003 年第 4 期。

63. 张恒山:《论正义和法律正义》,载《法制与社会发展》2002 年第 1 期。

64. 李勇:《宪法义务理论及发展趋势》,载《中州大学学报》2009 年第 3 期。

65. 姜峰:《宪法公民义务条款的理论基础问题:一个反思的视角》,载《中外法学》2013 年第 2 期。

66. 上官丕亮:《论宪法上的社会权》,载《江苏社会科学》2010 年第 2 期。

67. 魏宏:《关于国家立法权的内涵、性质和设置的探讨——兼论立法权与主权和治权的关系》,载《长白学刊》2003 年第 2 期。

68. 包万超:《宪政转型与中国司法审查制度》,载《中外法学》2008 年第 6 期。

69. 许崇德、郑贤君:《"宪法司法化"是宪法学的理论误区》,载《法学家》2001 年第 6 期。

70. 秦前红:《关于"宪法司法化第一案"的几点法理思考》,载《法商研究(中南政法学院学报)》2002 年第 1 期。

71. 董和平:《废止齐案"批复"是宪法适用的理性回归——兼论"宪法司法化"的理论之非与实践之误》,载《法学》2009 年第 3 期。

72. 胡锦光:《齐案“批复”并非解释宪法最高人民法院不应废止》,载《法学》2009 年第 4 期。

73. 莫纪宏:《应当高度关注“基本权利”的保障义务》,载《法学》2009 年第 4 期。

74. 凌斌:《权利本位论的哲学奠基》,载《现代法学》2015 年第 5 期。

75. 张文显:《从义务本位到权利本位是法的发展规律》,载《社会科学战线》1990 年第 3 期。

76. 郑成良:《权利本位论——兼与封日贤同志商榷》,载《中国法学》1991 年第 1 期。

77. 黄文艺:《权利本位论新解——以中西比较为视角》,载《法律科学(西北政法大学学报)》2014 年第 5 期。

78. 李响:《我国宪法经济制度规定的重新审视》,载《法学家》2016 年第 2 期。

79. 龚向和:《社会权司法救济之宪政分析》,载《现代法学》2005 年第 5 期。

80. 龚刃韧:《不可克减的权利与习惯法规则》,载《环球法律评论》2010 年第 1 期。

81. 刘连泰:《评我国〈立法法〉第八条、第九条关于“法律保留”制度》,载《河南省政法管理干部学院学报》2003 年第 3 期。

82. 郑春燕:《取决于行政任务的不确定法律概念定性——再问行政裁量概念的界定》,载《浙江大学学报(人文社科版)》2007 年第 3 期。

83. 康敬奎:《〈立法法〉法律保留规则的缺失与完善》,载《江海学刊》2012 年第 2 期。

84. 张峰振:《不当行政行为救济方式的立法完善》,载《法学》2013 年第 5 期。

85. 夏正林:《社会权规范研究》,中国人民大学 2006 年博士学位论文。

86. 刘松山:《宪法文本中的公民“政治权利”——兼论刑法中的“剥夺政治权利”》,载《华东政法学院学报》2006 年第 2 期。

87. 林莉红、孔繁华:《论违法行政行为》,载《河南省政法管理干部学院学报》2000 年第 5 期。

88. 林莉红、黄启辉:《论表见代理在行政法领域之导入与适用》,载《行政法学研究》2006 年第 3 期。

89. 林莉红:《限制被告取证还是明确证据能力——论〈行政诉讼法〉中限制被告取证规定的修改》,载《政治与法律》2008 年第 5 期。

90. 王天华:《程序违法与实体审查——行政诉讼中行政程序违法的法律效果问题的一个侧面》,载罗豪才主编:《行政法论丛》第 9 卷,法律出版社 2008 年版。

91. 王学栋、冯洪革:《论行政行为司法审查的标准》,载《石油大学学报(社会科学版)》2004 年第 2 期。

92. 黄学贤:《行政法中的法律保留原则研究》,载《中国法学》2004 年第 5 期。

93. 余军:《行政法律行为理论的梳理与界别——从"法效意思"到"客观意思"》,载《求索》2004 年第 9 期。

94. 秦强、王文娟:《形式法治与实质法治——兼论法治主义与宪政主义的区别》,载《甘肃理论学刊》2005 年第 1 期。

95. 汪栋、王本利:《行政案件司法审查适时性问题研究》,载《烟台大学学报(哲学社会科学版)》2005 年第 1 期。

96. 余凌云:《行政行为无效与可撤销二元结构质疑》,载《上海政法学院学报》2005 年第 4 期。

97. 赵颖:《英国的司法审查之诉》,载《河北法学》2005 年第 7 期。

98. 张显伟:《行政程序违法及其司法审查》,载《前沿》2005 年第 10 期。

99. 张峰振:《论违法行政行为的治愈》,载《政治与法律》2007 年第 6 期。

100. 张宏、高辰年:《反思行政诉讼之重作判决》,载《行政法学研究》2003 年第 3 期。

101. 章剑生:《论行政程序违法及其司法审查》,载《行政法学研究》1996 年第 1 期。

102. 刘艳红:《法定犯与罪刑法定原则的坚守》,载《中国刑事法杂志》2018 年第 6 期。

103. 张峰振:《论宪法保留》,载《政法论坛》2018 年第 4 期。

104. 王旭:《合宪性审查中"相抵触"标准之建构》,载《中国法学》2021 年第 6 期。

105. 王锴:《合宪性、合法性、适当性审查的区别与联系》,载《中国法学》2019 年第 1 期。

106. 刘志鑫:《从法律保留到法律先定》,载《中外法学》2022 年第 6 期。

107. 俞祺:《央地关系中的法律保留》,载《中国法学》2023 年第 2 期。

108. 刘志鑫:《法律保留的双重构造》,载《法律科学(西北政法大学学报)》2023 年第 6 期。

109. 张翔:《基本权利限制法律保留的中国方案》,载《法律科学(西北政法大学学报)》2023 年第 6 期。

110. 王贵松:《论法律的法规创造力》,载《中国法学》2017 年第 1 期。

三、英文著作与论文类

1. Bryan A. Garner, *Black's Law Dictionary*, Eighth Edition, West Publishing Co. ,2004.

2. Timothy Endicott, *Administrative Law*, Oxford: Oxford University Press, 2011.

3. Peter Leyland, Terry Woods & Janetta Harden, *Textbook on Administrative Law*, London: Blackstone Press Limited, 1994.

4. Michael J. Allen, LLB, LLM, Barrister, Brian Thompson, LLB, MLitt, *Cases and Materials on Constitutional and Administrative Law*, Sixth Edition, London: Blackstone Press Limited, 1990.

5. David Stott & Alexandra Felox, *Principles of Administrative Law*, London: Cavendish Publishing Limited, 1997.

6. Seede Smith, Woolf & Jowell, Jeffreyjowess, *Principles of Judicial Review*, London: Sweet & Maxwell, 1999.

7. Emery & Carl, *Administrative Law: Legal Challenges to Official Action*, London: Sweet & Maxwell, 1999.

8. Hanns Peter Nehl, *Principles of Administrative Procedure in EC Law*, Oxford: Hart Pub. ,1999.

9. Kenneth Culp Davis & Richard J. Pierce, *Administrative Law Treatise*, 3rd edn. , Vol. Ⅰ, Little, Brown & Company, 1994.

10. J. M. Evans, *The Duty to Act Fairly*, Modern Law Review, 1973.

11. D. Mullan, *Fairness: The New Natural Justice?*, University of Toronto Law Journal, 1975.

12. M. Loughlin, *Procedural Fairness: A Study in Crisis in Administrative Law Theory*, University of Torento Law Journal , 1978.

致　谢

博士毕业后，我一直被烦杂琐事困扰，加之思想懈怠，难以专心科研，决定重拾旧愿，从事博士后研究。因久闻浙江大学公法学盛名，最终选择并有幸进入浙江大学光华法学院法学博士后流动站，从事在职博士后研究工作。

初到之江，被浙江大学光华法学院优美的自然景色所折服。之江校区南俯钱塘江、北依月轮山，坐拥原之江大学质朴典雅的近代建筑群，一草一木都承载了历史的积淀，山水呼应映衬着这一中国法学研究的重镇。这里云集了国内法学大家、学界泰斗，令人心向往之。

在职博士后于我而言，是一个挑战。单位工作不能懈怠，博士后研究亦要全力以赴，时常感觉力不从心，研究进度不及预期。在合作导师朱新力教授的亲切关怀和悉心指导下，出站报告的撰写总算告一段落。

在博士后研究即将结束之际，首先要感谢朱新力教授的谆谆教诲和启发鼓励。朱老师在我博士后报告选题、开题和撰写过程中给予了全过程指导和全方位帮助。办公室中耳提面命，电话中督促提醒，无时无刻不在答疑解惑，凌晨回复电子邮件乃常事。他的关心让枯燥的写作变得不再乏味、令我痛苦的思索变成温暖的回忆。

感谢章剑生教授在我博士后研究期间给予的热情关怀和悉

心指导。感谢出站时答辩委员会主席杨建顺教授，感谢答辩委员会朱新力教授、章剑生教授、余军教授、郑春燕教授、胡敏洁教授，他们在答辩会上提出的宝贵意见和建议，给我的论文修改指明了方向，使我受益匪浅。

感谢法学院人事部冯利君老师在我办理进站手续、参加开题等方面提供的大力支持，感谢裴红红老师在我答辩准备环节和办理出站手续过程中给予的热情帮助。

感谢我的父母对我博士后研究工作的关心和默默支持，感谢他们对我博士后研究期间较少回家探望的包容和理解。尤其要感谢我的妻子，她在做好自己繁忙行政工作的同时，还承担了照顾家庭、赡养老人、培养孩子的重任，免除了我的后顾之忧，是我完成博士后研究的坚强保障。

我庆幸来到了浙江大学之江校区，来到了光华法学院。求学之路幸遇良师益友，必将是我人生宝贵的财富。钱塘江畔、月轮山下的科研经历，也将成为我一生的美好记忆。

张峰振

2017 年 5 月 5 日初稿于浙大之江校区

2024 年 1 月定稿于江苏师大泉山校区